DATE DUE

ANATOMIE
DU
QUÉBÉCOIS

Ce livre a bénéficié des subventions du ministère de la
Culture et des Communications du Québec, du Conseil
des Arts du Canada et de l'Université de Sherbrooke.

Mise en pages : Monique Dionne
Maquette de la couverture : Raymond Martin
Distribution : Diffusion Prologue et La Librairie du Québec à Paris
Dépôt légal : B.N.Q. et B.N.C., 3e trimestre 1996

ISBN : 2-89031-248-8

JEAN FOREST

ANATOMIE DU QUÉBÉCOIS

Triptyque

DU MÊME AUTEUR

L'Aristocratie balzacienne, Paris, José Corti, 1973

Tessons, poèmes, Paris, Éditions Saint-Germain-des-Prés, 1975

Le Mur de Berlin P.Q., Montréal, Les Quinze, 1983

Nourrice!...Nourrice!..., Montréal, Les Quinze, 1983

Des Femmes de Balzac, Montréal, P.U.M., 1984

L'Aube de Suse, Montréal, Les Quinze, 1985

Des fleurs pour Harlequin, Montréal, Triptyque, 1985

L'Affaire Maigret, Montréal, P.U.M., 1994

Les Archives Maigret, Montréal, P.U.M., 1994

Comme c'est curieux... l'Espagne!, Montréal, Triptyque, 1994

à toutes les femmes qui
depuis 1659 en terre américaine
ont transmis leur langue
maternelle
au long lignage
de mes ancêtres!

à toi
MARYSE
leur si noble
héritière!

Avant-propos

Je ne vais pas vous raconter pour quelles raisons j'ai toujours établi avec les langues des rapports privilégiés, cela prendrait beaucoup trop de place, et puis serait hors de propos. Je vais plutôt vous dire quelque chose qui devrait du même coup concerner la plupart d'entre vous: que, comme beaucoup de Québécois, je suis trilingue.

Enfin entendons-nous! Ce n'est pas que je possède à fond trois langues, ce serait trop beau. Non. C'est que je ne les possède pas vraiment, quoique tout de même j'en sache à leur propos assez pour vivre avec elles en état de familiarité respectueuse. Respectueuse au sens où je me méfie beaucoup d'elles et donc me tiens sur le qui-vive en permanence. Ça n'est pas de tout repos. Ça ressemble à un état de guerre larvé, ankylosé, où les hostilités sont quotidiennes sans déborder le cadre rassurant des escarmouches. Je m'explique.

Le québécois, je le parle. Et d'une. Le français, je l'écris. Et de deux. L'anglais, je le lis. Et me voilà trilingue sur mon quant-à-soi. Comme vous.

Le québécois, je ne l'écris jamais, ni ne le lis. Où donc le lirais-je? Pour qui l'écrirais-je?

Le français, je le parle à moitié et souvent je le lis. Mais quand il me faut écrire, c'est toujours en français que je m'exécute. Quitte à l'entrelarder de mots du cru. Ça fait couleur locale. Je pince sans rire. C'est assez agréable.

L'anglais, faut pas charrier, quand on m'adresse la parole avec, je comprends pas toujours tout. En Angleterre, j'en perds la moitié. Comme dans les États du sud des États-Unis, où parfois je perds aussi l'autre moitié. Je comprends bien celui de la Californie. Quand je le lis, ça va, parfois avec l'aide d'un dictionnaire. Surtout si je lis de l'anglais britannique. Indigeste. Quand je le parle je choisis mes mots: ça va. Mais sans cesse je constate que les anglophones tricotent leurs phrases avec des mots et des expressions dont je n'ai qu'une connaissance passive. Souvent le contexte seul me permet d'en saisir le sens. Et pourtant ma prononciation est telle que l'on me prend pour un anglophone. *I sure fool 'em!* J'ai vécu cinq belles années en Ontario.

Vous comprendrez sans peine qu'entre la parole, la lecture et l'écriture, je me sente un peu écartillé. Pas moyen, avec trois tiers, de parvenir à une unité. Je suis un paradoxe mathématique à deux pattes. Vous aussi je parie. Le mal court.

Là-dessus je me suis forcément interrogé. En arrivant en Ontario, à dix-sept ans, j'ai compris combien ce que je prenais pour du français, dans ma bouche, était mâtiné d'anglais. La preuve me faisait siler les oreilles à longueur de journée. Mes mots, je les reconnaissais, dans leur version originale, quand les autres me parlaient en anglais. Je décidai dès lors de faire un grand ménage. Et de parler oubedon français, oubedon anglais: pas les deux en même temps.

Je n'avais pas prévu que j'y mettrais quelque chose comme cinq ou six années d'efforts soutenus, avant de me bercer de l'illusion que je parlais français, moi, le Montréalais expatrié pour cause d'études. J'ai déchanté longtemps après, dès mon atterrissage à Orly. Là, il fallait bien le reconnaître expressément, quand les Français tricotaient leurs phrases, ce qu'ils mettaient dedans comme matériaux n'était pas toujours à ma portée: loin de là. Naturellement ils me comprenaient, eux. Je choisissais mes mots. Et puis, côté prononciation, ils crurent assez rapidement, tant je sais faire le caméléon, que je débarquais d'une quelconque province de l'Hexagone. Mais passer pour un Parisien, ça je n'ai jamais pu. Impossible. Trop tard. Tant pis.

Je me fais quasiment l'effet d'un cul-de-jatte, avec un tronc québécois, et puis deux béquilles, l'une française, l'autre anglaise. Un équilibre plutôt instable, où je risque à chaque pas de me casser la figure sur le trottoir. Mais les gens sont sympas. Ils sentent qu'ils ont affaire à un grand invalide de guerre. Alors ils prennent garde, et ne me bousculent pas. J'avance avec une dégaine de mécanique. Ça vaut mieux que de reculer. Pour me soigner j'ai décidé il y a plus de vingt ans d'enseigner à mes élèves à reconnaître les caractères distinctifs du vocabulaire proprement québécois. Une sorte de médecine homéopathique.

Cela a donné naissance à deux enseignements distincts. D'abord je me suis battu avec mes anglicismes. C'était facile! Ils abondaient. Les fiches qui les consignaient se sont multipliées merveilleusement. Des milliers! La génération spontanée, illimitée. Un désastre. Je les ai répartis en une dizaine de catégories vraiment simplistes, au point que jamais un linguiste ne les prendrait au sérieux. Elles m'ont permis d'opérer une classification grossière mais, comme on dit, opératoire. Comme je ne m'adressais pas à des étudiants qui se spécialisaient en linguistique, mais à de futurs rédacteurs, mes catégories ne provoquèrent pas l'émeute. Mes confrères linguistes, pour leur part et gentiment, évitent de m'en parler. Sans doute ne les trouverez-vous pas trop rébarbatives. Je parle des catégories.

Ensuite j'ai abordé le terrain minutieusement miné de mon vocabulaire, que je croyais parfaitement français du moment que je n'arrivais pas à y repérer d'anglicismes. Là il m'a fallu déchanter, même que j'ai bien failli en faire une crise de mutisme aigu. Car pour des centaines et des centaines de mots, quelle stupeur, je n'arrivais à trouver aucune attestation dans le *Petit Robert*, même en torturant sadiquement leur orthographe. Incroyable mais vrai, mes mots, par centaines je le répète, *n'existaient pas*! Cela vous traumatise un sujet parlant. Cela m'a tout de même permis de comprendre pourquoi, ici et là en France, à mes phrases les plus banales et les mieux prononcées on répondait si fréquemment: «Plaît-il?» Je tenais le bon bout.

Avec l'aide de quelques amis qui avaient eu l'heur de piger avec quelques années d'avance, j'ai appris à tracer mes repères, à planter mes piquets. En secret très souvent, j'étais confus, parfois couvert de honte. Moi qui croyais parler, pensez donc, je déparlais carrément! J'ai quand même fini par effectuer une sorte de radioscopie de ma langue maternelle montréalaise, à en distinguer les strates, les compartiments, les tiroirs. J'étais un drôle de corps! Je m'effrayais un peu. À la longue je m'habituai.

Je décidai très tôt que ma syntaxe n'était pas en cause. Quand on me faisait répéter gentiment, il me suffisait de troquer un mot contre un autre. Jamais je n'avais à modifier la structure de ma phrase. Jamais non plus leur syntaxe à eux ne m'a paru bizarre, ou névrotique. De ce côté tout baignait dans l'huile.

Je finis par comprendre de même, à force d'être formé par mes déplacements en France, en Suisse, en Belgique et au Luxembourg, que mon accent n'était pas non plus concerné. J'avais un mal de chien à saisir ce qu'on se disait dans les bourgs de Normandie. Je me retrouverais dans la peau de mes nombreux amis de France, traumatisés à Mirabel ou à Dorval. Mais pour tout au plus une courte quinzaine. Après, ça allait bien. Ils n'avaient quand même pas pu se taper une syntaxe étrangère en si peu de temps! Non, c'était l'accent. On finissait très rapidement par s'y habituer.

Les premiers mots qui m'ont frappé, par contre, dans ma musette québécoise, ont été ceux qui y brillaient par leur absence. Quand par exemple c'était à mon tour de répondre: «Plaît-il?» on trouvait un équivalent. Je disais: «Je suis québécois!» On comprenait. Sinon on m'aurait envoyé promener! Ils ont la patience bien courte, les Cousins. Il y avait ainsi des tas de mots: ni vus ni connus! Je les ai appelés: lacunes. Vous ne trouverez ici, un peu plus loin, que celles que nous avons toutes chances de partager, vous et moi, naturellement.

J'avais par conséquent des tas de mots en moins. Étonnant! Mais pas autant que de mots en trop! Ce fut le cas, et même plus souvent qu'autrement. D'abord les anglicismes, cela est évident. Je pouvais m'en passer. Il suffisait de m'en débarrasser. *More easily said than done,* mais *anyway*. Je m'y attelai. L'ennui c'est que trente ans et plus après ça continue. Tenez, il y a à peine deux semaines j'ai dû renoncer à «ultimement». À mon âge! Odieux. C'est comme ça, on n'en finit jamais.

J'ai découvert des mots si nobles, si anciens, si archaïques, justement, qu'ailleurs on les avait laissé tomber. Tout un troupeau de bêtes ma foi gaillardes en diable, au débouché du moyen âge, absent des dictionnaires, petits et grands. J'ai ramassé, mais à la pelle, et autant comme autant, des mots qui avaient traversé l'Atlantique en même temps que mes ancêtres, en provenance de coins de France si éloignés du centre que Paris n'en avait jamais entendu parler! Ils s'étaient embarqués à Dieppe ou à Honfleur, en provenance de Normandie. Ils s'étaient mis en marche à La Rochelle, depuis l'Anjou, la Mayenne ou le Poitou. Des régiments qui s'éparpilleraient sur tout le territoire québécois. Et ils sont toujours là, indélogeables. Et pourquoi pas.

J'ai découvert des mots dûment maquillés, des mots qui ont changé de sens, on croit que c'est Untel, mais non! Qui donc ça peut bien être?... Des mots masqués, au carnaval perpétuellement. En France on disait: «Ah! Vous voulez dire...» Moi je ne savais pas, mais j'apprenais à soulever le masque. Il y a eu des mots coquins qui ont poussé l'outrecuidance jusqu'à changer de sexe! Parfaitement! Des ribambelles de garçons déguisés en filles! Il fallait apprendre à en rire. Il y avait, Seigneur, de pauvres estropiés, au retour de la guerre, où ils avaient servi dans les armées du roi. Il leur manquait ici une consonne, et là une voyelle. Parfois, dans la fournaise d'une bataille, ils avaient même interverti deux consonnes ou pis! Mais bons enfants ils n'aspiraient qu'à en rire. On aurait eu bien tort d'en faire un plat.

Il y avait, dans ma besace, un petit tas de mots indiens. Je m'étonnai grandement! Quoi? Si peu? Avec ces ancêtres si souvent capables de parler leurs langues? Je repensais à ces Sauvages qui «passaient»... déposer sur le seuil de nos maisons de si précieux petits colis vagissants... Tout ça se serait donc «passé» en bon français? Étonnant! Mais constatable, et chiffrable.

Je découvris bien plus que nous avions en sus des frères inconnus! Qu'il existait des mots dans la mère patrie dont il nous arrivait de tout ignorer, et qui outre-mer possédaient exactement le même sens que certains des nôtres. Par conséquent il s'agissait de jumeaux non identiques. Et alors pourquoi ne pas les réunir?

Je découvris hélas qu'une amputation sans aucun profit avait atteint des mots qu'on avait contraints à ne plus désigner qu'un seul et unique sens parmi les quatre, ou cinq, ou six auxquels ils avaient droit. Un lamentable exemple de paupérisme lexicographique. Une cure radicale d'amaigrissement, sans raison me disais-je, évidemment. J'y remédiai.

Au bout du compte je me retrouvais avec toujours pour compagnes trois langues mal articulables. Je ne soutiendrai pas mordicus que je m'en trouvai mieux... mais enfin je pouvais tout de même donner à chacun son dû. Distinguer, quand il se pouvait, ce qui venait des provinces ou de Paris; ce qui fut altéré de ce qui fut conservé; l'anglais du français; et entre hier et aujourd'hui, pour tout dire dans un raccourci saisissant, comme on dit.

C'est à ce petit voyage que cet ouvrage vous convie! Nous vous souhaitons la bienvenue à bord! Et espérons que cette traversée saura s'effectuer sans mal de mer, pour votre plus grand profit.

Matelots! Larguez les amarres!

Introduction

Où il sera d'abord question d'histoire

Un jour le chanoine Lionel Groulx publia un ouvrage dont le titre résumait sa pensée d'historien du Canada français: *Notre maître le passé*. C'était bien avant la Révolution tranquille. On apprécia beaucoup ce titre, avant de le mépriser: son auteur subit un sort identique. On peut en effet rejeter, en matière d'histoire ou de politique, pareil titre-programme. Il n'en est pas de même quand il s'agit de la langue, qui est d'abord cela même: un héritage fort contraignant. Le passé, telle qu'il l'a façonnée, nous la communique. À notre tour d'agir sur elle, avant de la transmettre à nos enfants et petits-enfants. Et ainsi de suite, depuis toujours. Cela est visible à l'œil nu en ce qui concerne le français du Canada. La plus simple des radiographies le confirmera surabondamment.

Commençons par nous concéder quelques dates-repères. 1650: pour la plupart nos ancêtres ont quitté la France. 1759: seconde coupure, nous devenons sujets du roi d'Angleterre. 1960: terminus, les États-Unis font de nous des Américains de langue française... Trois allégeances successives: à la France, à la Grande-Bretagne, à l'Amérique. Notre langue en a subi les contrecoups successifs.

Dans l'esprit des premiers colons de Nouvelle-France, si les Anglais ont dû occuper une place certaine, celle de l'ennemi héréditaire, en revanche les mots anglais brillaient par leur absence. Au XVIIIᵉ siècle, le français constituait la langue de prestige, en Europe, une langue prêteuse, et l'anglais faisait partie de sa clientèle. N'oublions pas que Louis XIV n'avait que douze ans, en 1650. On érigera par conséquent une Nouvelle-France tributaire de la monarchie française et adonnée à la religion catholique de Rome. De ces deux sources allaient couler les mots, autant dire les moules où serait façonné notre visage primitif. Ce moule fut cassé en 1759. On renonça à en recoller les morceaux en 1763, au traité de Paris.

S'ouvrait alors la deuxième période de notre histoire linguistique. Quelle langue pratiquait-on alors en Nouvelle-France? Eh bien un français très proche parent du français de Paris, puisque ses divergences provenaient de provinces situées à la périphérie ouest et nord de la capitale. Une variété de français infiniment plus rapprochée, et ce spontanément, du parisien, que ne l'était à cette époque la langue de la moitié méridionale de la France. De ses langues, devrais-je dire. Dans cette moitié le français était une langue seconde, souvent étrangère carrément, celle de la bourgeoisie essentiellement, celle des villes. La campagne, le gros de la population par conséquent, utilisant d'autres langues: basque, occitan, provençal; d'autres dialectes, ceux mêmes de la langue d'oc: d'innombrables patois. À l'Est on parlait en Alsace un dialecte allemand, comme en Lorraine. Jean Bart, le célèbre marin, parlait flamand. En Bretagne, on était bretonnant. En Nouvelle-France, rien de tout cela. On y parle français: le contact avec Paris est facile. À peine décèle-t-on dans nos parlures les régionalismes alors courants. La Nouvelle-France est une colonie linguistique de l'Ouest de la France, de la Normandie, de Paris. Bon sang ne saurait mentir.

À partir de 1763 il nous a fallu tenir compte de l'anglais: *Our Master's Voice*. Pas moyen de faire autrement. Le français, légalement, n'existe plus. Et le pouvoir s'y exerce en anglais, à l'anglaise. Depuis lors le cadastre a recours à l'acre anglais, et non plus à l'arpent français. Les pieds et pouces n'ont plus du tout eu la même taille que leurs équivalents de France: un grand six pieds, ici, mesure six pieds anglais! En termes français, celui-ci aurait euh... cinq pieds trois pouces! Il fallait parler anglais au gouvernement, et à l'armée. Les fonctionnaires parlaient anglais, comme, progressivement, les villes qu'ils créèrent: Québec, Montréal, des villes anglaises! Le commerce du bois et des fourrures, la navigation, toutes nos ressources, l'agriculture mise à part, causent anglais: tous nos hivers! La banque, l'industrie: celle du bois, tout leur appartient, sauf l'agriculture. À partir de l'installation des Loyalistes, vers 1780, un peu partout au Québec d'alors, et massivement dans les Cantons de l'Est, tout près de Montréal, où à la longue tous leurs enfants émigreraient, ils eurent aussi l'agriculture la plus dynamique. Nous n'avions plus grand-chose. Montréal se mit à ressembler à Londres. Y parler français était risqué. Québec eut une majorité anglophone tout au long du XIXe siècle. Il fallut en grandement tenir compte. Tout notre vocabulaire, exception faite de celui de l'ancienne agriculture traditionnelle, et de celui de l'Église de Rome, nous parvenait dorénavant en anglais. Il fallut traduire. Or, les Italiens le savent: *traduttore, tradittore*. Qui traduit, trahit. En l'occurrence, le français fut trahi!

Le français aurait pu en crever: le français aurait dû en crever. La dose d'anglais, pour une poignée de paysans et de curés, était excessive. On passa à travers, mais non sans cicatrices et stigmates, le visage picoté de variole. Que voulez-vous, de 1759 à 1959, il y eut des quantités d'épidémies d'anglais. La Révolution tranquille n'allait guère, malgré les apparences, assainir l'atmosphère de nos marais.

Avec la mort de Maurice Duplessis prend fin la deuxième période de notre histoire: celle de la résistance. Jusque-là on devait, obsessionnellement, demeurer fidèle au passé, notre maître. Soit premièrement à notre religion, et secondement à notre langue, autant dire à la France elle-même. Une France monarchique et catholique. Anachronique donc, celle-ci ayant renoncé en 1789 à chacun de ces attributs pour elle caducs. En 1959, ce qui s'ouvrait devant nous, à l'heure de rejeter tant la France, et sa tutelle imaginaire (elle ignorait jusqu'à notre existence, la pauvre!), que l'Église et sa tutelle tyrannique, très réelle, celle-là, c'était les USA. Ce qui mourut de sa belle mort, ce fut l'Angleterre, le Canada, l'Europe, une série d'allégeances jusque-là sacrées, éternelles. Un château de cartes. Le Canada adopta un nouveau drapeau. La télévision nous fit vivre à New York et à Los Angeles. Paris, Londres et Rome devinrent des villes exotiques, lointaines, sans intérêt. Notre âme se fit américaine, se convertit, fit amende honorable, reçut l'absolution. Mais nous parlions, paradoxalement, français: et même, stupéfaction, plutôt mieux, tout compte fait, que jamais depuis la Conquête.

On doit comprendre qu'à la vague des mots anglais britanniques succéda le raz-de-marée des mots anglais américains. Qu'au foreman succéda le boss, et que celui-ci utilisa le tonnerre impressionnant de la radio, avant de s'imposer sans rencontrer de résistance, bien au contraire, dans l'enthousiasme le plus délirant, via la télévision. Depuis, il fait de nous tout ce qu'il veut. Vaille que vaille, nous lui emboîtons le pas. Dans un univers mécanique, entre 1900 et 1950, grosso modo; dans un univers électronique, depuis 1950. On voit mal, avec l'informatique, comment notre avenir pourrait éviter une inexorable intégration au réseau imaginaire, ou culturel, comme on voudra, américain. Les mots toujours continueront à affluer, et en anglais, toujours en anglais. Qu'en faire? Et que faire des mots venus autrefois de France, face à cette invasion où nous ne reconnaissons même plus le visage de l'autre? Où, tout au contraire, nous désirons vraiment reconnaître nos propres traits, notre visage préféré, objet de nos soucis quotidiens?

Et puis, en premier lieu, la France nous cause plutôt des troubles de vision. Car enfin, n'est-il pas évident, pour quiconque est allé là-bas, qu'on y est en pays étranger, étrange? Quelque chose de fêlé nous sépare des Français, comme l'impossibilité de nous reconnaître en eux, un je ne sais quoi obsédant qui nous rappelle que, malgré toutes nos similitudes, ce qui nous relie aux touristes américains qui nous entourent, à Paris ou ailleurs, est plus fort que ce qui nous associe aux Français... Qu'a-t-il donc bien pu se passer pour que nous en arrivions là? On peut penser que la Révolution française se trouve à l'origine de notre délaissement, de notre véritable émigration.

Car enfin, si quelque chose a pu faire la France d'aujourd'hui, n'est-ce pas la Révolution française, 1789? Trente ans après 1759. Une seule génération! Et toute la Nouvelle-France allait être dressée par son Église contre cette France-là, qui se faisait, horreur, régicide!

Voltaire n'est-il pas, avec ses dix arpents de neige, l'ennemi public numéro un de tout Québécois? Or Voltaire n'est-il pas, bon gré mal gré, le père spirituel de la France régicide? En 1789 la France vit, à sa façon, notre 1759. Tout son passé bascule. C'est la fin, pour de bon, de l'Ancien Régime: celui des rois, de Jeanne d'Arc, de Richelieu, de saint Louis, de Racine, bref de tout ce qui continuerait ici, pour nous, à représenter la «vraie France». Quand tombe la tête de Louis XVI, tous les Français se retrouvent responsables de la Révolution, et marqués par elle au fer rouge. Or elle ne nous concerne aucunement. Nous n'avons pas cette guillotine-là sur la conscience.

La Bastille, ce n'est ici qu'un mot creux. Varennes est une paisible petite ville de la banlieue montréalaise, où la famille royale aurait été reçue à bras ouverts par de bons et loyaux sujets. La Terreur, Robespierre, Danton, Saint-Just, Marat et Sade, autant de signifiants sans résonance, sans familiarité: cela ne nous concerne pas. Nous sommes du pays d'avant la Révolution. Nous le demeurons. Cette France-là nous échappe. Napoléon Bonaparte pour nous est un personnage de roman, une légende: il aurait pu naître et mourir entre la première et la dernière page d'un roman de Balzac. La France au contraire vit toujours à l'heure napoléonienne. Ses institutions datent de lui, son enseignement, son code, son armée, sa bourgeoisie, sa mentalité en grande partie. Il a marqué la France, pas le Québec. La Légion d'honneur ne nous concerne guère.

La France actuelle s'est donné un vocabulaire tout neuf, à partir de 1789. Au moment même où nous recevions un vocabulaire inouï made in England, le vocabulaire de la France d'avant 1789 devenait lettre morte. Nous n'avons pas pu nous débarrasser de celui-ci: c'eût été mourir! Rien d'autre que l'anglais n'aurait pu le remplacer. Nous l'avons conservé. À Paris se succédaient Révolution, Terreur, Empire, Restauration, République: ici, le calme plat. La France ayant perdu son empire colonial royal s'en taillerait un second, impérial et républicain. Son ennemi héréditaire l'ayant matée à Waterloo, elle détournera ses regards du côté du Rhin, prendra le Boche en grippe. Pour nous, le Boche lui flanque une raclée en 1870, la ruine en 1918, l'anéantit en 1940, lors d'une promenade qui n'a depuis cessé de hanter l'amour-propre gaulois. La France ne s'est jamais relevée de cette défaite-là. Les troupes américaines qui la libéraient de l'Allemand en 1944 l'annexaient en même temps aux USA. Une sorte de Révolution tranquille. Depuis 1960, les mots anglais américains affluent aussi là-bas.

Mais la France n'a pas renoncé, et pour cause! à ses acquis révolutionnaires. À sa laïcisation en profondeur, au pouvoir absolu de sa bourgeoisie d'affaires, à une certaine idée de l'État napoléonien. Tout un vocabulaire traditionnel, pour nous dépourvu de sens, faute de correspondre à notre réalité. Nous ne vivons pas en république! Cette France-là, l'Église québécoise l'a combattue avec frénésie, entre 1789 et 1960: jusqu'à en mourir! Et là encore, ce sont les Américains qui nous ont «libérés»! Où l'on voit que s'il y a symétrie, entre la

France et nous, elle n'est pas forcément ce que l'on croit. On ignore généralement qu'un *Te Deum* fut chanté à la basilique de Québec par l'archevêque de la capitale à l'occasion de la victoire de Trafalgar, où Nelson détruisit la flotte française, en 1805... Cérémonie où se consomme le curieux mariage de l'Église du Québec et du trône schismatique d'Angleterre... Une alliance inouïe évidemment fondée sur les impératifs contraignants de la lutte à l'ennemi commun: la France née de la Révolution, et ce en dépit du Concordat signé entre la France et le Vatican en 1801, qui régularisait et normalisait les rapports entre l'État et l'Église...

L'Église dominera la librairie québécoise par son monopole de l'enseignement, ses écoles consommant la quasi-totalité de ce qu'on y publiait. Elle y imposera la censure absolue des mots et des idées nés en France au XVIIIe siècle. L'Histoire fut filtrée, de même que la littérature. Le Québec vécut à l'heure de l'Ancien Régime. Racine, Corneille, La Fontaine et consorts régnaient toujours à Versailles, le XVIIIe siècle n'ayant jamais eu lieu. On maudissait l'*Encyclopédie*, cette machine infernale lancée par le diable dans les jupes des ecclésiastiques! La France demeurait la fille aînée de l'Église, on avait infiniment plus de contacts avec la catholique université de Louvain qu'avec la républicaine Sorbonne, Rome était dressée contre Paris, la vertu contre le vice, le Bien contre le Mal. Toute la production romanesque du XIXe siècle fut mise à l'Index: Balzac, tout Balzac! Flaubert, Maupassant, Zola... L'impressionnisme, qui montrait le délicieux corps de la femme, et non celui des divinités grecques, fut anathémisé, interdit. Tous les grands noms du XXe siècle furent honnis, refoulés, combattus. Autour d'André Gide régna une hystérie collective d'eunuques qui eurent sans doute leurs raisons de s'exciter à ce point de frénésie autour d'un homosexuel qui avouait tout bonnement ses goûts pour les garçons.

Ce qui alors était notre pain quotidien est aujourd'hui à peine croyable. En 1964, à la catholique Université Laval de Québec, monseigneur (*sic*) Vachon en étant recteur, je suivais les cours de Jacques Vier sur André Gide, à la faculté des Lettres. Vier était un intégriste de France invité par le frère Lockquell, alors directeur du département d'études françaises. Il tenait le même discours catholique que nos ecclésiastiques: violent et haineux pour la culture française née en 1789. Je devais lire Gide! Je voulais lire *tout* Gide. Je décidai de ramasser tout ce qui se trouvait à la bibliothèque de l'université. Pourquoi en suis-je ressorti les mains vides? Eh bien parce que Gide y était à l'Index, et sous clef! Impossible de l'emprunter! D'un grand ami à moi, jésuite et professeur depuis dix ans à l'Université Laurentienne de Sudbury, on exigea une autorisation signée de Mgr Vachon! Je décidai de dépenser mes sous. Pas si simple!

À la Librairie Garneau, la plus importante de Québec, située juste à côté du Petit Séminaire, de la basilique et de l'hôtel de ville, on parla tout bas et en prenant des airs de conspirateurs d'opérette pour me faire une prédiction: que dans aucune librairie de Québec on ne me vendrait du Gide! On m'assura que l'Église visitait régulièrement leurs rayons, l'Église qui par ses commandes faisait la pluie et le beau temps dans l'édition partout au Québec... On avait vu juste! Gide était au ban. Je décidai de m'adresser en dernier recours à la bibliothèque de l'Assemblée nationale, dirigée par Jean-Charles Bonenfant, dont le nom depuis a été donné pour la postérité à la bibliothèque générale de l'Université Laval. Au comptoir du prêt, là aussi on me refuse Gide: la consigne! L'Index! On consentit, j'insistais en élevant le ton —songez que j'étais dûment inscrit aux études de maîtrise!— à me mettre en communication téléphonique avec monsieur le conservateur. Celui-ci, ayant écouté toute ma triste histoire avec patience, y alla d'une concession. «De quel livre avez-vous le plus besoin?...» Il consentait à me remettre ce livre, un seul! afin qu'en sa présence et dans son bureau je consulte les pages indispensables à ma culture... Je déclinai son offre. Or la Révolution tranquille était officiellement enclenchée depuis quatre ans! Mais la France était toujours à l'Index. Je dénichai tout de même quelques Gide dans une librairie *anglaise* de Montréal.

Le Frère Untel avait en 1960 publié *Les Insolences*: vingt ans plus tôt il n'aurait rien publié du tout, *Le Devoir* n'en aurait eu ni le goût ni les moyens, le pouvoir ecclésiastique aurait écrasé André Laurendeau autant que Jacques Hébert, des éditions de l'Homme. En 1837 l'épiscopat québécois s'était rangé du côté de l'armée anglaise, contre les Patriotes. Un barrage très efficace, dressé contre la France contemporaine, contre ses mots et ses idées, liguait l'Église de l'Ancien Régime au Royaume-Uni, les soldats du Christ en soutane noire aux soldats du roi en tunique rouge. Les mots anglais circulaient librement: seuls véhicules à transporter les mots et les idées dont le Québec devait forcément bâtir son avenir! La France était victime d'un blocus idéologique. Quand il sauta, vers 1960, il était trop tard. L'anglais américain nous avait enlevé jusqu'au désir de prendre contact avec la France, ce pays si étrangement français.

Nous sommes donc arrivés à la Révolution tranquille. Qui donc alors sommes-nous? Récapitulons. Les paysans que nous sommes ont appris des Anglais comment on exploitait la terre au XXe siècle. Mécaniquement, rationnellement. En anglais. Depuis toujours l'Église d'avant Vatican II vivait en latin, n'accordant de valeur qu'au français de la France d'avant 1789, rejetant avec une peur viscérale jamais démentie tout ce que la France était depuis devenue. Indéfectible amie du pouvoir britannique qui la laissait en paix jouir de son emprise absolue sur les restes de la Nouvelle-France. Et de deux, donc.

Depuis la Première Guerre mondiale, d'autre part, le Québec, à l'anglaise, grâce à deux conflits où le Canada s'industrialisait en galopant, car il fallait venir en aide à la Grande-Bretagne (et puis c'était extrêmement rentable), le Québec changeait de visage et de langue. L'exode rural remplit les usines, le français des campagnes céda la place à l'anglais des villes. Les anglicismes affluèrent et occupèrent tous les créneaux techniques, du plus simple (l'exploitation forestière, la mécanique) au plus complexe (l'industrie lourde, les constructions aéronautiques). Le français était devenu une langue domestique: domestiquée, bref une langue de domestiques. L'Église n'y voyait aucun inconvénient majeur: l'essentiel, la foi, étant sauvegardé. La situation devint infernale le jour où le Québec rejeta foi et religion. La question se posait brutalement: face à l'Amérique, dans l'oubli tant de Rome que de Paris, quelle langue utiliser? On opta pour le français. Bon. Mais lequel? On inventa cette bonne blague: le «québécois»! Qui devait être une langue à part entière, aussi bonne et aussi belle que le «français». L'ouvrage que vous lisez en ce moment même a été rédigé essentiellement pour vous permettre de saisir en gros de quoi le «québécois» est composé en réalité. Tout en cherchant à faire comprendre qu'il n'est pas tombé du ciel, mais issu bien concrètement d'une situation historique où diverses idéologies combattantes ont marqué son visage d'une partie de leur vocabulaire. Si bien qu'on y perçoit l'écho de la paysannerie française d'Ancien Régime, celle qui entourait Paris, spécialement dans l'Ouest et en Normandie; celui aussi d'une Église janséniste et intégriste, fabuleusement ultramontaine; l'écho enfin, toujours plus encombrant, de l'anglais, celui de Grande-Bretagne d'abord, qui fait de la Nouvelle-France une authentique Nouvelle-Angleterre, avant que l'Amérique, triomphalement, ne conquière nos âmes en leur imposant ses valeurs, toutes ses valeurs, et rien que ses valeurs. Le tout, et finalement c'est cela même qui fait tenir ensemble ce pantin désarticulé, le tout greffé au français le plus authentique qui soit, et doué d'une constitution à toute épreuve! Il le faut bien, pour avoir résisté à tant et tant d'assauts.

Un français plein de trous, comme les yeux d'un bon fromage de Gruyère. Que l'on cherche à boucher vaille que vaille, en bricolant, en tâtonnant, le plus souvent tout bonnement en ayant recours à l'anglais, dont toujours le mot juste est disponible, serviable à l'extrême. Du vieilli cousu à du tout neuf, du français à de l'anglais, du vide à du plein, un beau casse-tête, le tout emballé dans une orthographe et une grammaire sidérantes de sottise, aberrantes, absurdes, etc. Une situation qui nous distingue brutalement de tous les autres francophones du monde. Une situation dont rien ne nous assure qu'elle ait le moindre avenir. N'oublions pas que les Québécois ont un beau jour rejeté la religion de leurs ancêtres, ce que seuls quelques timbrés auraient pu prédire avec vingt ans d'avance sur l'événement... et que cet imprévisible absolu se produisit dans l'indifférence universelle! Rien ne s'oppose à ce que de même les Québécois, ayant cessé de se renouveler collectivement, renoncent à cette chose diablement embarrassante (personne d'autre n'en veut!) qu'est leur variété locale de français, et que dans cent ans toutes nos écoles soient devenues américaines au sens linguistique du terme.

Et maintenant il sera question de vocabulaire!

Car enfin nous avons parcouru un long chemin, depuis le Régime français, à l'époque où par exemple la cuisine des aliments s'effectuait dans un chaudron suspendu à un des crans de la crémaillère de la cheminée. Les Anglais nous ont appris qu'il y avait avantage tant à cuire nos aliments qu'à nous chauffer grâce à ce qu'ils appelaient un STOVE et que nous avons appelé un POÊLE, incapables que nous étions de saisir la nuance entre le *fourneau* (qui n'est pas le *four*!) et le *poêle*. Nous venions de changer de référents (de choses, d'objets matériels), il fallait donc opter pour un nouveau jeu de signifiants (de mots, de termes exacts): c'est tout de travers que nos signifiants s'adaptèrent (mal) à nos référents. Rien n'a changé depuis!

Je sais hélas de science certaine, pour en faire l'expérience chaque année auprès d'un public où les grandes filles sont largement majoritaires, que le vocabulaire *élémentaire* de la cuisine (je ne dis pas de la gastronomie, où c'est la catastrophe pure et simple) est le lieu d'une confusion extrême. Cela me paraît témoigner du passage d'un ancien régime paysan parfaitement français à un nouveau régime citadin parfaitement embrouillé, où les mots font la guerre aux choses. Or on ne saurait prétendre que la cuisine soit le lieu d'un vocabulaire sans intérêt, soit parce que marginal, soit parce qu'inutilement technique! Or si dans la cuisine règne un chaos linguistique, imaginons un peu ce dont le reste doit avoir l'air!

Jetons-y un coup d'œil. La batterie de cuisine elle-même fait naître l'angoisse de la nomination. Il faut donc distinguer toutes ces choses les unes des autres? Comment dire SET? Car il y a la *batterie*, et la *série*, deux réalités à ne pas confondre. Où s'arrête le *chaudron*, où commence la *marmite*? A-t-on même toujours recours à cette dernière?... Car il y a ce nouveau venu, le *faitout*, ou fait-tout, qui fait un peu de tout, et prend moitié moins de place sur le poêle, oh pardon, j'aurais dû dire la *cuisinière*!

S'il faut faire cuire à feu vif, que vais-je utiliser? Sûr qu'il existe de belles séries de poêles bien emboîtantes, mais il existe me dit-on une *sauteuse*, et puis le *poêlon*, qui doit bien être distinct de la poêle, et qu'on confond avec la *casserole*, que d'aucuns appellent une *chassepane*... Compliqué, non?

S'agit-il de faire cuire une *volaille* au four (un *poulet* dans le fourneau...), j'entends dire qu'on dépose celle-ci dans une *lèchefrite*... Ne serait-ce pas plutôt une cocotte? On l'appelle aussi *rôtissoire*, je sais. Mais la lèchefrite ayant pour unique fonction de recueillir la graisse et le jus qui tombent de la volaille à la cuisson, elle ne peut pas contenir celle-ci, comme le fait une cocotte. Or «cocotte» nous est inconnu!

Je vous fais grâce des *plats* dans lesquels, assez comiquement, on voudrait nous faire manger à table, plutôt que dans des assiettes; des *couverts* qu'on pose sur les marmites; des *Presto* qui m'ont bien l'air d'origine yankee, au contraire de nos *vaisseaux* et *canards* qui ont un air vieillot en diable! D'autre part j'ai la certitude que l'on confond tout à fait le *pilon* (cela sent un peu la pharmacie d'arrière-grand-papa...) et le *presse-purée* (mais on *pile* bien nos patates...), que l'on ne distingue pas la *spatule* et la *pelle*, la première généralement en bois et creusée en cuvette, le second bien plate, pour détacher des œufs au miroir de la poêle par exemple. On ignore que la cuillère trouée est une *écumoire*, que la grosse cuillère est parfois la *cuillère à servir*, parfois la *louche* ou la *cuillère à pot*: ceci dit je ne vois pas fréquemment que l'on respecte la petite nuance qui fait d'un pot un *pot* et non un *bocal*. Tout ça dans une simple cuisine?... Et ça n'est pas fini!

Vous aimez le thé? Faites-vous appel, pour son infusion, à un *passe-thé*? Il paraît que *passette* est aussi fort convenable pour désigner le même ustensile. Et qu'un *chinois* est un passe-thé conique. Évidemment le petit *sachet* (la *poche*...) de thé est éminemment pratique: on entend parfois dire que c'est une *infusette*, cela convient tout de même mieux que «poche»! Oh il y aurait bien des tas d'autres choses à dire! À propos de cette *salle à dîner* par exemple, ou de la *coutellerie* des grandes occasions, pour ne rien dire des mets qu'on déposerait sur notre table! Il me suffit d'être assuré que la confusion dont je vous entretenais tout à l'heure dans l'abstrait a maintenant acquis une certaine consistance... Je le répète: si l'histoire a transformé le cœur de nos maisons en tour de Babel, on peut bien penser que tout le reste, dans nos vies, n'a pas dû échapper à ce phénomène de confusion galopante. Je vous ferai grâce d'une incursion dans le domaine de la divinité locale, le *char*, dont bien sûr vous n'allez pas douter qu'il nous donnerait une ample maison d'horreurs linguistiques, jusqu'à plus faim... Et tout cela confirmerait que tant l'univers féminin traditionnel, la cuisine, que l'univers masculin traditionnel, l'automobile, ont été profondément atteints dans leur vocabulaire fondamental.

Le vocabulaire des Québécois rend en effet parfaitement manifestes les influences qui ont pesé sur notre histoire et déterminé notre devenir national. On s'y retrouve, dans une perspective diachronique claire comme le jour, de la même manière qu'un archéologue interroge son maître, le passé, en interrogeant les strates de déchets laissées derrière elles par les civilisations qui ont successivement occupé un site quelconque.

Bref

Ce qu'on découvre ainsi chez nous, sur un fond constitué du français le plus authentique imaginable, c'est d'abord l'écho des provinces que nos ancêtres ont quittées pour coloniser la Nouvelle-France. De vieux mots qui ont rarement pris racine à Paris, mais qui souvent demeurent encore aujourd'hui vivants dans les terroirs de France. On les traverse en s'abandonnant, vers la Manche, au courant de la Seine, et vers l'Atlantique, quand il y a de l'eau dedans, en pataugeant dans la Loire, direction aval. Nous sommes à peu près tous originaires de ces pays-là. Normandie, Île-de-France, Touraine, Perche, Anjou, Poitou, etc. C'est la faute à l'Anjou si nous disons encore aujourd'hui *achaler*, *couleurer*, *cocombe*, *gosser*, *motton*, *plemer* ou *trâlée* d'enfants! Rien de tout cela n'aurait fait partie de notre tenace héritage, et pour cause, si nos ancêtres avaient essaimé depuis la France méridionale!

Tel est le parfum que l'on peut associer au Régime français: une mixture de français de Paris et de français régional.

Après 1759, l'anglais britannique s'installe en même temps que les institutions dont l'Empire va doter sa colonie, administrée comme n'importe quelle contrée de tradition anglaise. À quoi, au fil des années, s'ajouteront les fruits pour nous anglophones du progrès matériel, sensible avant tout dans nos villes peuplées d'anglophones, sans pour autant que nos campagnes aient pu ni voulu, cela va sans dire, se priver des bénéfices de ce progrès évident. La mécanisation, l'industrialisation, la banque, le commerce, tout cela, si vital, parla anglais. Les témoins de cette strate archéologique pèsent de tout leur poids sur ceux de notre strate française fondatrice. Tout en effet changea, et du tout au tout.

Après l'Empire britannique, l'Empire américain nous colonisa, et d'autant plus aisément qu'on ne lui opposa aucune résistance: bien au contraire! Il ne fit pas disparaître totalement l'influence britannique: nos institutions demeurent aujourd'hui ce qu'elles ont commencé à être en 1763. Mais la mécanique céda lentement la place à l'électronique, par exemple, un pur produit, pour nous, made in USA. Et les médias firent de nous de purs Américains. L'Angleterre se fit lointaine, archaïque, une petite île sans importance, tout là-bas au large des «vieux pays», comme disaient autrefois les anciens. Cette strate américaine est en cours de formation. Elle a bien l'air d'un déferlement, d'un raz-de-marée. Elle pèse d'un poids si écrasant qu'on peut à bon droit se demander si elle n'étouffera pas à la longue notre antique strate française, que chaque année de notre histoire enfonce toujours plus profondément dans les sous-sols de l'archéologie...

Voilà! Nous connaissons maintenant notre terrain linguistique. Nous le savons solidaire de notre histoire. Il ne nous reste plus qu'à l'explorer. On y va? Mais faisons d'abord le tour des mots que jusqu'ici nous avons passés en revue. Les voici:

ACHALER	**CHASSEPANE**	**COUVERT**
importuner	casserole	couvercle
RÉGIONALISME: ANJOU	ANGLICISME: SAUCEPAN	ARCHAÏSME
ACRE	**CHAUDRON**	
hectare	marmite	cuillère à pot louche
ANGLICISME: ACRE	CONFONDUS	LACUNE
BOCAL	**COCOMBRE**	
pot	concombre	cuillère à servir
CONFONDUS	RÉGIONALISME: ANJOU	LACUNE
CANARD	**COULEURER**	
bouilloire	colorier	écumoire
ARCHAÏSME	RÉGIONALISME: ANJOU	LACUNE
CHAR	**COUTELLERIE**	
1. voiture 2. bagnole	ménagère	faitout ou fait-tout
ANGLICISME: CAR	ANGLICISME: CUTLERY	LACUNE

FOREMAN contremaître ANGLICISME: FOREMAN	**MARMITE** chaudron CONFONDUS	**PIED ANGLAIS (FOOT)** pied français CONFONDUS
FOURNEAU four CONFONDUS	**MOTTON** grumeau RÉGIONALISME: ANJOU	**PILON** presse-purée CONFONDUS
GOSSER DU BOIS tailler RÉGIONALISME: ANJOU	**PASSOIRE À THÉ** passe-thé GÉNÉRIQUE	**PLAT** assiette CONFONDUS
LÈCHEFRITE cocotte CONFONDUS	**PASSOIRE À THÉ** passette GÉNÉRIQUE	**PLEMER** peler RÉGIONALISME: ANJOU
louche LACUNE	**PASSOIRE À THÉ CONIQUE** un chinois GÉNÉRIQUE	**POCHE DE THÉ** sachet infusette ANGLICISME: TEA BAG

POÊLE EN FONTE	SALLE À DÎNER	VAISSEAU
poêlon	salle à manger	marmite, casserole, etc. récipient à liquides
LACUNE	ANGLICISME: DINING ROOM	ARCHAÏSME
POT		
bocal	sauteuse	
CONFONDUS	LACUNE	
POUCE ANGLAIS (INCH)	SET	
pouce français	série (de casseroles) batterie (de cuisine) service (de porcelaine)	
CONFONDUS	ANGLICISME: SET	
POULET	SPATULE	
volaille	pelle (à cuisiner)	
ANGLICISME: CHICKEN	CONFONDUS	
PRESTO	TRÂLÉE	
cocotte-minute	ribambelle flopée tas tapée	
ANGLICISME: PRESTO	RÉGIONALISME: ANJOU	

PREMIÈRE PARTIE

Les anglicismes

Anglicismes lexicaux

Personne sans doute ne contestera qu'il s'agit ici de notre catégorie la plus populeuse. Cela est normal. Normal au sens où toutes les langues ont abondamment emprunté à leurs voisines, la plus à la mode donnant sans compter. On sait combien l'anglais ne s'est pas gêné durant des siècles pour piller sans vergogne le français de ses conquérants les Normands, avant de razzier toutes les langues de son empire. Et je passe sous silence les innombrables emprunts de sa langue savante, en matière de droit et de médecine par exemple, au latin et au grec. Normal. Le français en a fait tout autant.

Le procédé, en règle générale, est simple: quand on emprunte une chose, un référent donc, on en demande le nom, et on garde celui-ci. Personne n'aurait cette très curieuse idée de chercher à traduire *pizza*, *macaroni*, *vodka*, *schnaps* ou *paella*! À quoi bon? Le français ignorant la chose ignore forcément le mot: l'un ne va pas sans l'autre, et le français en les adoptant tous deux s'enrichit. De toute manière, allez donc traduire *sandwich*, ou *chow mein*, ou *saké*! Impensable. Voilà donc de très utiles emprunts lexicaux. Ils n'ont rien à craindre de notre censure!

Mais les langues n'empruntent pas que des choses matérielles: elles aiment beaucoup, lorsqu'elles font leur affaire, les idées des autres, et ne répugnent guère à se les approprier. Le phénomène est même légal, réglementé, et procure beaucoup de sous à ceux dont les idées voyagent de par le monde, pour peu qu'elles soient achetables, transformables en produits. Le *Compact Disc*, par exemple, est d'abord une idée, le disque ayant déjà été découvert; le *Walkman* de même est une idée, celle d'un certain modèle de transistor de poche, etc.

Certains mots voyagent, mais n'émigrent pas: le *blitzkrieg*, l'*aggiornamento*, la *movida* évoquent l'Allemagne, l'Italie et l'Espagne. Ce que désignent ces mots ne se débite ni ne s'achète. Certains mots vont même jusqu'à prétendre identifier un type culturel durable, le *gentleman* britannique, le *cow-boy*, le *gaucho*, ou le *condottiere*. Le *troubadour* en Occitanie, le *Herr Doktor* en Allemagne, le *Don Untel* en Espagne. En Prusse, le *junker*.

N'essayez pas de traduire, cela serait peine perdue, et ridicule. Il vaut mieux conserver tels quels *samouraï*, *shogun* et *zen*. Je pense que vous en conviendrez. Ils nous enrichissent, sans eux nous serions vraiment appauvris.

Notre catégorie d'anglicismes lexicaux sera donc consacrée à de plus redoutables emprunts. Ils auront pour caractéristique de déloger un terme français parfaitement adéquat, sans jamais désigner ni un référent ni un signifié étroitement associés à une culture étrangère quelconque. L'emprunt lexical ne nous apporte rien de neuf: loin de nous enrichir, il nous appauvrit. C'est parler de ses propres objets en ayant recours aux signifiants des autres. Il va sans dire que cet appauvrissement n'a pas eu lieu sans raison.

Il faut comprendre que l'habitat du francophone canadien d'aujourd'hui n'a plus grand-chose en commun avec celui de son ancêtre, tel qu'il existait en 1759. Nous vivions dans les champs, mais vivons à la ville. Et les objets alors usuels, tant domestiques qu'agricoles, sont tous devenus désuets depuis belle lurette. C'est dire qu'ils ont été remplacés. Devinez par qui?... De même qu'il était possible de bâtir nos villages à l'aide de mots français, cela a été une tout autre paire de manches quand les Anglais ont bâti nos villes avec leurs mots. On oublie, ou plutôt on ignore que même la ville de Québec était une ville anglaise, dotée jusqu'en 1890 d'une majorité anglaise. Visiter Québec, c'est visiter une ville anglaise, qui devient vite américaine dès qu'elle sort de ses murs. Qu'y reste-t-il du Régime français? Rien, en somme, la taille même de la ville, en 1759, étant minuscule. Ni la citadelle ni les murs de Québec ne sont français. Or ce que les autres font nous parvient forcément dans leur langue.

Il est toutefois certainement vrai qu'en France au même moment on édifiait des villes toutes semblables. Cependant nul écho ne nous en parvenait. Nous ne pouvions réellement nommer avec justesse que les choses qui demeuraient désuètes. Le progrès se faisait, sans nous, à l'anglaise et en anglais. Prenons un exemple concret, celui des voies urbaines et de leurs noms. En français on connaît le boulevard, construit sur les anciens remparts; l'avenue, ombragée d'arbres; la rue et le quai, ce dernier en bordure d'un cours d'eau. Enfin l'impasse, et le passage. À Paris comme à Bordeaux cela va de soi. À Londres, rien ne va plus; non plus qu'à Montréal.

À Montréal, le boulevard Saint-Joseph n'a rien d'un boulevard, la rue Sherbrooke rien d'une rue, l'avenue des Pins rien d'une avenue! Ces appellations françaises ont ici perdu leur sens. Nos impasses, jusqu'à ces tout derniers temps, étaient, à l'anglaise, des *culs-de-sac*. Montréal, comme Londres, est divisée en un East End pauvre et un West End riche. Allez faire un tour du côté de l'Oratoire, vous y découvrirez des «rues» qui portent les noms de CIRCLE ou de CRESCENT. Comment traduire cela? À Londres, on trouve des ROWS et des ALLEYS. À ces ALLEYS nous avons donné le nom de RUELLES, mais cela ne correspond pas du tout au sens français de *ruelle*! L'Amérique par-dessus le marché nous a imposé ses PLAZAS, ses BUILDINGS, ses TOWN HOUSES... Comment traduire, sans rien trahir, EASTERN TOWNSHIPS? Ou même nos *comtés*, qui n'ont rien, mais alors rien à voir avec les *comtés* des comtes de l'Ancien Régime, quoique tout, oui, tout à voir avec les innombrables COUNTIES que vous trouverez partout en Grande-Bretagne, aux États-Unis, en Australie, etc. Le Québec fait partie de l'Empire britannique! Comment donc faire pour franciser VALLÉE-JONCTION, COTEAU-LANDING ou LAURIER-STATION, indissociables des RAILWAYS britanniques?... Parce que les Britanniques ont installé le chemin de fer en France, les trains y circulent... à gauche! Ce phénomène a simplement été ici multiplié par mille... et plus!

Cela vous paraîtra une lapalissade, mais enfin il importe de savoir qu'en 1759 l'électricité n'éclairait pas encore nos maisons... et pas davantage le pétrole! Il en est résulté que nous en sommes restés à la bonne vieille *huile* des vierges du Nouveau Testament quand les Anglais ont implanté partout leurs *OIL LAMPS*! Et que les prises de courant murales sont devenues des *PLOGUES*, de même, comble de malheur, que les fiches qu'on branche dedans. Le verbe ayant ensuite spontanément suivi, il est encore possible d'entendre dire qu'il faut ploguer la plogue du *toaster* dans la plogue du mur. On ne POUVAIT PAS alors le dire autrement: les mots y manquaient!

Nous n'avons pas non plus décidé de dire *WAITRESS* pour *serveuse*: et que dire d'autre que *BILL*? C'était écrit noir sur blanc sur l'addition! Et nous passions au *CASH*. Après avoir laissé un tip. Nous n'avons jamais non plus ici distingué le *TIP* ou *pourboire* du *service*, ce dernier n'existant pas chez nous. Dans les «chantiers» le *COOK* préparait des *BEANS*, nous en avons mangé. On eut droit au *BOLOGNA SAUSAGE* et, du fond de la rôtissoire du *ROAST BEEF*, au *GRAVY*. Cuisine anglaise oblige! S'il est impossible de traduire un terme sur-le-champ, alors les chances qu'il s'incruste sont énormes: l'habitude s'en prenant instantanément. Le *CRÉTE* ne devait pas avoir d'équivalent, pas plus que la *RELISH*. Je vous fais grâce de toute la saloperie américaine, hot-dog, Mc Do, chop suey, etc. Interdiction de traduire ça! Une personne avertie en vaut deux!

On voit que l'anglicisme lexical doit s'en tenir au mot anglais. Dans le cas des verbes, il les intègre tous au premier groupe, et les traite exactement comme s'ils étaient de pure souche française: *boster, flyer, spinner, swâper, shifter, ronner*, etc. Il est bien rare que l'anglais n'y soit pas repérable à l'œil nu, et le plus souvent la graphie le rend manifeste. Il n'en reste pas moins que certains termes passent inaperçus, du fait de la similitude de leur graphie. On les prononce alors tout simplement à la française. Cela donne: *cramper ses roues*, ou jouer aux *allées*; cela nous vaut d'innombrables *constables* communiquant grâce à l'*intercom* entre eux; cela peut prendre l'apparence d'un pantalon de *corduroy drabe*, ou d'une *valénce bleu royal*. Une dame qui ferait du *bicycle* en souliers *patents* devrait prendre garde à la *hose* pour ne pas perdre le *contrôle* de son engin. Vous voyez: absolument sans douleur. On n'y voit que du feu, et pourtant nous sommes criblés de balles. Même la *bassinette*, malgré son grand air, est importée! Et le *ril* a bel et bien fermé la porte au nez du moulinet. Difficile, ici, de sentir l'anglicisme à temps.

D'autres fois, tout de même, on est si peu que ce soit prévenu. Un petit quelque chose de pas français sonne l'alarme: ainsi Carmen m'annonçant qu'on avait changé toutes les *fixtures*... juste de vieilles *réguines*, ajoute-t-elle! Quelque chose dans l'insistance sur la dernière syllabe du mot *sedan* n'est pas français: on ne dirait pas RATAPLANE, mais rataplan... plan... plan! Or *Sedan* est ironiquement le nom d'une ville de France!... Un petit rien fait grincer les charnières dans une *bêle* de foin, un *bomme*, des *caps* de roues ou une *can* d'huile... On ne dirait pas le French... *canne... canne!* Et plus encore la langue rouspète, quand on lui impose *smart*, ou *fitter*... C'est que ça fitte pas! C'est pas la bonne *size*, faut ou ben changer de *bolt*, ou ben trouver une autre *notte*.

Vous avez tous senti que nous venons d'aborder une tout autre plage, celle des anglicismes lexicaux qui affichent sans complexe leur origine. Je ne vais pas, pour vous les présenter, entreprendre d'arpenter en long et en large le domaine immense qu'est le leur: ce serait explorer toute notre langue! Non. Plutôt vais-je illustrer mon propos à l'aide des exclamations qui nous sont coutumières: nos cris du cœur! Et certes vous devrez avouer que personne ici ne jure tout à fait comme le capitaine Haddock.... dont le nom malgré tout est bel et bien anglais!

Mais d'emblée mettons-nous d'accord sur cette évidence: qu'on ne jure pas non plus (le capitaine ayant une nomenclature quelque peu marginale en matière de gros mots...) comme le commun des mortels en France. On ne dit jamais CIEL! ou MINCE! ou, encore moins, MINCE ALORS!... NOM D'UNE PIPE serait indécent. On ne crie pas HEP! pour attirer l'attention de quelqu'un. Et la colère n'a jamais fait naître en personne un ENFANT DE SALAUD! Et encore moins, si possible, un FILS DE PUTE! À la rigueur nous partageons MERDE: mais pas partout. Dans la plupart des cas on modifie une voyelle à la mode de l'Ouest de la France et on ajoute une jolie malédiction. Cela fait infiniment plus naturel, il faut bien le dire. Que voulez-vous, du côté de l'Anjou et du Poitou, c'est *marde* que l'on dit!

Mais ceci dit, quand l'émotion nous étreint nous gueulons en anglais carrément, si d'aventure l'Église et ses saints nous paraissent insuffisants. Et pourtant... quelle richesse! Tout le sacré, presque infini! Nous n'en faisons pas moins appel à Shakespeare et Cie: FUCK est inévitable, polyvalent, indestructible, le Maître Jacques des jurons. On dit WOW! quand on exulte, ou ALL RIGHT! ou LET'S GO LES BOYS! quand ce n'est pas SHIT MAN! ou WÔ! ou YEAH! ou YES!... avec un S qui n'en finit pas. Restent YAHOU! et YOUPIE! Remarquez, ceci ne représente qu'une mince sélection: notre côté joyeux.

On connaît d'autres humeurs. Par exemple l'incrédulité: quand c'est pas croyable, ni créyable: quand là c'est trop! ENOUGH IS ENOUGH! ou AH!...FUCK YOU!... ou OH

YEAH!... quand ça n'est pas un double SURE!... On dit WÔ! LÀ... ou AÏE LÀ, WÔ! On peut chercher à exprimer la surprise, le plaisir ou l'enthousiasme délirant: ALL RIGHT! ou ATTABOY! ou GO HABS GO! On peut crier: HELLO! ou HI! ou HURRÉ! On lance un YES SIR! comme au régiment... ou RIGHT! On dit TOP SHAPE! ou OK DOKE! ou OUP-E-L'AÏE! On va jusqu'à MENOÛM! MENOÛM!, jusqu'à YUM! YUM! On scande une chute: BA DA BOUM! BA DING BA DANG! Ou BOÏNG! BOÏNG! On s'écrie, mais on se moque: YOK! YOK! YOK! ou encore: WOUP! WOUP!... WOUP!!

Si ça fait mal on dit AOUTCH! Au cheval on commande: BÈQUE OP! BÈQUE OP! Au jeu, quand on désire l'interrompre, on entend: TIME! Quand on désire le relancer: GO! Le soir ou le matin, comme vous voudrez: LAST CALL! N'importe où: NEXT! Avant de cogner: SCRAM! Si ce n'est qu'un au revoir: SEE YOU! Quand votre verre sera suffisamment rempli, dites-le: SAY WHEN! Ça n'a pas marché? TOUGH LUCK! Ce n'est qu'un au revoir? TOURELOU! Y'en a marre du prof? SHOO! Vous voulez le... shooter? Alors POW! Vous allez vraiment le tirer? MY EYE! Bof... NEVER MIND... Ou encore: COME ON! Prends plutôt un drink... et puis... CHEERS! Non? Alors GOOD LUCK!

Enough is enough? Stop? Come on, man?... Bon, comme vous voudrez! Mais je sais que mon petit texte farci de mots et d'expressions anglaises, si nous faisons un simple tour de table, nous en doublerions, triplerions, décuplerions l'ampleur. Ce sont des anglicismes lexicaux: ceux-là s'affichent avec orgueil, ne cherchant aucunement à se travestir, moins encore à se cacher: pour rien au monde nous n'accepterions de les troquer contre leurs équivalents français... C'est qu'ils nous vont comme des gants, à nous qui sommes les Français... d'Amérique!

Les anglicismes lexicaux témoignent avec éloquence et volubilité, avec réalisme aussi, de notre situation *politique* depuis 1759. Nos institutions ne sont pas françaises, mais britanniques ou américaines. Le vocabulaire a suivi. Ils témoignent de notre situation *économique* depuis 1759: le progrès, la mécanisation, l'industrialisation ont eu lieu en anglais, le français étant parfois, rarement, venu, pour traduire ce progrès, trop longtemps après: trop tard, nous avions acquis nos réflexes.

Ils témoignent, somme toute, de notre *mentalité*, des héros qu'on nous a donnés, de nos sports, de nos fêtes, de nos idéaux. Tous importés, depuis que l'univers merveilleux de la religion, chez nous, s'est écroulé. Désormais c'est dans tous les secteurs de notre monde américanisé que tout nous parvient d'abord en anglais: il faudrait donc tout traduire?... Une tâche si extravagante que les Français eux-mêmes y ont renoncé... Ce qui nous amènera bientôt à regarder ce qui se passe, de leur côté de la clôture, en matière d'anglicisation!

Voici donc les anglicismes lexicaux que nous avons croisés dans ce chapitre, exception faite des exclamations.

ALLÉES	UNE **BÔTE**	**CASH**
billes	un boulon	caisse
ALLEYS	A BOLT	CASH
BASSINETTE	**BOSTER**	**CHOP SUEY**
lit d'enfant	éclater	
BASSINET	TO BUST	CHOP SUEY
DES **BINNES**	UN **BUM**	**CONSTABLE**
des haricots blancs	un voyou	agent
BEANS	A BUM	CONSTABLE
UNE **BÉLE** DE FOIN	UNE **CANNE** DE BINNES	**COOK**
une botte de foin	une boîte de haricots blancs	cuistot
A HAY BALE	A CAN OF BEANS	COOK
BICYCLE	DES **CAPS** DE ROUE	**CORDUROY**
vélo, bicyclette bécane	enjoliveurs chapeaux de roue	velours côtelé
BICYCLE	HUBCAPS	CORDUROY

CRAMPER SES ROUES braquer ses roues TO CRAMP ONE'S WHEELS	**FLYER** sauter TO FLY	**MC DO** MC DO
UN **CRÉTE DE BELUETS** un cageot de myrtilles A CRATE OF BLUEBERRIES	**GRAVY** le jus (de la viande) GRAVY	**NOTTE** écrou NUT
DRABE beige DRAB	**HOSE** tuyau (d'arrosage) HOSE	**CUIR PATENT** cuir verni PATENT LEATHER
FITTER aller TO FIT	**HOT-DOG** HOT DOG	**PLAZA** PLAZA
FIXTURES appareillage électrique FIXTURES	**INTERCOM** interphone INTERCOM	**PLOGUE** 1. prise (de courant): prise femelle 2. fiche: prise mâle PLUG

RÉGUINES	SHIFTER	TIP
«affaires» trucs machins RIGGINGS	passer les vitesses TO SHIFT	1. pourboire 2. service TIP
RELISH	**SIZE**	**TOASTER**
     RELISH	dimension taille grosseur SIZE	grille-pain TOASTER
RIL	**SMART**	**TOWN HOUSE**
moulinet REEL	1. chic 2. gentil SMART	 TOWN HOUSE
ROAST BEEF	**SPINNER**	**TOWNSHIP**
rosbif ROAST BEEF	patiner TO SPIN	«canton» TOWNSHIP
RONNER	**SWÂPER**	**VALENCE**
marcher, fonctionner, tourner TO RUN	échanger troquer TO SWAP	cantonnière VALANCE
		WAITRESS
		serveuse WAITRESS

Anglicismes d'attraction

Existe-t-il, parmi les mots qui constituent notre trésor ancestral, un terme auquel il soit possible de référer notre passé mythique de manière à créer un large consensus? Une sorte de mot magique, qui fasse chaud au cœur quand on le prononce au milieu d'un bon repas bien arrosé de caribou? Ce terme-là pourrait certainement être celui de DRAVEUR! Évidemment Menaud, dont naturellement personne ne lit plus les aventures, Menaud qui n'est qu'un nom, Menaud, le maître draveur y est pour quelque chose. Quelque chose qui est indissociable de notre fierté folklorique, un folklore paradoxal, puisque en somme ce Menaud n'était qu'un tout petit serf au service de nos seigneurs anglais. Aussi bien cela est-il tout entier inscrit dans l'appellatif de sa fonction, dans ce DRAVEUR qui grève son nom de l'indice de sa servitude, DRAVEUR n'étant que l'apparence d'un mot français, DRAVEUR étant un mot anglais travesti en mot français au nom de notre ignorance.

Pour quelle raison l'avons-nous adopté? Bien certainement parce qu'il venait combler un vide que les Français eux-mêmes avaient créé, nos ancêtres ayant peu utilisé sous le Régime français la terminologie de l'exploitation forestière, telle que nos conquérants la mirent sur pied: sur un grand pied! Car enfin, s'ils nous avaient conquis, ce n'avait pas été pour nos beaux yeux: plutôt pour nos beaux arbres... Le mot draveur nous ayant été donné comme celui de *raftsman*, c'était à nous de les traduire tous deux. Faute d'en avoir été capables, nous les avons adoptés, maquillés: le *log driver* se métamorphosa en *draveur*. Il est difficile d'y reconnaître un rejeton de la technique du flottage du bois: je fais chaque fois pouffer mes élèves quand je leur apprends qu'en français un *driver* est un *flotteur*, le spécialiste du flottage, du bois flotté que le courant de la rivière transporte depuis le lieu de son abattage jusqu'à celui où la scierie l'attend. Il va de soi que tout le vocabulaire de l'exploitation des forêts est anglicisé. Mais *draveur* est un parfait exemple d'*anglicisme d'attraction*.

Qu'est-ce à dire? On peut penser avoir affaire à un anglicisme lexical déguisé en mot français, mais cela ne peut suffire. Le verbe *watcher*, par exemple, parfaitement intégré aux verbes français du premier groupe, ceux qui se terminent en -ER, ne constitue certainement pas un anglicisme d'attraction. On reconnaît facilement son origine anglaise. On la reconnaîtrait même si sa graphie changeait et en faisait le verbe *ouatcher*, sur le modèle de *ou...oops!* dont l'origine est *whoops!* Il n'est pas non plus question de ranger OUPS! parmi les attractions, notre façon de le prononcer rappelant dans la plupart des cas ses origines: ce oûûûps-là n'est pas français! Mais nous voici tout de même sur la bonne piste. Un anglicisme d'attraction doit avoir perdu toute trace, pour l'œil profane s'entend, de ses origines. Qui donc, spontanément, lirait en notre *draveur* leur *driver*? Dans notre *drave*, leur *drive*? Le maquillage est donc parfait? Tant pis pour nous...

Il s'agit donc bel et bien d'un anglicisme lexical, mais travaillé par nous, modifié, de telle sorte qu'il acquiert l'apparence parfaite d'un mot français: il nous trompe magnifiquement, là où l'anglicisme lexical ne trompe jamais. C'est d'ailleurs la raison pour laquelle on ajoute si souvent des guillemets à ce dernier quand on l'écrit, pour se faire pardonner, cela va de soi. Viendrait-il donc à quiconque l'idée d'encadrer *draveur* de guillemets? Bien sûr que non.

Il s'agit donc d'un mot dont l'origine nous échappe, de même que l'équivalent français. Le signifiant «flotteur» est connu de tous les Québécois: on l'associe à l'eau ou au 7Up, jamais au flottage du bois sur le Saint-Maurice! On est bel et bien le dindon de la farce linguistique. Et qu'un des romans qu'un associe le plus étroitement à notre maître, le passé, l'ait mis en exergue devrait suffire à nous couper le souffle!

Mais draveur n'est pas une île isolée, il fait partie d'un archipel. Prenons par exemple cette horreur, *l'huile de castor*... On nous en menaçait, du temps de notre jeunesse, quand nos selles se faisaient attendre... avaler ça, pouah! Mieux valait avaler force pruneaux dans leur jus, ou des prairies entières d'All Bran! Un fabricant, en guise de parfait épouvantail —digne revanche du règne animal—, avait même illustré les flacons de cette «huile» d'un castor au repos! Cela n'allait-il pas de soi? Naturellement, je vois mal comment cette image aurait pu stimuler la vente du produit ainsi identifié ailleurs qu'au Québec francophone... L'huile de castor s'appelant en anglais *castor oil*... n'aurait guère pu évoquer un *beaver*! Personne ne serait parvenu, sans l'aide du français ou du grec, à l'image d'un animal baptisé castor! En fait, cette huile-là est extraite d'une plante, le *ricin*, appelée en anglais *castor-oil plant*. Et non *beaver-oil plant*! Mais durant des décennies j'ai cru, sur la foi d'une image, que l'huile en question provenait d'une glande située quelque part dans le corps de ce bâtisseur de «dames», et qu'on devait d'abord le capturer pour l'en extraire! Il faut me pardonner, j'avais été induit en horreur... pardon, en erreur.

Anglicisme d'attraction, donc. D'autant plus facile qu'aucun tripotage morphologique n'est ici nécessaire. Et le mot passe absolument pour français. Il n'est pas le seul. Songez à *bécosses*. On doit, pour y reconnaître le *backhouse*, impérativement avoir été averti. Le *backhouse* a pour ainsi dire été englouti dans nos bécosses! Qui donc pourrait, sans recourir aux trop vulgaires chiottes, trouver sans difficulté l'équivalent français de ce terme qui passe déjà pour français? Le pourriez-vous?... Étonnant, non? On disait bien tout de même quelque chose, avant 1759?

Dans les villes on croise aujourd'hui, les villes sont drôles, des *itinérants*: en France, des *sans-abri*. La pudeur des fonctionnaires répugne à appeler les choses par leur nom: les *robineux*, ici, et les clochards, là-bas. On complique tout! Or qu'est-ce donc qu'un robineux? Un buveur de robine. Et qu'est-ce que la robine? Personne ne sait plus, parce que les *itinérants* n'en boivent plus. Ils boivent autre chose: de la bière ici, du gros rouge là-bas. La robine, quand j'étais petit, c'était de la *rubbing alcohol*. Ils buvaient de l'alcool à friction. Un bel anglicisme d'attraction certainement. Pas facile, sans de longues études, d'y détecter quelque chose d'anglais. Pas facile à traduire... nos cousins n'en buvant pas, tant le pinard chez eux est abondant! Vous diriez quoi, au fait?

Vous voyez, jusqu'ici nous n'avons pas eu à traduire: seulement à maquiller légèrement, et encore, pas toujours. C'est que tous ces termes, auxquels j'ajouterai *briqueleur*, *filtreur* et *trappeur*, sont nés d'une *attraction morphologique*. C'est la forme, le son, la graphie du terme anglais qui a déterminé son adoption sous un masque parfaitement réussi. Il y a dans *bricklayer* une sorte de prédestination à se métamorphoser tout spontanément en *briqueleur*. Tant pis pour le maçon! C'est qu'en France nos ancêtres habitaient des maisons de pierre et continuèrent de le faire ici sous le Régime français: ce qu'atteste l'île d'Orléans. La brique de nos villes anglaises est anglaise. Nous associons donc toujours le maçon à la pierre, il nous dresse nos cheminées, et le «briqueleur» à la brique, il revêt nos maisons.

Trappeur nous joue un tour. Et même les Français ne comprennent pas toujours lequel, pas même le *Robert historique*, lequel imagine que les trappeurs utilisent des *trappes* pour capturer le gibier à fourrure. Ce qui n'est évidemment pas le cas. La trappe peut servir en Afrique ou en Asie: c'est un trou, essentiellement, une fosse que l'on cache à l'aide de branchages, où l'on espère qu'un gros gibier, tigre, lion, etc., ira tomber. Les trappeurs, le terme vient de l'anglais, *to trap*, et veut dire *piéger*, tout bonnement, les trappeurs ont recours à des pièges, non à des trappes, ou alors bien rarement. Nous avons fait du *trapper*, un *trappeur*, et du coup perdu la distinction fondamentale entre la *trappe* et le *piège*. Le mot a tellement l'air français!

On peut faire plus encore que détourner le sens d'un terme, on peut carrément ajouter un sens à un terme qui ressemble à son homonyme anglais. C'est le cas lorsqu'on demande à quelqu'un des nouvelles de sa santé et qu'on entend répondre alors que «ça ne file pas trop fort...». Car s'il est possible en français de «filer» un mauvais coton, par contre il n'est pas possible de «filer» tout court, côté santé, ni en bien, ni en mal. On aura sans doute maintenant reconnu sans trop de difficulté le verbe anglais *to feel*. Il est irrésistible, vraiment! Pour cette raison, le verbe *filer* s'est vu doté d'un signifié supplémentaire.

Toute attraction n'est toutefois pas morphologique. On peut être en effet soumis à l'irrésistible tentation de traduire un terme anglais segment à segment, comme cela a été le cas pour *chambreur*. Voici en effet un terme que le français ignore, bien qu'il connaisse le verbe *chambrer*, relatif au fait de partager une *chambrée* avec quelqu'un. Il pourrait être français, de même qu'à engendrer correspond engendreur, en tout cas pour le *Littré*. Nous avons «engendré» *chambreur* en traduisant d'abord le segment A: *room*, qui a donné *chambre*, et ensuite le segment B: *-er*, qui a donné *-eur*. Le rattachement de ces deux éléments donna naissance au *chambreur*. L'embêtant est que ce mot comble une vraie lacune, le français ne pouvant désigner le locataire d'une chambre, par opposition au locataire d'un appartement. Voilà donc un anglicisme d'attraction utile!

Il n'en va pas de même du *sablage*, du *sableur* et de la *sableuse*, qui piétinent les plates-bandes de *ponçage*, de *ponceur* et de *ponceuse*, en plus de nous embarrasser de *sandblasting* et Cie. Et notre malheureux «jet de sable» n'arrange rien, ne voulant strictement rien dire. Nous sommes évidemment redevables de ce beau quiproquo lexical au fait que l'anglais nous a d'abord refilé le *sandpaper*. Or, fascinés par ce *sable*-là, et ce *papier*-là, nous avons respecté tant celui-ci que celui-là, ce qui nous a menés au *papier sablé*, loin du français qui a plutôt coutume de sabler ou les allées ou le champagne, le tout sans rien poncer du tout! Sans doute le «papier de verre» n'existait-il pas ici, pas plus que le «papier émeri», quand les quincailleries se sont mises à nous offrir le «sandpaper». Peut-être avions-nous conservé la coutume de poncer tout bonnement à la pierre ponce? Quoi qu'il en soit, le *papier sablé* nous amena à *sabler*, à la main en premier lieu, et puis plus tard à la *sableuse*.

Plus tard encore, quand fut introduit le procédé dit du *sandblasting*, qui consiste à projeter un jet de sable sous forte pression contre une surface généralement métallique, une carrosserie, un parapet ou une charpente, le mot *sablage* avait cessé d'être disponible, après avoir refoulé le *ponçage*: on dut se contenter de *sandblaster*, sur le mode de *watcher*. Double ravage par conséquent. Perte de *ponçage*, détournement de *sablage*, adoption de *sandblastage*. Tout ça pour un anglicisme d'attraction!

Il en existe bien d'autres, dont quelques-uns ne manquent pas d'humour, comme la *dormeuse* des petits enfants, cette espèce de scaphandre souple dans lequel on les boucle pour la nuit. Il paraît totalement adapté aux circonstances, parfaitement français! Il nous est pourtant venu de l'attraction qu'a exercée sur nous le *sleepers* anglais! Amusants aussi, la *mordée*, sinon la *croquée* dans la pomme, sans doute née, pour la première, de l'anglais *bite*. Amusantes, à la rigueur, nos *coquerelles*, les zones de *touage*, les *contracteurs* et *sous-contracteurs*, et tous ces *cannages* empilés au supermarché... De quoi, apeurés, nous glisser

pour faire un beau dodo et tout oublier dans les bras de Morphée, sous un épais...
confortable!

Les anglicismes d'attraction nous prennent en traître, nous cédons sous le charme sournois de leur morphologie, ou sous l'attrait de leur anatomie débitée en tranches.

Aux armes, citoyens!

BÉCOSSES	**CHAMBREUR**	**CROQUÉE**
latrines	locataire	bouchée, morceau
BACKHOUSE	ROOMER	A BITE
BRIQUELEUR	UN **CONFORTABLE**	**DORMEUSE**
maçon briqueteur	un édredon	grenouillère
BRICKLAYER	A COMFORTER	SLEEPERS
CANNAGES	**CONTRACTEUR**	**DRAVE**
conserves	entrepreneur	flottage du bois
CANNED GOODS	CONTRACTOR	LOG DRIVING
HUILE DE **CASTOR**	**COQUERELLES**	**FILER BEN, MAL**
huile de ricin	blattes, cafards	aller bien, mal
CASTOR OIL	COCKROACH (sous toutes réserves...)	TO FEEL GOOD, BAD

FILTREUR	PAPIER SABLÉ	SOUS-CONTRACTEUR
filtre	papier de verre papier (d')émeri	sous-traitant
FILTER	SANDPAPER	SUBCONTRACTOR
MORDÉE	**SABLER**	**TOUAGE**
bouchée, morceau	poncer	enlèvement (d'un véhicule en infraction)
A BITE	SANDPAPER	TOWING
ROBINEUX	**SABLER**	**TRAPPEUR**
clochard	poncer	
de RUBBING ALCOHOL	TO SAND	TRAPPER
SABLAGE (DU BOIS)	**SABLEUSE**	
ponçage	ponceuse	
SANDING	SANDER	

Anglicismes faux amis

Je n'ai pas eu à inventer l'expression qui coiffe cette catégorie d'anglicismes, elle est consacrée déjà par l'usage. Qu'est-ce qu'un faux ami? Eh bien un mot ou une locution qui existent à la fois en anglais et en français, et dont il importe au plus haut point de se méfier, quand il s'agit de traduire un texte, parce que leur sens varie selon la langue à laquelle ils appartiennent.

Ce n'est pas toujours le cas. Innombrables sont les signifiants communs à l'anglais et au français qui partagent les mêmes signifiés. Par exemple «table», ou encore «chalet», «communion» et «fuselage». On les compte par milliers. L'anglais soit les a empruntés au latin, comme «prescription» ou «préposition», soit les a empruntés au français, comme «prison», «miracle» ou «image». Dans le cas des emprunts au latin, le français a fait tout comme l'anglais, et les sens sont parfois demeurés les mêmes dans les deux langues. Si bien qu'il est facile de traduire la phrase anglaise suivante: *The government has created six modern prisons.* On croirait vraiment lire du français à peine atypique! La même phrase, en allemand, une langue toute proche de l'anglais, aurait eu recours à des termes d'origine germanique: *Die Regierung hat sechs moderne Haftanstalte errichtet.* Seul le mot «moderne» manifeste l'influence du latin, ici réalisée par le truchement du français. Il importe de se rappeler que sans la double et massive influence du latin et du français sur l'anglais, au moyen âge, la même phrase aurait eu toute l'opacité de notre phrase allemande.

La faux ami est un traître, en somme! Contrairement à la grande masse des emprunts au français, qui ont conservé leur sens d'origine, les faux amis ont modifié leur sens progressivement, et fini par adopter un signifié que le français ne connaît pas. Ou l'inverse! Le mot *caméra*, par exemple, qui veut dire «chambre» en latin, désigne en anglais ce que le français appelle un *appareil photographique*, ou un *appareil photo*, ou même un *appareil* tout court. Le français a emprunté ce terme à l'anglais, mais l'utilise différemment: pour lui la *caméra* est un appareil de prise de vues, pour le cinéma ou la télévision. Il faut donc en être conscient, quand on lit sur une affiche: *camera for sale!* L'anglicisme consiste à y prendre la *camera* anglaise pour une *caméra* française! En fait, ce qui est à vendre, ici, est un *appareil photo*.

Prenons bien garde de ne pas considérer le faux ami comme un anglicisme! Il n'en est rien! L'anglicisme se produit, il est essentiel de le saisir, quand nous donnons à un mot qui existe dans les deux langues le sens qu'il possède *en anglais*. Prenons par exemple le mot *gaz*. À ceci près qu'en anglais on l'écrit avec un -*s*, *gas*, c'est le même mot. Un mot drôle, il vient du latin *chaos*! C'est que sous forme gazeuse les molécules paraissent vivre une terrible anarchie, se précipitant de façon «chaotique» en tous sens! Nous avons pris l'habitude d'entendre par *gaz*, ce raccourci de *gasoline* en anglais courant, le liquide né du pétrole qui sert de carburant aux moteurs de nos véhicules. Or qui dit *liquide* ne peut dire *gaz*! Il y a exclusion logique! Ce que prouve bien l'existence de certains moteurs alimentés au vrai gaz, et dont nous voyons ici et là les citernes dans certains postes d'... essence! Naturellement, si votre véhicule est une montgolfière... alors de grâce n'allez pas faire le plein d'essence! Si bien que lorsqu'un poste d'essence, en Ontario, affiche le prix de ce qu'on y appelle le *premium gas*, on doit comprendre qu'il s'agit de *carburant* ou d'*essence super*. Non de *gaz*. Le lire en donnant au mot *gas* son sens anglais constitue l'anglicisme.

Nous commençons à comprendre que les faux amis sont absolument faits pour s'entendre à merveille, à la condition expresse qu'ils respectent leur différence! Et que ce qui constitue l'anglicisme est précisément le non-respect de cette différence. C'est le cas, jour après jour, quand on croit qu'une caissière nous a rendu le *change* de notre billet, et non la *monnaie* de celui-ci. Le change, en français, désigne un montant qui ne *change* pas: celui d'un billet d'un dollar pourrait être constitué de quatre pièces de vingt-cinq cents. Des automates baptisés *changeurs* ont d'ailleurs pour unique fonction de procurer ce «change» aux usagers des distributeurs, par exemple. Vous n'y perdez alors rien «au change». Le mot désigne aussi naturellement le fait d'échanger des dollars contre une monnaie étrangère, francs, lires ou marks, comme on voudra. On y perdra légèrement au change, le bureau de change prélevant une commission minime. Il y a donc anglicisme quand on déclare que la caissière à qui on vient de régler un achat s'est trompée dans le «change» qu'elle nous a rendu. Ou quand on secoue dans le fond de ses poches de pantalon le «petit change» qui s'y trouve.

Les occasions prochaines de tomber dans le panneau des pièges tendus par les faux amis sont naturellement légion. Tel croira parler français qui présentera les dix «items» de l'«agenda» du «meeting». Et de trois! Tel autre notera les «minutes» de l'assemblée de «département» sur une «tablette» de papier à l'aide d'un stylo à «pointe» «médium»... et déjà nous avons empilé, sans douleur et sans qu'il y paraisse, cinq anglicismes en une courte phrase! Le faux ami nous attend en pleine rue, là où le service de la voirie nous annonce un *détour*, ou quand une publicité baptise du nom de *bureau* la commode que compte tel joli «set» de chambre à coucher... Comptez pour votre part les anglicismes que je dissimule dans cette petite phrase en apparence si innocente: «Roger, n'oublie pas de suspendre ta petite veste de ratine à la pôle du fond du vestiaire!» Enfin, ce sont là quelques broutilles, tout juste de quoi se faire la main. Passons à plus sérieux!

Du tout chaud! Depuis à peine quelques années, en effet, en provenance des États-Unis, une expression a déferlé sur le Québec, celle de *table d'hôte*. Inconnue auparavant. On a dû croire que cette chose-là était parfaitement française, et jusque dans son signifié inclusivement. Or c'est un faux ami et un archaïsme. Elle n'a plus cours dans la francophonie, évoque plutôt le moule du XIXe siècle, celui de Zola par exemple. Elle y désignait la table des habitués d'un restaurant, toujours les mêmes, que le patron accueillait en partageant leur repas. Veufs, célibataires et vieux garçons ayant pour habitude de prendre leurs repas au restaurant quand il leur était impossible de prendre une cuisinière à leur service: on pense à tous ceux qui habitaient en meublé, par exemple, sans cuisine à leur disposition. Les Américains ont, Dieu sait comment, mis la main sur cette expression surannée, et modifié son sens, en lui donnant tout bonnement celui de «menu à prix fixe». Nous avons donné tête baissée dans le panneau, et d'autant plus aisément que le terme même de MENU est un faux ami dont nous avons fait un de nos anglicismes les plus prévisibles.

Nous lui donnons en effet le sens que les Américains lui ont donné: «Voulez-vous consulter le menu?» signifiant en fait: «Voulez-vous consulter la *carte*?» La *carte* contient la liste de tout ce qu'un restaurant peut servir à ses clients. C'est à partir de celle-ci que le client composera son *menu*. Le menu est ce que la serveuse note au moment où celui-ci passe commande. Tel potage, tel plat de résistance, tel dessert, telle boisson. Voilà le menu. Le menu se trouve donc composé après qu'on a consulté la carte.

Or les restaurateurs ont vite compris qu'ils avaient intérêt à offrir à leurs clients pressés, spécialement ceux du midi, un menu préparé à l'avance, susceptible de leur être servi rapidement. C'est ce qu'ils ont appelé le *menu à prix fixe*, qui offre un choix restreint: entre deux potages, trois plats de résistance, deux desserts, etc. Ce que les Américains appelaient de leur côté le *today's special*. Il leur manquait sans doute une expression susceptible d'attirer une clientèle certainement peu encline à faire un détour pour goûter d'un *today's special* forcément prometteur de platitude gastronomique. On confia cette tâche à *table d'hôte*, assurée dès le départ de capter l'attention des appétits américains toujours sur le pied de guerre, du simple fait qu'elle promettait quelque chose de la gastronomie de France. Elle triompha partout. Hélas! De telle sorte qu'au Québec comme à New York on nous offre désormais le choix entre le menu, c'est-à-dire la *carte*, et la table d'hôte, c'est-à-dire... le menu!

Mais au fait ce repas, vous le dégusterez dans la salle ou sur la terrasse? Vous savez bien ce qu'est une terrasse? C'est situé juste à l'extérieur du restaurant, en façade et sur la rue si c'est un café ou une brasserie, et derrière, dans le jardin, si c'est un établissement d'un certain chic, qui a à cœur de vous éviter les gaz d'échappement et le vacarme. On vous y servira sous un parasol, sur une table ronde. Le plus souvent un dallage vous tiendra les pieds au sec, même s'il vient de pleuvoir... Mais au fait, pour peu que vous habitiez la banlieue, ce décor ne devrait-il pas vous être familier? N'évoque-t-il pas en effet le *patio* de nos *bungalows*? Un jardin derrière la maison, quelque part un dallage servant de terrasse, et dessus quatre fauteuils, une table ronde et un parasol? D'où vient donc notre *patio*? Des Américains, naturellement, qui lui ont imposé un nouveau signifié, après l'avoir emprunté aux Mexicains, un signifié que l'espagnol ne connaît pas.

Le patio est en effet caractéristique des pays méditerranéens. Là-bas les grandes demeures sont composées d'un quadrilatère creux en son centre: et ce centre, cette espèce de puits entouré des quatre ailes raccordées entre elles de la maison qui l'encercle, c'est le patio. Il est l'héritier de l'«atrium» des Romains. On s'y tient pour l'ombre qu'il procure, le soleil n'y rendant le séjour meurtrier que durant son passage au zénith, entre onze heures du matin et une heure de l'après-midi. Souvent on le coiffe d'une verrière en guise de parasol: à moins qu'on n'y tende des toiles qui jouent le même rôle d'écran solaire. Il fait vraiment *très* chaud, là-bas! Un patio exposé aux quatre vents, par contre, est un pur contresens. Un suicide!

D'où il ressort que nos patios sont des terrasses, du moins en bon français. Et donc que nous avons affaire à un faux ami. Que faudra-t-il donc dire désormais au lieu de «porte-patio»?... Mais au fait, comment appelle-t-on, en français toujours, le terrain gazonné situé derrière nos «bungalows»? De le savoir nous aiderait certainement à découvrir la traduction correcte de l'américain «patiodoor»! Allez-y! Cherchez!

Et pendant que vous vous creusez la cervelle, nous irons faire un tour du côté du *solarium*, dans notre quête inachevée de faux amis familiers. Qu'est-ce qu'un solarium en anglais? La réponse est simple: la même chose qu'un solarium en québécois! Mais pas du tout ce qu'est un solarium en français! Un faux ami, un anglicisme de plus. Vous voyez qu'il n'y a pas lieu de nous fier à leur apparence: qu'on doit même se méfier des termes espagnols, ou latins!

Solarium en français fait penser d'abord à «héliothérapie»: l'exposition des malades, notamment des tuberculeux, autrefois, dans les sanatoriums, au soleil, censé faciliter leur guérison. Un mot qui subit bientôt un glissement de sens, et désigna l'endroit aménagé pour les bains de soleil loin des regards des voyeurs. Une terrasse d'immeuble, un toit, un balcon, un coin tout à côté de la piscine, ou sur la plage un endroit plus particulièrement ensoleillé. Nous sommes donc dans le premier cas dans un hôpital, dans le second en plein air. L'époque actuelle a ajouté un sens nouveau, celui d'appareil à produire un bronzage maison, une sorte de lampe dont les rayons changent la coloration de l'épiderme.

Bon, cela nous fait une belle jambe! Que faire de notre solarium à nous, cette petite pièce plaquée sur un des murs de nos maisons, destinée à assurer un maximum d'ensoleillement et vitrée pour cette raison même? Si nous en faisions une véranda? Une idée en vérité tout à fait acceptable! Nos solariums sont en effet des vérandas. Tenez, pour terminer je vous offre un brelan d'équivalents anglais de solarium: *sun terrace*, *sundeck*, et *sunlamp*. Tout maintenant ne rentre-t-il pas dans l'ordre?

Ce qui est de loin préférable au désordre, celui-ci engendrant le *trouble*. Un phénomène bien connu des Québécois, qui ont accommodé à l'anglaise et à toutes les sauces anglaises ce terme pourtant bien français. Nous avons sans doute oublié qu'il était aussi un terme anglais, et fort couramment utilisé aux États-Unis, pour notre plus grand malheur. Sûrement un faux ami de toute première importance. Polyvalent, universel, quotidien. On a du trouble, un enfant nous donne du trouble par exemple s'il s'arrange pour avoir du trouble avec la police, ou s'il court après le trouble... Souvent le trouble descend dans la rue, on entend les clameurs qu'il pousse d'une voix de foule en colère... Parfois le trouble se loge dans la tête de l'homme, ou dans son cœur... Il pousse là à délirer, ici à bégayer! Il brouille volontiers l'eau pure, un rien de terre remuée suffit. Il donne du piquant à nos désirs, sème la discorde dans les familles, la zizanie là où il passe en hurlant à la mort!

Dites-moi maintenant, dans cette salade panachée, où j'ai additionné volontairement aux anglicismes les tournures et expressions les plus parfaitement françaises, pouvez-vous distinguer le bon grain de l'ivraie?

Allez-y, et tentez votre chance! Inutile de vous troubler! Personne ne vous regarde...

L'AGENDA (D'UNE RÉUNION)	BUREAU (D'UN MOBILIER DE CHAMBRE)	VOTRE **CHANGE!**
l'ordre du jour	commode	votre monnaie!
THE AGENDA (OF THE MEETING)	BUREAU	YOUR CHANGE!
BUNGALOW	**CAMÉRA**	**DÉPARTEMENT** (DANS UN GRAND MAGASIN)
maisonnette de banlieue (faute de mieux!)	appareil photographique appareil photo appareil	rayon
BUNGALOW	CAMERA	DEPARTMENT

50

DÉTOUR (OBLIGATOIRE)	MEETING	PÔLE (D'UN VESTIAIRE, ETC.)
déviation	réunion assemblée	tringle
DETOUR	MEETING	POLE
GAZ (CARBURANT)	MENU	SOLARIUM
essence carburant	carte	véranda
GAS	MENU	SOLARIUM
GAZOLINE (CARBURANT)	MINUTES (D'UNE ASSEMBLÉE)	TABLE D'HÔTE
essence carburant	procès-verbal	menu à prix fixe
GASOLINE	MINUTES	TABLE D'HÔTE
ITEM (ARTICLE QUELCONQUE)	PATIO	TABLETTE DE PAPIER
article	terrasse	bloc
ITEM	PATIO	WRITING TABLET
MÉDIUM (BILLE, PLUME D'UN STYLO)	POINTE (D'UNE PLUME)	TROUBLE ennui mécanique mal (se donner du) etc.!
moyenne	bec	
MEDIUM	POINT	TROUBLE
		PETITE VESTE
		gilet
		VEST

Anglicismes sémantiques

Pour aboutir à un anglicisme sémantique, il faut obligatoirement partir d'un mot anglais qu'il est possible, selon les contextes, de traduire d'au moins deux façons différentes. Et alors, faute de retenir le signifié A, qui convient, on commet une erreur, en retenant l'un ou l'autre des sens B, C, ou D, qui ne conviennent nullement à notre contexte. C'est le *contexte* ici qui est déterminant: mais on n'a pas su en tenir compte.

Pour illustrer notre propos le mot anglais *tile* fera parfaitement l'affaire puisqu'il est susceptible d'être traduit de deux façons. Il désigne d'abord ces plaques plates ou en demi-cercle qui servent de couverture à une maison: faites de terre cuite, rouges, elles donnent sa couleur au sud de la France et à tout le bassin méditerranéen. Ce sont des *tuiles*. C'est parce qu'on les pose sur les toits qu'on peut, quand le vent souffle méchamment, en recevoir une sur la tête!

Le mot anglais *tile* désigne toutefois tout aussi légitimement ces petites plaques décoratives, en faïence le plus souvent et à jolis motifs, qu'il est habituel de trouver en particulier sur les murs des salles de bain et des cuisines. On les appelle des *carreaux*, un ensemble de carreaux composant un *carrelage*. Celui qui les pose étant à son tour un *carreleur*. Il faut prendre garde de ne pas confondre le carreau avec le carré: le premier pouvant être rectangulaire, carré ou hexagonal, etc. Ces carreaux revêtent également les sols exposés chez nous à l'eau, comme ceux des salles de bain, et ceux-là où le trafic est incessant: ceux des couloirs des endroits publics. De très grands carreaux deviennent des dalles. Les carreaux sur quoi on marche sont fabriqués à partir d'un matériau dur et résistant, par exemple le grès.

Le mot anglais *tile* peut donc légitimement être traduit soit par *tuile*, soit par *carreau*. On ne peut pas en bon français confondre les deux et parler, comiquement, des tuiles de la salle de bain, pas plus qu'on ne peut parler des carreaux de la couverture, et aller s'imaginer qu'il est possible, cheminant dans la rue, de recevoir un *carreau* sur la tête! La rareté des tuiles, au

Canada, et l'anglais, combinés, ont produit cet anglicisme sémantique grâce auquel, plutôt de façon inattendue, les gens d'ici revêtent communément les murs et sols de leurs salles de bain de... tuiles!

Résumons-nous. Tel mot anglais, ici *tile*, possède deux signifiés, rendus l'un par le mot français *tuile*, et l'autre par *carreau*. Il est évident que le contexte imposera l'un ou l'autre. Faire fi de ce contexte et choisir *tuile* dans tous les cas, comme l'anglais toujours choisit *tile*, c'est commettre un anglicisme sémantique. Nous pourrions tout aussi bien dire: de TRADUCTION. Mais on doit grandement douter qu'en pratique il y ait eu un effort quelconque de traduction authentique, du moins dans le cas de *tile*, la connaissance du terme de *carreau*, au Québec, ne courant pas du tout les rues. En fait, dans ce cas-ci, il s'agit d'une traduction virtuelle, et jamais accomplie. Typiquement, en matière d'anglicismes sémantiques, les locuteurs sont sûrs de leur coup et répondront invariablement, avec l'expression du plus grand étonnement, si vous manifestez un doute quelconque: «Mais voyons, c'est évident que c'est des tuiles! Qu'est-ce que ça pourrait être d'autre?...»

Comment l'anglais, ne disposant que d'un seul terme, s'en tire-t-il? En déterminant ce déterminé à l'aide d'un terme qui en indique la destination. Il distinguera par conséquent entre le *wall tile*, le *floor tile* et le *roofing tile*.

Peut-être ai-je fait preuve de maladresse en vous présentant tout d'abord un cas de traduction virtuelle et aurais-je plutôt dû commencer par un cas de traduction effective. Il n'est pas trop tard pour m'amender. Je le tenterai à l'aide de nos *étudiants*. La chose me sera d'autant plus facile que le Québec est vraiment submergé d'étudiants, ceux-ci ayant débordé les cadres étroits grâce auxquels dans la francophonie on réussit à les contenir. Pour ce faire, on les y enferme dans des lieux clos que l'on baptise «universités»: nulle part ailleurs! Et on les y laisse mariner trois ou quatre ans durant, avant de les lâcher dans le vaste monde, quoique non sans précaution, puisqu'on prend soin au préalable de leur retirer l'appellation d'étudiants. Au Québec, on procède à rebours.

J'entends en effet constamment qu'on se réfère à nos étudiants de treize ou quatorze ans, ceux des écoles secondaires, ou encore à ceux de nos cégeps. Quand il ne s'agit pas de ceux de nos écoles primaires, ce qui vraiment a de quoi stupéfier un observateur non averti! Songeons qu'en France, où l'enseignement du génie ou de la gestion est cantonné dans ce qu'on y appelle les «grandes écoles», par exemple l'École polytechnique ou celle des hautes études commerciales (H.É.C.), seuls ceux qui fréquentent les vraies *facultés* ont droit au titre redoutable d'étudiants: médecine, droit, lettres, etc.

Bref, un écolier n'a pas plus droit au titre d'étudiant qu'à celui de collégien ou de lycéen. À Poly on trouve des élèves, tout comme aux H.É.C. On aura sans doute compris, au fil de ma peu respectueuse démonstration, que tout ceci repose sur l'anglicisme sémantique. Car en anglais tout ce beau monde porte indistinctement le nom générique de *student*. On y reconnaîtra notre *étudiant*, évidemment.

Avant d'aller plus loin, il importe de bien établir la différence entre un terme GÉ-NÉRIQUE et un terme SPÉCIFIQUE. Le premier désigne un ensemble de signifiés, sans s'embarrasser de nuances, et collectivement. Typiquement, un dictionnaire de synonymes en coiffe ses articles. Prenons, à titre d'illustration, *habitation*. Voilà un générique. On ne peut en effet aucunement imaginer, à partir de celui-ci, une habitation en particulier. Il convient donc tant à l'iglou et à la hutte qu'à la villa ou au chalet suisse. C'est un terme générique. On y a souvent recours quand on manque de vocabulaire. Les Québécois en usent et en abusent.

Dans le cas de *student* nous n'avons pas compris que là où *student* est un générique, *étudiant* au contraire est un spécifique: qu'il ne peut avec raison désigner que les *élèves* qui fréquentent les facultés. Et voilà notre générique à nous! En français en effet on peut être *élève* à tout niveau: primaire, secondaire, collégial et universitaire. On peut même l'être d'un maître en dehors de tout contexte scolaire. Et c'est ainsi que nous aboutissons à une expression plus juste, celle «d'*élèves* du primaire ou du secondaire».

Un dictionnaire anglais-français nous apprendra d'ailleurs qu'au mot *student* correspondent des tas de signifiés: étudiant, apprenti, élève, professeur en cours de formation, investigateur, lycéen, carabin, collégien, etc. Il s'agit donc d'ouvrir l'œil et le bon, de ne pas se contenter de n'importe quel terme choisi au hasard, le contexte ici étant primordial. Ne pas en tenir compte nous menant tout droit à l'anglicisme sémantique.

Naturellement je sais fort bien que ce genre de gaffe se passe très bien du recours au dictionnaire, et que même elle suppose cette omission! On «sait» vaguement que *student* possède plus d'un signifié: mais sans plus s'en inquiéter on opte pour celui «qui va de soi»! Avec les résultats que maintenant l'on sait.

La fréquence des anglicismes sémantiques, nombreux et intarissables, provient évidemment de la ressemblance entre l'anglais et le français, telle qu'elle s'impose ici même tant dans le cas de *tile* que dans celui de *student*. La conséquence de cet air de famille qui nous rassure bien à tort est que nous croyons pouvoir nous dispenser du recours si nécessaire au dictionnaire. Il en irait tout autrement si nous partions d'un terme chinois: car alors nous irions forcément consulter notre dictionnaire, et celui-ci attirerait tout de suite notre attention, le cas échéant, sur la pluralité des signifiés associés à ce terme, et donc à la nécessité de soigneusement choisir celui qui convient au contexte dont nous partons.

Les anglicismes sémantiques représentent ainsi le fruit de notre négligence: ils signent nos fausses certitudes. Cela ressortira de notre prochain exemple, celui de *fièvre des foins*. On aura certes, en l'utilisant pour traduire *hayfever*, fait un acte de foi. Quelque chose comme: si c'est *fever* en anglais, c'est «forcément» *fièvre* en français! De la même manière, mais cette fois en raison de la fréquence avec laquelle tel mot sera traduit de telle façon, une fiche aura tout de suite trois pouces *par* cinq pouces... *By* étant «naturellement» rendu par *par*! Ou encore les trois *étoiles* de la «soirée du hockey» n'ont jamais vraiment eu l'occasion d'être des *AS*, et ce à cause du mot *STAR*, «évidemment» rendu par... étoile. Dans tous les cas le plus furtif des recours au dictionnaire nous aurait mis sur nos gardes.

Mais voilà le hic: nous nous passons fort bien du dictionnaire, nous jurons que ce serait perdre notre temps que d'y recourir. Et c'est ainsi qu'une *nut* devient une *noix* plutôt qu'un *écrou*, ou que le *point mort* se travestit en *neutre*, dans nos voitures. Ou encore qu'un automobiliste peut se faire «frapper» par un camionneur ou encore lui-même «frapper» un piéton, sans même devoir au préalable descendre de sa voiture ni même immobiliser celle-ci... Où il s'agit d'un tour de passe-passe linguistique, le verbe anglais *to hit* ayant tout à la fois le sens de *frapper*, celui d'*entrer en collision avec*, et celui de *renverser*, de *happer*, d'*écraser*. Ce qui nous a finalement échappé, en cours de route, et pour de bon, semble-t-il, c'est que «frapper» se fait avec les poings ou avec une arme... jamais avec un véhicule automobile!

Une confusion du même type s'est introduite grâce à l'insouciance avec laquelle nous avons «traduit» le verbe *to practice*. Il est désormais impossible d'utiliser le substantif *pratique* à bon escient: il évoque l'*entraînement* du sportif, ou l'*étude*, le *travail*, les *exercices* du pianiste, quand ce n'est pas la *répétition* du comédien, et non l'art de «pratiquer» la médecine ou le droit. La confusion est d'autant plus radicale qu'en français la «pratique» s'oppose à l'«apprentissage», à l'«entraînement»: elle vient en effet après! Pratiquer sa religion, un métier, un sport ne pouvant logiquement se faire que suite au temps consacré à leur étude et à l'acquisition d'un minimum d'habiletés. Et puis si Chopin a composé ses impérissables *études*, c'est bien parce qu'un *élève* devait grâce à elles étudier son instrument, et non le... pratiquer!

Pourquoi, d'autre part, le français du Canada ne fait-il pas la différence entre la *buanderie* et la *blanchisserie*? Eh bien tout bonnement à cause de la *laundry*... Les plus âgés parmi vous se souviendront d'ailleurs des *landeries* d'autrefois! La buanderie n'est pas un commerce, on la trouve à la maison, dans les hôpitaux, les internats, les collectivités qui assument elles-mêmes le «blanchissage» du linge. La blanchisserie est un commerce. L'anglais est incapable, avec le mot *laundry* tout court, de faire ressortir cette nuance de taille. Comme d'autre part, pour une raison qui m'échappe, notre français ignorait le verbe *blanchir* et ses dérivés, il a fait comme l'anglais et a chargé *buanderie* de toutes les fonctions du terme anglais *laundry*. Un coup d'œil au dictionnaire nous aurait cependant fameusement surpris... et aussi enseigné quelque chose d'utile. De ne pas l'avoir fait nous a plus tard amenés à traduire *launderette* par... *buanderette*, et à louper la *laverie*! On a voulu nous amener à adopter au lieu de ce terme moderne l'antique *lavoir*; c'est oublier que la langue ne recycle pas toujours ses vieux mots, que parfois elle les métamorphose pour les adapter à de nouvelles réalités. Le mot *washer*, dans l'expression *washer and drier*, importé en même temps que les référents qu'il désigne, nous a joué le même tour. Nous y avons vu la *laveuse*: mais celle-ci est une personne, en français, non une machine. Plus subtilement, la *sécheuse*, qui n'est pas du tout un *séchoir*, est une machine industrielle, non un appareil domestique. Un dictionnaire bilingue fournit toutes les nuances, ou du moins devrait impérativement le faire. Surtout quand il s'adresse à nous: car ce qui relève en France de l'évidence ne va pas du tout de soi au Québec. Qui donc y utilise couramment *lave-linge* et *sèche-linge*?

Passons à un dernier exemple, celui de *sale*. En anglais, on fait la distinction entre *for sale* et *on sale*. Ce qui est *for sale* est tout simplement à vendre: *house for sale*, maison à vendre. Ce qui est *on sale* est vendu au rabais. *Item on sale* devient donc *article en promotion*. Un article qui serait *en vente*, ma foi, n'aurait rien d'exceptionnel: les magasins ne sont pas des musées! Telle chose est donc mise en vente, ou est en vente libre. Cela ne signifie nullement qu'on vous la vendra au rabais!

Ceci dit on doit faire attention: là où l'anglais affiche *sale!* le français distingue entre la *promotion* et les *soldes*. En anglais n'importe quoi n'importe quand et n'importe où peut être mis *on sale*. Ce peut être par exemple des équipements de chasse ou de pêche à l'automne, en haute saison par conséquent, ou encore des fournitures scolaires en plein mois d'août, juste avant la rentrée des classes. Le français en fera alors la *promotion*. Les *soldes*, c'est autre chose: le terme est synonyme de *restes*, d'*invendus*, il désigne ce qui n'a pas été écoulé au moment où l'on doit s'approvisionner en vue de la prochaine saison. Ce qu'on doit vendre pour faire de la place: les fournitures scolaires seront donc mises *en solde* au mois d'octobre, en prévision de Noël qui approche. Les équipements de chasse seront *soldés* fin novembre. Les commerçants procèdent alors à la vente de leurs soldes. Où il apparaît clairement que soldes, nom masculin ne l'oublions pas, ne saurait qu'être au pluriel! Contrairement à ce que vous trouverez dans votre livret de banque, soit *le solde* de votre compte, ce montant toujours «singulier» qui indique ce qui reste de vos économies, à telle date donnée. À l'évidence le mot *solde* au masculin, omniprésent au Québec, n'a aucun SENS pour les Québécois: il traduit tout bonnement, jusque dans sa forme singulière, l'anglais SALE, sous prétexte que *vente* constituerait un anglicisme. Quant à savoir *pourquoi* il y aurait anglicisme, et *ce que* désigne exactement le mot soldes au pluriel... vous pouvez toujours courir!

Un bon dictionnaire, à l'article *sale*, vous aiguillera dans plusieurs directions: *promotion, réclame, soldes, en solde, soldé, fin de séries* sans oublier *vente de soldes*. Ne pas en tenir compte mène tout droit à l'anglicisme sémantique. *Sale* pouvant aussi donner lieu à *vente*: mais non pas n'importe quand!

L'anglicisme sémantique, pour nous résumer, se produit quand nous faisons l'onéreuse économie du passage par le dictionnaire bilingue, en fondant notre certitude d'avoir raison sur une «évidence» illusoire. Ou encore, pour paraphraser un dicton séculaire, quand, entre plusieurs mots, nous choisissons le... pire! Il repose sur une médiocre connaissance tant de l'anglais que du français, la méconnaissance de leurs ressources et la surestimation de ses propres richesses, qui manifestent ici plutôt leur vraie nature, qui est d'être tout imaginaire. L'anglicisme est avant tout réducteur: il nie l'existence des nuances. Contre la pluralité des *spécifiques*, il prétend imposer une sorte de pratique universelle du *générique*, du terme passe-partout. C'est aller à l'encontre de la démarche que toute langue moderne doit s'imposer, si elle ne veut pas, faute d'utilité, disparaître ou se folkloriser, démarche qui lui impose au minimum d'exercer sa fonction signifiante avec le degré de précision et de souplesse qui caractérise la langue anglaise actuellement, celle-ci étant l'incontournable chef de file mondial en cette matière.

BUANDERIE	**FIÈVRE DES FOINS**	**LAVEUSE**
blanchisserie	rhume des foins	lave-linge
LAUNDRY	HAYFEVER	WASHER
ÉTOILES DU HOCKEY	**FRAPPER** QUELQU'UN EN VOITURE	AU **NEUTRE**
as		au point mort
	renverser écraser happer	
STARS	TO HIT SOMEONE	IN NEUTRAL (GEAR)
ÉTUDIANTS (AILLEURS QU'À L'UNIVERSITÉ)	**FRAPPER** QUELQU'UN EN VOITURE	UNE **NOIX** (EN MÉCANIQUE)
élèves (générique)	heurter entrer en collision avec emboutir etc.	un écrou
STUDENTS	TO HIT SOMETHING	A NUT

UNE FICHE DE 3 POUCES **PAR** 5 POUCES une fiche de 7 cm sur 12 cm A 3" BY 5" INDEX CARD	**SÉCHEUSE** sèche-linge DRIER ou DRYER	**VENTE!** 1. promotion 2. soldes 3. etc. SALE!
UNE **PRATIQUE** un entraînement (sportif) A PRACTICE	**TUILE(S)** 1. carreau 2. carrelage TILE(S)	

Anglicismes de culture

On ne peut guère raisonnablement contester que tous les anglicismes soient des anglicismes «de culture»: ils ne nous tombent jamais dessus sans raison ni véhicule. La culture étant tout ce qui constitue le propre de l'autre, dans sa façon de vivre, quand elle diffère de la nôtre. On n'est évidemment pas marqué par ce que l'autre fait de la même façon que nous: par exemple sa journée comme la nôtre compte bien vingt-quatre heures, sa semaine sept jours, etc. Notre référence à la «culture» sera donc uniquement différentielle. Nous dirons donc que l'adoption par nous des traits qui caractérisent la culture de l'autre (essentiellement l'Américain) provoque l'abandon de ce qui nous a jusqu'ici caractérisés: par conséquent un double mouvement simultané de *déculturation* (nous cessons de nous ressembler) et d'*acculturation* (nous ressemblons de plus en plus à l'autre, l'Américain). Tout ceci dans la langue que nous parlons comme dans celle que nous écrivons.

Nous partageons bon nombre de ces modifications du tissu culturel avec l'univers entier: il va de soi que ni jazz, ni football, ni hot-dog ou rock'n'roll ne nous appartiennent en propre. Et qu'un Français d'il y a à peine un demi-siècle, s'il ressuscitait, aurait bien du mal à retrouver l'un ou l'autre des cabarets où s'exécutaient de son temps les accordéonistes aujourd'hui réduits au silence. Celui d'une culture populaire tombée en désuétude au point d'avoir honte d'elle-même quand et si on réussit à découvrir l'un ou l'autre de ses retranchements...

On ne dit plus aujourd'hui d'un livre dont quelqu'un éprouve quotidiennement le désir qu'il constitue son bréviaire (et cela se comprend: qui donc saurait dire ce qu'il est... ou était?), mais sa «bible». Or la Bible, on l'oublie, était invisible dans un univers catholique! Celui-ci, hanté par le «livre de messe» des fidèles et le bréviaire des curés de toute sorte, qui le lisaient le soir en faisant les cent pas sur la galerie, suspendue ou non, de leur collège ou de leur presbytère. Le moindre villageois, qui ne lisait rien d'autre que le catalogue d'Eaton, connaissait bien l'apparence de ce livre-là. La Bible, non: mais pour les protestants elle occupait dans chaque foyer la place d'honneur. On en lisait d'ailleurs des extraits tous les jours. Il eût pour cette raison paru bizarre de parler de la *Bible* d'un catholique, Rome combattant, jusqu'à ces dernières années, avec obstination sa lecture par les catholiques! Voilà donc un anglicisme de culture. Naturellement, on ne lit pas davantage pour cette raison la vraie Bible!

Les Britanniques nous auront, par contre, fait communier à plusieurs de leurs coutumes: l'*Halloween*, un *Boxing Day* américanisé, le *muffin* aux cent et une variétés, pour ne rien dire des thés dont semble-t-il les Français n'usent qu'à titre carrément médicinal. Cela n'est-il pas révélé dans cette *cuillère* que nous disons *à thé* et qui pour eux est «à café»? Par contre ils raffolent du rosbif, dont nous n'abusons guère. Mais qui sait reconnaître dans «notre» gruau (sic) Quaker le si typique *porridge* britannique? Et qui s'étonne de nous voir avaler le matin autre chose qu'un croissant trempé dans un café au lait?...

Des États-Unis nous avons hérité d'une fête des moissons qualifiée de *jour de l'Action de grâces*, adaptation de leur Thanksgiving Day. Mais pas seulement, Dieu sait! Rien de plus américain que nos corps policiers, avec les grades qui les assimilent à des corps d'armée: sans commissaire ni inspecteur: mais avec des capitaines, lieutenants, sergents et caporaux, exactement comme à New York... où d'ailleurs les Fire Departments ressemblent comme deux gouttes d'eau à nos corps de pompiers! On sait naturellement qui a imité qui! Nous n'allions pas nous arrêter en si bonne voie! Cela nous a procuré nos M.D., D.D.S., LL.B. et autres C.A.! Sigles parfaitement inconnus des Français... et invariablement sibyllins pour la totalité des Québécois!

Nos mesures sont toujours spontanément anglaises, même quand nous croyons dur comme fer parler... français! Le *gallon,* la *verge,* l'*acre* et le *boisseau* sont même exotiques à force d'être étranges. Rappelons-nous que la France a inventé et s'est imposé le système métrique dès 1795, et que depuis les anciennes mesures y sont tombées en désuétude. L'étalon quotidien, par exemple, s'appelle le mètre, et j'ai pu constater auprès de mes amis venus de là-bas combien cette idée de mesurer du tissu *à la verge* pouvait paraître toute réjouissante!

Naturellement on croit parler français. Toutefois cela suppose que l'on s'adapte aux variations qui ont conduit, à l'époque, au système métrique. C'est ainsi que je me suis autrefois fort étonné, à la lecture de la correspondance de Gustave Flaubert, de ce qu'il s'attribuait, avec ses cinq pieds huit pouces, une taille de Viking atteint de gigantisme! Il prétendait que l'on se retournait sur son passage pour admirer sa taille! J'ai fini par saisir, faute pour les Normands de constituer une race de lilliputiens, qu'il recourait aux pieds et pouces de France, et moi à ceux du Royaume-Uni. Conversion faite, j'aboutis à la conclusion qu'il avait la taille même du général de Gaulle... ce qui fait bel et bien six pieds cinq pouces anglais... c'est-à-dire québécois! Une taille, bien évidemment, spectaculaire à souhait.

De quoi, quand on n'est pas averti, pousser les hauts cris... ou même quelque bon vieux juron, pour le soulagement... Il ne sera pas ici non plus bien aisé d'échapper à l'anglicisation! Exception faite des recours au sacré, à l'église et à ses vases saints, comme à tout ce qui de près ou de loin touche à son enseignement, nos exclamations les plus viscérales font penser à l'anglais, pas du tout au français. L'*enfant de chienne*, le *bâtard*, le *christ* lui-même détonneraient à Paris, où l'on évoque plutôt le *fils de pute*, le *salaud* et la *merde*, sans aller jusqu'à la maudire! Notre énigmatique *mozusse* ne cache-t-il pas Moïse lui-même, tel que la Réforme protestante l'a représenté, sous un vêtement grec?

Il suffit d'ailleurs d'accueillir ce qui se dit, se crie, se récite, si tous ces mots ne tombent pas dans l'oreille d'un sourd: lorsque au spectacle l'assistance scande: «*Encore*!...»; quand les enfants s'en remettent au sort et récitent: «*i-ni-mi-ni-ma-ni-mo*...», ou lorsque tel qui croit surprendre pousse un «*Surprise*!» et pouffe de rire... ou lance un «*you-ou*!» destiné à capter l'attention des distraits!

Penchons-nous un instant sur cette table où l'on joue au... *tic, tac, to*...: «*Wow*!, j'ai encore gagné!» pourrait-on y entendre, ou encore: «*Yok*...., j'ai encore perdu!» Mais au fait, à cette même table, n'aurait-on pas pu jouer au *bridge*, au *500*, au *canasta* ou au *cœur*, cette fois dans l'esprit d'accomplir un contrôle triomphal?

Mais dites-moi, qui donc, parmi nos joueurs de cartes, a jamais su jouer à la *BELOTE*?...

L'acculturation, en somme, c'est de faire tout à coup comme les autres. On en oublie ses vieilles habitudes: on se déculture. Et puis, chemin faisant, on finit par parler comme les autres, et plus du tout comme on avait coutume jusque-là de le faire.

ACRE hectare ACRE	**C.A.** (COMPTABLE AGRÉÉ) (dans la hiérarchie française, correspond à l'expert-comptable, et non au comptable agréé) C.A. (CHARTERED ACCOUNTANT)	**CUILLÈRE À THÉ** cuillère à café TEASPOON
BIBLE bréviaire livre de chevet BIBLE	JEU DE **CANASTA** CANASTA	**D.D.S.** dentiste chirurgien dentiste D.D.S. (DOCTOR IN DENTAL SURGERY)
BOISSEAU DE BLÉ tonne métrique BUSHEL OF WHEAT	**CAPITAINE** DE POLICE la police française ne compte aucun grade militaire, exception faite de la Gendarmerie POLICE CAPTAIN	**GALLON** litre GALLON
BOXING DAY BOXING DAY	**CAPORAL** DE POLICE POLICE CORPORAL	**HALLOWEEN** HALLOWEEN
JEU DE **BRIDGE** BRIDGE	JOUER AU **CŒUR** TO PLAY HEARTS	LE **JOUR DE L'ACTION DE GRÂCE**(S) THANKSGIVING DAY

LIEUTENANT DE POLICE	MUFFIN	SERGENT DE POLICE
cf. capitaine		cf. capitaine
POLICE LIEUTENANT	MUFFIN	POLICE SERGEANT
LL.B.	**PIED**	**TIC TAC TO**
avocat	mètre (m) ou centimètre (cm)	morpion (jouer au)
LL.B. (BACHELOR OF LAW)	FOOT	TICK TACK TOE
M.D.	**POUCE**	**VERGE**
médecin	centimètre (cm) ou millimètre (mm)	mètre
M.D. (MEDICINAE DOCTOR)	INCH	YARD

Anglicismes syntagmatiques

Ce terme rébarbatif, venu du grec, est commode tout de même, je l'utiliserai donc après l'avoir décomposé en ses éléments. Ce qui nous facilitera la saisie de son sens. Il est né de l'attelage de deux mots: le premier, SUN, en grec, vraiment fréquent en français savant (comme dans SYNTAXE, SYNDROME ou SYNCHRONIQUE), signifie «ensemble»; le second, TASSEIN, signifie «ranger», ou «mettre», si vous voulez. De telle sorte que le résultat désigne non un signifiant isolé (comme table, ou cuisine), mais une combinaison d'éléments. C'est donc un phénomène pluriel (réveille-matin comporte deux éléments) qui a un sens singulier (il désigne un objet particulier). Le syntagme, passons maintenant au latin, nous nous y retrouverons mieux, est donc une courte *locution*, un bref assemblage de mots, qui, du point de vue du sens, joue le même rôle qu'un mot isolé: il est, cet assemblage, *élémentaire*. Rire jaune, par exemple, ne peut être désarticulé sans perdre son sens: il est impossible de rendre ce signifié à l'aide d'un seul signifiant, et on ne peut non plus, comme s'il s'agissait d'une précision susceptible d'être modifiée pour mieux rendre la pensée qu'elle exprime, dire «rire beige» ou, quand vraiment on n'y est pas allé avec le dos de la cuiller, «rire jaune serin». Il s'agit donc d'expressions nées de la réunion de ces mots, et de cette réunion est né un sens qui dépend de cette réunion. Voilà.

Nous avons tendance à oublier un peu le rôle fondamental joué par les syntagmes, nos dictionnaires les noyant dans la masse des signifiants envisagés séparément, isolément, comme autant de simples dérivés. Si bien qu'on perd beaucoup de temps à repérer une expression, faute de savoir si «fleur de pommier», par exemple, a été rangé sous *fleur* ou sous *pommier*. L'anglais fabrique ses dictionnaires plus intelligemment, leur consultation en est de ce fait immensément facilitée. Les locutions y sont considérées comme des signifiants ordinaires, leur seule particularité résidant en la pluralité de leurs éléments. «Apple blossom» se trouvera donc à sa place, ni dans l'article «apple», ni dans «blossom»: à sa place, dans l'ordre alphabétique, entre «apple» et «apple butter». Rien de plus simple, par conséquent, que son repérage: in a jiffy. *Over-the-counter,* qui signifie, pour un médicament, qu'on peut l'obtenir sans ordonnance, se trouve à *sa* place, tout naturellement. Lumineux!

Le français, curieusement, ne traite pas tous les syntagmes de cette façon insolente, par-dessus la jambe. Il place *remettre* à sa place, quoique ce signifiant isolé en cache deux, séparables: re et mettre. Il met *je-ne-sais-quoi* et *justaucorps* à leur place, naturellement. Mais non *marché noir. Black market,* pourtant, en anglais, a droit à sa petite place de signifiant ordinaire, quelque part entre *blackmail* et *blackout,* aucune distinction n'étant établie entre les expressions avec et les expressions sans trait d'union. On trouve *black market* sans aucun mal: quant à localiser *marché noir,* par contre, dans le *Petit Robert*... Je viens de tenter cette expérience exaspérante, ai fini par trouver mon syntagme, en caractères qui le font passer inaperçu, dans la section III de l'article *marché,* à la seizième ligne... On perd ainsi énormément de temps.

Vous devez maintenant, je pense, saisir de quoi il est question quand je prononce le mot «syntagme»: une expression qui remplace un signifiant, soit qu'il n'existe pas, comme c'est le cas de *marché noir,* soit qu'il existe, comme «insolemment», que j'ai préféré remplacer, pour des raisons stylistiques, par *par-dessus la jambe.* Pour découvrir si oui ou non vous avez affaire à un syntagme, il existe une pierre de touche, un truc: essayez de le traduire mot à mot. Il se peut que vous arriviez ainsi à une absurdité, et c'est alors un signe qu'il y a syntagme. *Rire jaune,* de cette manière, donnerait «to laugh yellow»... *Sans le sou, to be broke,* ne peut être rendu par *without-a-penny,* encore qu'il puisse l'être par *penniless,* mais ce n'est plus la traduction littérale du syntagme français.

Qu'est donc un anglicisme syntagmatique? Tout simplement une traduction mot à mot, littérale, d'un syntagme anglais, à quoi l'usage du français s'oppose, rien de proprement linguistique ne s'opposant en soi à ce qu'existe cette traduction. Il n'est évidemment ni plus ni moins absurde de «rire jaune» que de «laugh yellow». Mais pour un anglophone ignorant tout du français, cette traduction littérale n'aurait aucun sens. Cela n'étant pas toujours vrai, nos langues étant si proches l'une de l'autre: *marché noir* donne bel et bien *black market,* et la couleur ici n'a de sens évident ni dans le premier, ni dans le second cas. Il en ira exactement de même dans *redneck,* qui embarrasse visiblement nos traducteurs, celui-ci désignant à la fois un réactionnaire et un «habitant» au sens péjoratif du terme, dont le cou aurait été brûlé par le soleil... Mais il est impossible d'y aller d'un «cou rouge»! Ce saut dans l'inexistant, en dépit du fait qu'il soit linguistiquement défendable, constitue l'anglicisme syntagmatique. Simple comme bonjour!... Easy as good morning?

Il en existe de plusieurs types. Le cas le plus fréquent, sans doute parce que le plus amusant, celui qui fait image (les images ignorant les frontières linguistiques) relève de la rencontre fortuite avec une expression courante, et donc répétitive. La *vente-trottoir* par exemple, cyclique, programmable, immuable, si prégnante qu'elle a même envahi les galeries marchandes, pourtant dépourvues de trottoirs! de nos centres commerciaux. Ce syntagme anglais n'exige en français qu'un seul mot: *braderie*.

La *dent de l'œil* est amusante, au moins autant que notre «palette», et beaucoup plus que les *molaires*, les latinistes seuls pouvant reconnaître en ces dernières les meules du moulin qui autrefois broyaient le blé pour le transformer en farine. Elle n'en provient pas moins de *eyetooth*... même si ma tante m'assurait qu'elle avait été ainsi dénommée parce que de l'extraire chatouillait l'œil correspondant... Des syntagmes sans prétention: *charrue à neige, tasse à mesurer, tête de violon, livre de téléphone*, etc.

On «succombe» avec la plus grande facilité à ces anglicismes pour diverses raisons. D'une part ils sont si raisonnables! Une *tasse à mesurer*, un livre, celui du téléphone, on comprend de quoi il s'agit, le référent ici est roi. D'autre part ils peuvent faire jaillir une image accrocheuse, irrésistible: celle de la «charrue» à neige, et personne n'ira, pour la chicaner, soulever qu'en vérité on ne «laboure» pas nos routes à chaque bordée de neige! Il est amusant de penser qu'une *queue* ait pu «pousser» à un *habit*! Ou qu'un écrivain ait un *nom de plume*... N'est-il pas soulageant d'apprendre que le doryphore (incompréhensible, ce grec, du vrai chinois!) est tout bonnement une *bibitte à patates*?...

L'anglicisme peut donc être amusant, et à ce titre difficile à extirper, surtout quand nous prétendons le faire au profit du chinois... Être *coq-l'œil* est amusant, expressif de façon absurde, presque surréaliste: bigle ou bigleux n'ont ni sens ni expressivité. Le *doigt-de-dame* que l'on enfonce avec volupté dans la crème chantilly de la charlotte russe, avant de le sucer avec plaisir et de finir par le grignoter, crée tout un petit champ érotique, que détruit sur-le-champ, c'est le cas de le dire, tant le «boudoir» incompréhensible que la «langue-de-chat». Celle-ci ne couperait-elle pas plutôt l'appétit du grignoteur chantillisé?

L'*horloge grand-père*, rattachée aux maisons paysannes de jadis, qui pour nous étaient encore celles de naguère, a sa place dans une évocation du temps passé. L'horloge «comtoise» ne peut évidemment qu'évoquer une ambiguïté: qui connaît même le nom de la Franche-Comté? Notre ignorance peut tout de même nous rendre service. On pense à la maîtrise de soi dont un vétérinaire de France devrait faire preuve, s'il voulait éviter de pouffer, devant toutes ces femelles du Québec «en amour»... Pour ne rien dire de cette monstruosité indépassable, en matière de scatologie domestique: le *bol de toilettes*! À votre santé!

D'autres anglicismes arborent au contraire un petit air sérieux, manifestent au moins que devant une expression anglaise on a cru bon de la traduire. Faute de familiarité avec le vocabulaire de France correspondant, toutefois, on a mis le pied dans le plat. Il peut y avoir quelque chose de comique dans un *appel à frais virés*... D'autre part j'ai lu, mais oublié où, que P.C.V. voulait dire *paiement contre vérification*; ce que contredisent tant le *Petit Robert*, qui y lit l'abréviation d'*à percevoir*, que le *Harrap's*, qui y voit le sigle de *payable chez vous*! Étonnante variété! Un peu comme si Bell Québec ne savait pas exactement le sens de ses propres sigles!

Il en va de même pour l'étrange *traverse de chemin de fer*, «traverse» désignant ce que les Québécois appellent, d'après l'anglais *sleeper*, un «dormant»... Annoncer une traverse!... Quant au chemin de fer, il n'est pas synonyme de voie ferrée, pas plus qu'en anglais railroad ne l'est de track. Mais là où l'anglais associe crossing à railroad, le français aurait plutôt associé son «passage» à la voie ferrée, «chemin de fer» désignant le mode de transport, quelque chose d'abstrait donc, un peu comme *aviation* par rapport à *avion*. Mais voilà, il a plutôt opté pour la désignation du mode de passage, ce qui a donné «à niveau»... Nous avons affaire à une expression plus cocasse encore dans le cas de *cow crossing*, traduit par *traverse de vaches*! On dit plutôt en français actuel *passage de bestiaux* ou *traversée de bestiaux*. Le verbe traverser nous donne du fil à retordre! Déjà notre *traversier* a fait couler tant d'encre. Traverse a existé et continue de le faire: en témoigne le «chemin de traverse». Qu'on en ait fait un *shortcut* n'arrange pas les choses! Un terme périlleux! On trouve par ailleurs fréquemment inscrit à l'arrière des transports scolaires le petit mot suivant: «Ce véhicule arrête (*sic*) aux... traverses à niveau»! Il ne nous manque plus que les passages... de chemin de fer!

Prenons d'autre part notre *ceinture fléchée*. Sans doute nous vient-elle des Écossais. «Fléché» en français s'applique à un parcours, les scouts savent cela. Nous avons traduit *arrow sash* comme nous avons pu, et difficilement aurions-nous pu faire mieux, aucune expression française n'existant, pour cet objet inconnu des francophones d'ailleurs. Dans le cas de «papier sablé», il existait une traduction correcte de SANDPAPER: «sablé» fait curieux. Une allée peut être sablée, de même que le champagne. Un gâteau, une tarte, un biscuit, oui. Mais le papier! On ne me fera pas avaler ça! On se heurte donc souvent à des signifiés incompréhensibles pour quiconque les aborde à partir du français actuel. L'inverse étant vérifiable aisément. Pour un Québécois, l'idée de «sabler» un meuble est pleine de bon sens: pour un Français, elle paraîtra quelque peu excessive, pour le moins. De même celle de «sabler» le parapet métallique d'un pont paraîtra-t-elle comiquement absurde à un Québécois... et pourtant! Faudrait-il donc préférer le «sandblaster»? On voit combien rapidement nous nous enlisons dans de graves problèmes de communication et du même coup faisons du français une langue... étrangère!

C'est que nos syntagmes anglicisés nous paraissent parfaitement français, au sens où l'idée même de leur foncière étrangeté ne nous effleure même pas l'esprit. Dire *Je suis tout mêlé*, c'est avoir perdu le sens de «mêler». Dire que quelque chose *regarde mal*, c'est perdre l'usage de l'«augure», celui aussi de «présage», et rater le très courant «annoncer». Et comment donc une chose pourrait-elle, avec quels yeux, «regarder» quoi que ce soit? Nous nous enfonçons dans la méconnaissance du français.

Que penser de ceux qui *travaillent sur les chiffres*? À la rigueur on peut imaginer avoir affaire à un mathématicien, un statisticien, un actuaire... Combien de Québécois, à l'inverse, comprennent quoi que ce soit à «faire les trois-huit»?... Quant à utiliser cette expression banale, en France, ne serait-ce pas ici... *faire un fou de soi*? Quoique... à fou, fou et demi, car enfin, à quoi peut bien rimer un compte *passé dû*, où un chantier où l'on a affiché: *Pas d'admission sans affaire*? Je sais, je sais, vous allez protester que tout cela est *hors de notre contrôle*, et que c'est forcément à l'«office» qu'on «applique pour une job», en ce pays qui n'est pas la France! Un pays de syntagmes, justement, que l'on nous a enfoncés dans les oreilles ou affichés sous nos yeux bien avant leur traduction. On les a «francisés» avec les pauvres moyens du bord. Je ne lance la pierre à personne: je constate les dégâts.

Ils se sont évidemment produits parce que nous vivons au cœur d'un univers qui se pense et se dit en anglais. Le phénomène est normal. Le japonais a été jusqu'à adopter les idéogrammes de la Chine le jour où celle-ci lui a servi de modèle culturel. Quelques tics marquent notre insertion dans un milieu langagier qui nous est étranger. Celui par exemple d'intercaler une initiale entre nom et prénom: comme Harry S. Truman, Franklin D. Roosevelt ou John F. Kennedy. On trouve donc des *Robert S. Dubois,* etc. Ou celui d'ajouter un Sr. ou Jr. au nom de famille: John H. Smith Jr. Ou cette coutume qui veut qu'on sigle sa profession: Untel M.D. ou D.D.S. ou C.A. Typiquement américain. M.D., D.D.S. et C.A. n'existant même pas en français!

Il suffit parfois de presque rien: ce tic qui nous fait précéder tout nom de rivière du terme de rivière: *la rivière Saguenay*, la rivière Richelieu, la rivière Chaudière, la rivière Saint-Maurice. Ou encore *le «fleuve» Saint-Laurent*. Personne pourtant ne dirait, de même manière, la rivière Seine, la rivière Loire ou la rivière Rhin! Mais on dit bel et bien: the Seine River, the Loire River, the Rhine River. Ou encore: the Richelieu River et the St. Lawrence River. C.Q.F.D.

D'autres cas relèvent vraiment du masochisme linguistique national. On a peine à en croire ses yeux quand on lit pourtant sans erreur possible: BEN ALIGNEMENT SPÉCIALITÉS, ou SERVICE AUTO GARDE... Ou encore SHERBROOKE AUTO-LAVE... Personne évidemment n'oserait dire quoi que ce soit d'approchant! On a démissionné, tout simplement: ou alors on a voulu se donner une forte apparence de sérieux! Il est parfaitement possible que ce genre de sarcome langagier soit rentable. À l'évidence il ne peut nuire. Pourquoi?

Il n'est pas nécessaire d'aller aussi loin: les plaques de rues qui en affichent les noms suffisent amplement. En français, le DE y introduit une nuance importante: la rue SHER-

BROOKE, à Montréal, a certes été baptisée en l'honneur d'un gouverneur de la colonie, un quidam du nom de Sherbrooke. En revanche, la rue *DE* SHERBROOKE, à Magog, qui mène directement à Sherbrooke, l'a été parce qu'elle y conduisait, et non pour chanter les mérites certainement exemplaires du gouverneur britannique. Il y a une nuance entre la rue Grenier et la rue du Grenier!

On continue de buter sur pis: des énormités, comme la *rue PARC*, à Sherbrooke. Ou le *boulevard Université,* tout court. Comme si on disait: la rue Érables! Mais il est vrai qu'en anglais on ne dispose d'aucun moyen facile de réduire l'ambiguïté entre la Sherbrooke St. de Montréal et celle de Magog. À la rigueur on peut ajouter un prénom. Mais en soi Bridge St. peut aussi bien signifier la rue du Pont (qui mène au pont, comme à Montréal, près du pont Victoria), que la rue Bridge, qui alors porterait le nom d'un certain Bridge, comme nous avons nos Du Pont (par exemple de Nemours...). En ce cas, le simple fait d'écrire *du* avec ou sans la majuscule suffirait à éclairer nos lanternes.

Reste, pour dessert, notre *vendredi le 13 juin*: où il est aisé de repérer leur «Friday the 13th of June». Le français détermine de quel vendredi il parle: le mois en comptant au moins quatre. «Je vous parle *du* vendredi 13, non *du* vendredi vingt juin.» Il ne cherche pas à préciser de quel 13 du mois il parle... attendu qu'il n'y en a le plus souvent qu'un (et cela suffit!).

Les anglicismes syntagmatiques font qu'entre francophones on ne sait plus sur quel pied danser. Il y en a qui soupirent... bof! N'est-il pas tellement plus important de nous entendre entre... Américains?

Qu'en pensez-vous?

APPEL À FRAIS VIRÉS	BIBITTE À PATATES	LE **BOUL. UNIVERSITÉ**
communication en P.C.V.	doryphore	le boul. de l'Université
A REVERSE-CHARGE CALL	POTATO BUG	UNIVERSITY BOULEVARD
BEN ALIGNEMENT SPÉCIALITÉS	BOL DE TOILETTES	CEINTURE FLÉCHÉE
Benoît parallélisme	cuvette	
BEN ALIGNMENT SPECIALTIES	TOILET BOWL	ARROW SASH

CHARRUE À NEIGE	FAIRE UN FOU DE SOI	LIVRE DE TÉLÉPHONE
chasse-neige	se couvrir de ridicule se ridiculiser	annuaire des téléphones
SNOWPLOW	TO MAKE A FOOL OF ONESELF	PHONE BOOK
ÊTRE COQ-L'ŒIL	LE FLEUVE ST-LAURENT	JE SUIS TOUT MÊLÉ
bigler, loucher	le Saint-Laurent	je suis perdu je ne m'y retrouve plus
TO BE COCK-EYED	THE ST. LAWRENCE RIVER	I'M ALL MIXED UP
DENT DE L'ŒIL	HABIT À QUEUE	NOM DE PLUME
canine	habit	pseudonyme
EYETOOTH	TAIL COAT	PEN NAME
DR. ROBERT S. DUBOIS M.D.	HORLOGE GRAND-PÈRE	PAS D'ADMISSION SANS AFFAIRE(S)
	une horloge comtoise, une comtoise	chantier interdit au public entrée interdite
le DOCTEUR DUBOIS Robert DUBOIS, médecin	une horloge de parquet une horloge normande	réservé au personnel
		NO ADMISSION WITHOUT
DR. ROBERT S. WOOD M.D.	A GRANDFATHER CLOCK	BUSINESS
DOIGT-DE-DAME	HORS DE NOTRE CONTRÔLE	UN COMPTE PASSÉ DÛ
boudoir langue-de-chat	indépendant de notre volonté	échu en souffrance
		A PASSED DUE-TIME
LADYFINGER	BEYOND OUR CONTROL	ACCOUNT

ÇA REGARDE MAL	SERVICE AUTO GARDE	TRAVAILLER SUR LES CHIFFRES
c'est de mauvais augure ça n'augure rien de bon c'est mauvais signe c'est un mauvais présage IT LOOKS BAD	service d'entretien des véhicules CAR GUARD SERVICE	faire les trois-huit faire du travail posté travailler par roulement TO WORK IN SHIFTS / TO BE ON SHIFTS
LA RIVIÈRE CHAUDIÈRE	SHERBROOKE AUTO-LAVE	TRAVERSE DE CHEMIN DE FER
la Chaudière THE CHAUDIÈRE RIVER	Lave-auto de Sherbrooke SHERBROOKE CAR WASH	passage à niveau RAILWAY CROSSING
LA RUE PARC	TASSE À MESURER	TRAVERSE DE VACHES
la rue du Parc PARK ST.	pot gradué MEASURING CUP	passage de bestiaux traversée de bestiaux COW CROSSING
LA RUE SHERBROOKE	TÊTE DE VIOLON	VENDREDI LE 13 JUIN
la rue de Sherbrooke (qui y mène, celle de Magog, non celle de Montréal) SHERBROOKE ST.	crosse de fougère FIDDLEHEAD	le vendredi 13 juin FRIDAY THE 13TH OF JUNE
		VENTE-TROTTOIR
		braderie SIDEWALK SALE

Anglicismes de prononciation

Ce qui à l'évidence nous distingue des autres francophones, de quelque provenance qu'ils soient, et nous fait repérer dès que nous ouvrons la bouche, c'est notre inimitable accent québécois! Cela est si vrai que des années d'efforts soutenus sont indispensables si l'on désire passer inaperçu en France, y voyager incognito, pour n'avoir pas quotidiennement à raconter le Québec aux Cousins. Cela devenant lassant. J'ajoute ce qui peut bien passer pour un amusant paradoxe, et qui cependant n'est qu'une banale évidence: il est plus facile à un Québécois de parler l'anglais sans accent que le français sans accent! Ou enfin oui, si vous y tenez, avec l'accent parisien. Cela donne quand même à réfléchir! On dit d'ailleurs, en guise de compliment, d'un compatriote qui s'y est vraiment mis, qu'il «parle anglais sans accent». Jamais je n'ai entendu dire de quelqu'un qu'il parlât «français sans accent»... Ce qui de toute façon n'aurait certainement pas été perçu comme un compliment! Tandis que pour l'anglais... C'est un... «must»!

Personne évidemment ne s'attend à ce que nous prononcions l'anglais avec un accent parisien. Même si mon exemple boite, je dirai qu'en Provence on prononce l'italien à l'italienne. Ce qui paraît logique pour des Provençaux dont la langue locale est très proche de l'italien. Or l'anglais étant ici au moins aussi omniprésent que l'est l'allemand en Alsace, où l'alsacien n'est qu'un dialecte germanique, nos muscles buccaux apprendront sans trop de décrochages de mâchoire comment on prononce NOVA SCOTIA en anglais... ce qui, c'est le moins qu'on puisse dire, et jusque dans le fait même de prononcer le latin à l'anglaise... ne va guère de soi pour un Français! Cela ne va tout de même pas de soi! Quand on parle une langue romane, pourquoi donc serait-il «naturel» de parler une langue germanique sans accent?

Nous n'allons tout de même pas jusqu'à prononcer Boston BOSTONNE. Quoique nous fassions quand même joyeusement nos quatre cents coups... SUTTON et ORFORD par exemple, dans nos bouches... S'il ne s'agissait que de l'anglais! Encore qu'on hésite parfois: Sherbrooke se prononce au moins dans la moitié des cas à la française. Mais on entend encore CENTS en distinguant clairement le S qui en est la marque du pluriel anglais... À ce compte, il faudrait aussi l'entendre dans deux dollar*s*... Ou deux smoking*s*! Le S est notoirement ici muet en français, quoique très sonore en anglais!

On prononce d'autre part à la française un sigle qui pourtant représente une longue expression anglaise, en dépit du fait que cet organisme siège bel et bien à Paris: l'UNESCO. On prononce certainement RADAR et LASER à la française. Pourquoi donc, aux informations de Radio-Canada, s'acharne-t-on à prononcer IRA à l'anglaise, ou encore ULSTER? On prononce bien tant Dublin que Belfast sans concessions? Mais il n'y a pas que l'anglais!

On prononce l'allemand... à l'anglaise! On dit ZELLER, STEINBERG comme si nous étions des anglophones. Un grand-oncle à moi, il y a longtemps, s'appelait OSWALD... Un certain prix Nobel, de nationalité française quoique d'origine alsacienne, le docteur Albert SCHWEITZER, n'a jamais eu droit ici à une prononciation défendable, qu'elle soit allemande ou française! Or ce qui est indéniable, c'est que la prononciation de l'allemand a tout à voir avec la française, et rien avec l'anglaise! Hitler et Adenauer se prononcent spontanément en français à très peu de chose près comme en allemand: ce qui n'est pas le moins du monde le cas de l'anglais! Mais nous disons Hitler comme les Anglais! Et Paul KLEE, ce grand peintre allemand de notre siècle, voit son nom maltraité comme une vulgaire boîte de... Kleenex!

Nous prononçons souvent le russe à l'anglaise. KOWALSKI par exemple devrait donner KO-VAL-SKI. Ou l'arabe, dans ALCOOL, qui devient AL-CO-HOL. Ou le grec, dans ZOO et AJAX, ce pauvre guerrier de *L'Iliade* ayant été récupéré pour blanchir plus blanc que blanc le linge sale de l'Amérique entière. Ou l'hindi: PYJAMAS, toujours le J à l'anglaise. Tiens, comme dans JOS., cette abréviation anglaise de Joseph, JO en français, avec un J sans D! Ou l'italien: tant de VOLT. Ou l'espagnol: LOS ANGELES... ou encore LAS VEGAS. Même le chinois: témoin HONG KONG, prononcé OÏNG-KOÏNG, les diphtongues ayant pourtant, ailleurs tout au moins, disparu du français!

Il me semble d'autre part que, depuis ma jeunesse hélas disparue, la prononciation à l'anglaise des noms d'origine indienne a subi une inflation galopante. Nous prononcions, et encore était-ce à Montréal, très certainement IOWA, IDAHO et OHIO à la française. Nous aurions dit UTAH ou WISCONSIN. Aujourd'hui cela ferait sourciller. Ici tout près la ville de MAGOG, le lac MEMPHRÉMAGOG ont une teinture anglaise, qu'ils reçoivent de leurs habitants et riverains francophones eux-mêmes. Fréquemment COATICOOK, dont la morphologie à l'évidence est anglaise, est dotée d'une inimitable personnalité anglaise.

Il semble donc que la tendance ait atteint une dimension universelle, et que dans tous les cas la tentation soit bien réelle d'adopter le point de vue de l'anglais. Non certes toujours;

mais en cas d'incertitude ou de parfaite familiarité avec les habitudes de l'anglais. MOLOTOV non: SCHWARTZ oui. GORBATCHEV non. QUASAR oui. La nécessité ne nous crève pas chaque fois les yeux.

Question d'ignorance parfois. Personne ne prononce VERMONT à l'anglaise, ni DULUTH, ou JUNEAU. Mais connaissez-vous quelqu'un qui ose, en dehors du soussigné, prononcer le beau nom de MAINE à la française? N'a-t-il pas été emprunté à la province de France qui entoure la ville du MANS, celle justement des si célèbres 24 heures? Sans doute faisons-nous une injuste association avec le mot anglais MAIN, comme dans MAIN ST., «la Main».

Cela ne nous facilite pas vraiment la compréhension de certains autres accrocs, du genre NDG, ou JP «JAY PEE», quand J.-F. ne devient pas illico JEFF ou «DJI F»!

Existe-t-il ailleurs un autre exemple de complaisance aussi radicale face à une langue dominante? Les arabophones du Maghreb prononcent-ils comme nous tous les vocables étrangers en ayant recours à la langue de leurs anciens maîtres?

Ou serions-nous les seuls à pratiquer ce sport quelque peu masochiste, pour ne pas dire un tantinet suicidaire?

ADENAUER (A-DÉ-NOW-EURE COMME DANS BUTTER)	**AJAX** (A-DJAX)	**COATICOOK** (COÂ-TI {POINTU} COOK {COMME DANS BOOK})
Aden oère (Adé-no-ère)	Ajax (a-jax)	Coati couque (co-a-tsi-couque)
ADENAUER (A-D'N-OW-EURE, COMME DANS BUTTER)	AJAX (ÉÉ-DJAX)	COATICOOK (COÂ-TI {POINTU} COOK {COMME DANS BOOK})
ALCOHOL (AL-CO-OL)	**CENTS** (LE S EST ACCENTUÉ)	**HITLER** (COMME DANS BUTTER)
al-co-l (deux syllabes et non 3: al-col)	cent (le s est muet)	Hitler (comme dans hiver)
ALCOHOL (AL-CO-HOL, LE H ÉTANT ASPIRÉ)	CENTS (LE S EST ACCENTUÉ)	HITLER (COMME DANS BUTTER)

HONG KONG (LE O EST DIPHTONGUÉ) On-Kon (sans diphtongaison) HONG KONG (LE O EST DIPHTONGUÉ)	**JOS.** (DJO) Jo (jo) JOS. (DJO)	**MAGOG** (MÉ-GOG) Magog (ma-gog) MAGOG (MÉÉ-GOG)
IDAHO (AÏ-DA-HO) Idaho (i-da-o) IDAHO (LE I COMME DANS HI!)	**KLEE** (KLI) Klee (klé) KLEE (KLII)	**MAINE** (MÉNE) Maine (mène) MAINE (MÉÉNE)
IOWA (AÏ-O-WA) Iowa (i-o-oua) IOWA (LE I COMME DANS HI!)	**KOWALSKI** (KO-WÂL-SKI) Kowalski (co-val-ski) KOWALSKI (KO-WÂL-SKI)	**MEMPHRÉMAGOG** (MÈME-PHRÉ-MÉ-GOG) Memphrémagog (man-phré-ma-gog) MEMPHREMAGOG (MÈME-PHRÉ-MÉÉ-GOG)
IRA (AÏ-ÂR-É) IRA (i-erre-a) IRA (AÏ-ÂR-É)	**LAS VEGAS** (LAS VÉÉGUSSE) Las Vegas (las vé-gasse) LAS VEGAS (LAS VÉÉGUSSE)	**N.D.G.** (N-DII-DJI) N.D.G. (inexistant) N.D.G. (N-DII-DJI)
J.-P. (DJÉ-PI) J.-P. (comme dans Jean-Pierre) J.-P. (DJÉ-PI)	**LOS ANGELES** (LOS ÈNN-DJE-LUSSE) Los Angeles (los anjèl) LOS ANGELES (LÔS ÈNN-DJE-LUSSE)	**NOVA SCOTIA** (NÔÔVÂ SCÔCHIÂ) Nova Scotia (nova sco-ti-a) NOVA SCOTIA (NÔÔVÂ SCÔ-CHIÂ)

OHIO (Ô-AÏ-Ô) Ohio (o-i-o) OHIO (Ô-AÏ-Ô)	**QUASAR** (COU-É-ZÂR) quasar (ka-zar) QUASAR (COU-ÉÉ-ZÂRR)	**SHERBROOKE** (CHEUR-BROU-KK) Sherbrooke (cher-brouque) SHERBROOKE (CHEUR-BROU-KK)
ORFORD (OR-FEURD) Orford (âr- fâr-d) ORFORD (ÔRRR-FEUR-DD)	**SCHWARTZ** (CH-OU-ÂRR-TZ) Schwartz (ch-ou-ar-ts) SCHWARTZ (CH-OU-ÂRR-TZ)	**STEINBERG** (STAÏNN-BEU-RGG) Steinberg (stin-bère) STEINBERG (STAÏNN-BEU-RGG)
OSWALD (OZ-OU-ÂL-D) Oswald (os-v-ald) OSWALD (ÂCE-OU-ÂÂL-DD)	**SCHWEITZER** (CH-OU-AÏT-TZEUR, COMME DANS BUTTER) Schweitzer (ch-vèt-zère, comme dans hiver) SCHWEITZER (CH-OUAÏT-ZEUR, COMME DANS BUTTER)	**ULSTER** (ÂLL-STEU-RR) Ulster (ul-stère) ULSTER (ÂLL-STEUR-RR)
PYJAMAS (PI-DJA-MA) pyjamas (pi-ja-ma) PYJAMAS (PE-DJA-MASS)	**SUTTON** (SÂ-TUNE) Sutton (su-ton), cf. BOSTON... SUTTON (SOTTE-UNE)	**UTAH** (IOU-TÂÂ) Utah (u-ta) UTAH (IOU-TÂÂ)

VOLT (VÔÔL-TT)	WISCONSIN (OUIS-KÂÂNN-ZINE)	ZELLER (ZÈ-LEURR)
volt (vâl-t)	Wisconsin (ouis-kon-zain)	Zeller (zè-lère)
VOLT (VÔÔL-TT)	WISCONSIN (OUIS-KÂÂNN-ZINE)	ZELLER (ZÈLL-EUR)
		ZOO (ZOU)
		Zoo (zo)
		ZOO (ZOUU...)

Anglicismes morphologiques

Les langues sont assimilatrices, c'est normal. Il faut comprendre que les sons ne sont pas partout les mêmes: il y a spécialisation, au sens où chaque langue fait appel à une fraction plus ou moins étendue de ce potentiel, jamais à toute la gamme. On prétend par ailleurs qu'un enfant sans effort dispose de toute cette gamme, et puis qu'en grandissant il perd une partie de son registre. D'où qu'il apprenne tout jeune avec tant de facilité ce qu'il peinera tant, plus tard, à acquérir: les sons de l'autre langue. Très tôt d'ailleurs il se trouve condamné à ne jamais parler celle-ci qu'avec un accent qui le marquera comme allophone. Par contre ses enfants, s'il les élève dans un milieu qui n'est pas celui de leur langue maternelle, n'acquerront, pour ainsi dire, jamais ce signe d'une exclusion qu'ils n'auront pas vécue. Ce qui se vérifie chaque jour chez tous les migrants du monde. L'écriture, pour sa part, on oublie d'y songer, a pour fonction primordiale de reproduire fidèlement la parole parlée, du moins chez nous en Occident, car c'est précisément ce qu'elle ne fait pas en Chine ni en Égypte pharaonique, où l'on attend d'elle qu'elle signifie des idées sans passer par leur inscription phonique. À partir d'un idéogramme, il est impossible de «deviner» sa prononciation. D'où que celui-ci ait une vocation universaliste, chacun pouvant librement le lire à partir de son système de sons. Le français et l'anglais, pour leur part, lisent des sons, leur écriture est contraignante, elle passe par le son pour aboutir à l'idée. On peut parfaitement y lire les sons de l'autre langue sans du tout saisir de quoi ces sons nous parlent. Il n'est d'ailleurs pas nécessaire de comprendre le sens de chaque terme pour saisir celui de la phrase: on «devine» ce qui nous fait défaut.

L'anglais, en Amérique, a été précédé partout par les langues amérindiennes, et localement soit par le français, soit par l'espagnol: celui-là au nord, celui-ci au sud et à l'ouest. La toponymie reflète cette présence: les lieux souvent avaient été nommés déjà. L'anglais ou respecta cette préséance, ou rebaptisa à l'anglaise les accidents du relief ici, là les lieux-dits.

Bâton Rouge demeura, Nieuw Amsterdam non, qui devint New York. Florida, Nevada, California s'installèrent, comme Los Angeles et San Francisco. Naturellement, cela n'empêcha pas les anglophones de prononcer ces termes à l'anglaise, l'espagnol leur étant inconnu. Ce fut une façon comme une autre de réduire l'écart entre prononciation et écriture à sa plus simple expression.

L'anglais agit de même avec le français qu'il trouva sur son chemin. Il prononça dès lors Montréal et Québec comme si ces termes avaient été carrément anglais, et pas du tout étrangers. Il fit de même pour Canada, Saskatchewan et Juneau. Cela est normal, universel, inévitable. Il fit tout ce qu'il put pour leur donner une représentation graphique en harmonie avec cette prononciation. Dans certains cas il ne le put, l'écriture ayant déjà produit des signifiants définitifs. Tel fut le cas de Sioux ou d'Assiniboine, les Français étant déjà passés par là. Ou de Sault-Sainte-Marie. Il ne fut pas toujours possible de réduire un écart manifeste: Sioux devint *sou*, Assiniboine *asiniboyne*, et Sault-Sainte-Marie *sou*... je renonce à évoquer le reste! Naturellement on traduisit le plus possible, la rivière Rouge devenant Red River, la rivière des Français, French River, etc. Ce qu'on ne put manifestement faire ni avec Winnipeg, ni avec Vancouver, ce nom de toute manière étant celui d'un... Anglais! Les Anglais firent d'ailleurs mieux à l'occasion du premier conflit mondial qui les opposa à leurs cousins allemands: lord Battenberg y changea de nom, devint carrément lord... Mountbatten! Berg étant bien sûr le nom allemand de la montagne. Que firent alors les Anglais? Renonçant à l'allemand, ils puisèrent dans les ressources du... français! Cocasse, non? Cela ne prouve-t-il pas combien l'orthographe, loin d'être innocemment «naturelle», est bien plutôt patemment idéologique?

Le français d'aujourd'hui subit lui aussi une grande fascination pour l'écriture, les particularités de l'orthographe anglaise. On sait quelle longue bataille il a fallu livrer pour que *container* devînt tout naturellement *conteneur*! Ou *computer*, *ordinateur*... Et que le passage du *software* au *logiciel* n'est pas allé de soi! Il est d'ailleurs trop tard pour espérer franciser une graphie aussi manifestement absurde que celle de *whisky* ou de *hockey*. On avait, antérieurement, procédé tout autrement, en forçant l'écriture à respecter notre prononciation: ainsi dans le cas de *packet boat*, qui devint *paquebot*, ou dans celui de *riding coat*, qui se fit *redingote*. C'était le bon temps!

Le français du Canada subit pour sa part un tel contact avec l'anglais qu'il en vint à lire l'écriture anglaise... à l'anglaise! Il ne fut donc pas question, assez rapidement, de franciser celle-ci. On alla même parfois, quoique avouons-le rarement, fort heureusement, jusqu'à angliciser le français lui-même. Cela constitue le petit domaine des anglicismes morphologiques.

On s'habitua à tel point à la morphologie anglaise que ses particularités, évidentes pour tout francophone d'ailleurs, en perdirent leur relief. On ne «vit» pas du tout que boulevard, abrégé, ne pouvait pas devenir *blvd*. On ne comprenait pas du tout que cette série de consonnes ne pouvait appartenir qu'à une langue germanique! On mit beaucoup de temps à s'habituer à *boul*.

Je m'étonne encore de trébucher un peu partout au Québec sur des affiches et même des plaques de rue où s'étend sans vergogne un prénom vieux comme la vieille France elle-même, celui de *Roch*, écrit comme s'il était le saint patron du *rock'n'roll* lui-même: *Rock*. Cela m'est d'autant plus dérangeant que je sais bien que *Mark* ne passerait pas! *Rock* doit connoter des valeurs viriles indissociables de l'orthographe anglaise du mot français *roc*! On peut d'ailleurs corroborer cette hypothèse à l'aide d'une publicité entrevue dans la rue principale de Magog: elle annonçait le prix, vraiment alléchant, du... *buck* de bière! Nous y avons forcé les limites de l'anglais, *buck* y désignant le mâle chez les cerfs et un certain nombre d'autres espèces animales. Ce que nous n'ignorons certainement pas! Là aussi la virilité a dû trouver commode d'afficher ses prétentions à travers une orthographe anglaise quelque peu fantaisiste, le mot BOCK étant de toute manière d'origine allemande!

On bute encore fréquemment sur une *defence* ou une *dance*, et même à l'occasion sur un *razoir* particulièrement aiguisé... On hésite entre *bretzel* et *pretzel*... *Which is which*? Je n'arrive pas à comprendre que le mot «abréviation» ait pu donner naissance à ce farceur de verbe *abréger*, et non à l'*abrévier* normalement attendu... et même parfois j'hésite entre abbréviation et abréviation, comme entre symétrie et symmétrie! Dois-je vraiment écrire, absolument, *pique-nique*? Et pourquoi pas le si simple *picnic*? Pourquoi ce trait d'union, ces stupides finales en -que? Déjà Littré ne protestait-il pas contre ce caprice-là?

J'entends autour de moi qu'on mange du *cantaloupe*... Un jour je chantonnerai en public: «Qui a peur du grand méchant loupe, méchant loupe, méchant loupe...» Est-ce manicure?... Ou manucure?... Jurisdiction... ou juridiction? On dit bien jurisconsulte, jurisprudence et... juriste! Je lis qu'on m'interpelle par voie d'affiches manuscrites: *Hey*! Que veut-on dire: HÉ?... ou EILLE? Difficile à prononcer! Je m'étonne de cet incroyable *SHAWINIGAN*...

Vous me direz que c'est de l'indien: je vous rétorquerai que c'est bel et bien de l'anglais. D'ailleurs ce mot-là a récemment perdu son compère, qui était... *Falls*! C'est que *sh* n'est pas français! Consultez le *Petit Larousse*, vous y verrez un nombre infini de *ch*, pour à peine une quarantaine de *sh*, *tous* empruntés à l'étranger. À *shah* on vous renvoie même à... *chah*! Avec raison, évidemment. Le *w* non plus n'est pas français. Regardez à *ouaouaron*. Et surtout cette terminaison en *an* devrait logiquement se lire *an* et non *anne*. Je songe à notre nouvel *an*, ou encore à *caban*, qui n'est certes pas une *cabane*! Ou encore à Mingan, à Manicouagan ou à toboggan. Tout dans la morphologie de Shawinigan évoque l'anglais. Et il en est de même, ô honte, pour le *Natashquan* de Gilles Vigneault! Encore le *sh*, et une terminaison qui gagnerait à se franciser! Comme dans *Matane* ou *Guyane*! Comme dans *savane*.

BLVD.	DÉFENCE	PRETZEL
boul.	défense	bretzel
bd		
BLVD.	DEFENCE	PRETZEL
BUCK (DE BIÈRE)	**HEY!**	**RAZOIR**
bock (mais il s'agit d'une CHOPE...)	hé!	rasoir
BUCK (SANS RAPPORT AVEC LA BIÈRE!)	HEY!	RAZOR
CANTALOUPE	**MANICURE**	**ST-ROCK**
cantaloup	manucure	St-Roch
CANTALOUPE	MANICURE	ROCK
DANCE	**NATASHQUAN**	**SHAWINIGAN**
danse	Natachkouane	Chaouinigane
DANCE	NATASHQUAN	SHAWINIGAN

Anglicismes de maintien

Entre le français et l'anglais, il existe un problème qui brille par son absence entre le français et le chinois. Il est clair comme le jour qu'un emprunt au chinois, quand le français s'avise d'y procéder, n'a que bien peu de chances de passer inaperçu. *Dazibao*, *tao* ou encore *tai-chi* sont vulnérables. L'inverse est vrai: le restaurant *Maxim's* à Pékin, sous son couvert anglais, fait plus français que nature. Tandis que, tout au contraire, il est facile pour des langues indo-européennes, donc frontalières, de se jouer des tours et de s'en tirer.

C'est que l'anglais, depuis que Guillaume, duc de Normandie, a conquis l'Angleterre en 1066 et y a installé une aristocratie qui a parlé français durant plusieurs siècles, l'anglais a massivement emprunté au français. La religion, l'armée, la justice, l'administration, la cour, toute la classe dirigeante parlait français. Et ce d'autant plus que les institutions et le personnel anglo-saxons, balayés en quelques heures à la bataille de Hastings, furent remplacés par les coutumes de Normandie, et par le personnel de la cour du duc de Normandie. Le nouveau vocabulaire ne pouvait être que français, et le demeurer. Tout au plus fut-il très progressivement morphologiquement anglicisé: si toutefois on se donna cette peine!

Le temps passant, les guerres contre le roi de France firent prendre conscience à ces Normands tant de leur enracinement en terre anglaise, que de leurs intérêts matériels, liés au sol de leur nouvelle patrie. Les maîtres de l'Angleterre s'identifièrent de plus en plus à leurs sujets, et adoptèrent lentement la langue, modifiée par le français, de l'écrasante majorité anglo-saxonne de leur île. Il faut comprendre aussi que les mariages «mixtes», d'Anglo-Saxons à Normands, firent que s'interpénétrèrent les langues, et que les enfants furent pour ainsi dire bilingues dès le berceau. De telle sorte qu'au bout de trois ou quatre siècles on ne parla plus que l'anglais dans Albion.

Or qui dit «anglais» ne dit ni «anglo-saxon», ni «norvégien», ni «danois»: toutes langues par ailleurs établies en Angleterre à l'époque de la conquête normande. L'anglais est né dans le creuset issu de la confrontation de ces langues d'origine germanique, et du français d'origine latine. Toutes, d'autre part, partageaient une commune descendance indo-européenne, ce qui rendait à tout jamais inévitable un incontournable air de famille dans tout emprunt que l'une s'aviserait de faire à quelque autre que ce fût.

Ainsi donc l'emprunt parut et fut naturel, facile, profond. L'anglais, et en cette matière l'allemand peut lui servir d'éloquent repoussoir, est une langue dont la structure syntaxique est germanique, et le vocabulaire à moitié français. S'il est si malaisé pour un francophone d'apprendre l'allemand, c'est que le vocabulaire de cette langue dresse au premier abord un formidable barrage devant sa bonne volonté. L'inattendu, et l'on comprend maintenant pourquoi, est que l'anglais lui paraît plus proche de l'espagnol et de l'italien, ces langues romanes, que de l'allemand! Et c'est vrai, quoique d'une vérité partielle. L'Anglais, pour sa part, devinant, c'est sa chance, tout autant ce que lui raconte un texte allemand qu'un texte français! Ce sont là ses deux familiarités linguistiques: on en a vu la raison historique.

Le résultat le plus tangible de ces emprunts non seulement systématiques mais étendus sur plusieurs siècles se trouve dans l'extension considérable du vocabulaire anglais actuel, composé pour une part inconnue des autres langues européennes de doublets à vocation différente: soit d'un côté un mot d'origine germanique, par exemple *town*, et de l'autre un mot d'origine française, comme *city*. Le fait qu'ils désignent chacun une réalité distincte permet à l'anglais d'articuler une loi dite des *towns* and *cities*. Ceci dit le mot *ville* ne lui est aucunement inconnu: en témoignent, en Ontario, *Brockville* et *Belleville*, au Québec *Drummondville* et *Schefferville*. Existent aussi *Nashville* et *Jacksonville*, chez nos voisins, etc. Mais ce n'est pas tout. Le germanique lui ayant légué *burg*, comme dans *Hamburg*, les Anglais en ont fait *bury*, comme dans *Sudbury*, et *Borough*, comme dans *Scarborough*. L'anglais d'Écosse, de son côté, y ajouta, par coquetterie séparatiste sans doute, un H, et cela fit naître *Edinburgh*. Or à côté de cette mosaïque de signifiants subsiste assez de place pour accueillir le *hamlet* venu du germanique (nous en avons quand même tiré notre *hameau*), ainsi que le *village* venu du français, sans oublier *community, municipality*... Je pourrais continuer... mais préfère m'arrêter, avant de déclencher une avalanche!

Bref, l'anglais ayant sans mal accueilli des légions de mots français, pour aussitôt les spécialiser, non seulement n'y perdit rien au change, mais acquit du même coup le vocabulaire le plus riche de l'Occident: et le plus précis, tous ces vocables refusant de se marcher sur les pieds les uns des autres.

Pour des raisons historiques bien attestées le français ne lui emboîta pas le pas. Il fut d'abord durant des siècles la langue prêteuse par excellence, les siècles du «moyen âge», et n'emprunta guère durant ce temps. La Renaissance par contre fit de l'italien la source des emprunts qui pullulèrent à Paris, sans pour autant dépasser les bornes du vocabulaire savant qu'elle visait avant tout. Le français de tous les jours, celui de la province, n'en sentit guère les effets. Ce qui caractérisa par contre le français entre la Renaissance et le XVIIIe siècle, dit «classique», représente une compression de grande ampleur, accompagnée de contraintes qui s'exercèrent tant sur les mots, divisés en nobles et vulgaires, que sur l'orthographe, définitivement enrégimentée. Pour s'en convaincre il suffit d'ouvrir Rabelais, qui écrit vers 1550, et Racine, qui écrit quelque cent ans plus tard. Nous y passons du vocabulaire le plus riche imaginable, le plus shakespearien qui soit, d'une générosité inouïe, au vocabulaire le plus pauvre qui soit, le plus étriqué, le plus mesquin. Or c'est ce dernier que, depuis lors, on nous a donné comme modèle... Cela est d'autant plus fâcheux que s'il existe une langue, dans toute la littérature française, qui cause comme on bavarde au Québec, ma foi, elle ne peut être que celle de Rabelais!

Non seulement le français a-t-il décidé de sabrer dans son héritage national, de persécuter tous les doublets qu'il trouverait dans son legs le plus précieux, mais encore il alla beaucoup plus loin et, devenu fou, se mit à tirer sur tout ce qui bougeait autour de lui. Cela l'amena à persécuter le français du peuple de Paris, qualifié de «populaire», de même que celui de ce qu'il appela avec mépris «la province», confondant en un tout imaginairement homogène les cent «provinces» qui avaient toutes et chacune leur façon unique de babiller ferme à l'intérieur des frontières généreuses du français. Ce fut l'époque, qui dure toujours, et comment donc! de la camisole de force linguistique. Nulle part ailleurs en Europe on n'avait vu rien de pareil. Il fallut tout à coup «apprendre» sa langue maternelle, et à l'école en plus, comme au collège, y consacrer de rudes et longues années... On fit même courir le bruit que sans la maîtrise du... latin, il était impossible d'écrire convenablement en... français! Un vent de folie déferlait sur la France... il atteignit les rives du Saint-Laurent, comme bien vous devez l'imaginer! La folie étant... contagieuse!

Il en découla une notion étrange autant que dévastatrice, bien catholique par ailleurs, celle de la *faute*: parler, au sens le plus simple du terme, devenait le lieu même de l'occasion prochaine (immédiate...) de *pécher*! Les fautes furent même si nombreuses, si inévitables, que pécher devint notre pain quotidien: il suffisait d'ouvrir la bouche... Parler allait-il devenir condamnable? Allions-nous être condamnés au silence? Ma foi... De leur côté, tout au contraire, les Anglais, lancés à la conquête de la terre entière, multipliaient les emprunts qu'ils pillaient aux quatre coins de notre monde. Et leur vocabulaire d'enfler, d'enfler... en même temps que le nôtre se dégonflait, se dégonflait...

Ce n'est pas tout. Notre langue, depuis 1763, année du traité de Paris, celui-là même qui nous a gentiment remis au roi d'Angleterre, n'a plus subi l'influence du français de France. Or il a évolué singulièrement! À travers la révolution politique de 1789, qui bouleversa toutes les institutions, comme à travers la révolution industrielle, à partir de 1850, qui bouleversa tout économiquement. Chez nous, politiquement, ce fut le grand calme. Et industriellement, ce fut le raz-de-marée de l'anglais, langue des affaires!

En ce qui nous concerne, relativement à la matière de ce chapitre, consacré aux anglicismes de maintien, nous dirons que le divorce qui nous coupa des événements violents que la France allait vivre pendant une centaine d'années, entre 1789 et 1870, la double révolution qui lui donnerait son visage moderne, creusa l'écart qui sépara toujours plus notre français d'Ancien Régime de son français nouvellement forgé. À quoi s'ajoute ici l'anglais de la vie économique. Mais déjà, à la maison, notre français «vieillissait», en ce sens qu'en France s'imposaient toutes sortes d'expressions et de termes nouveaux. Or paradoxalement, vous le verrez, ce qui a renforcé notre parlure à l'ancienne, nous amenant à voir dans le français «des vieux pays» un langage de plus en plus curieux, a été l'anglais lui-même. Souvenez-vous combien celui-ci avait longtemps et profondément puisé à la source du français, de ce «vieux» français qui était bel et bien le nôtre! Fallait-il s'étonner qu'il existât de si constantes similitudes entre la langue du conquérant et celle des conquis?

Toujours est-il que, pour le meilleur ou pour le pire, comme on voudra, l'anglais nous a souvent compliqué notre alignement sur Paris. On peut même penser que sans les médias, et spécialement les médias audiovisuels, les chances de survie du français au Canada étaient fort minces! Ceci dit, regardons notre langue la plus traditionnelle, nous y verrons agir l'influence conservatrice de l'anglais.

Je vois mal, par exemple, et au niveau le plus simple, comment nous aurions pu faire de notre *souper* le dîner qu'il est devenu en France, l'anglais persistant à l'appeler *supper*; ni comment notre *soupe* aurait pu se faire, dans la plupart des cas, potage, l'anglais s'en tenant à *soup*... Il en alla de même exactement pour notre *breuvage*, que l'anglais persista à appeler *beverage*, terme couramment utilisé dans tous nos restaurants et cafés, et ce depuis toujours. On doit se rappeler que ces établissements ont longtemps, même dans les quartiers les plus francophones, été tenus par des anglophones; que ceux-ci y rédigèrent longtemps une carte et des menus exclusivement en anglais, et que le français y fut des décennies durant la langue des mauvaises traductions qu'on en fit en maugréant. Dès lors, *supper, soup* et *beverage* y devinrent tout naturellement ce que l'on sait. Que l'on songe seulement à la célèbre soupe au *barley*...

Que nos œufs, d'autre part, ne soient jamais des œufs au plat, ou sur le plat, me ferait justement penser qu'en anglais ils sont constamment dits *frits*... ce qui nous va certes comme un gant! N'en alla-t-il pas de même pour nos *patates pilées*? L'Anglais a fait du terme de *purée*, qu'il connaît parfaitement, un mot rare, réservé à la cuisine des circonstances exceptionnelles. Quant à «mousseline»... que l'anglais utilise également, on ne l'accommode évidemment pas à toutes les sauces! Ce qui m'amène, incidemment, à relever le verbe *accommoder*, que le français actuel réserve à la gastronomie, contrairement à l'anglais, qui lui donne le sens de «bien traiter» quelqu'un, de «rendre service» à un client. Or tel était exactement le sens de ce verbe en français autrefois! Si bien que nos *accommodations*, rebaptisées *dépanneurs*, témoignaient de notre vive sensibilité pour ce «vieux» sens demeuré ici toujours «jeune». Il en va de même pour notre *limonade*, métamorphosée en France en Seven Up, ou de nos *liqueurs fortes*, telles toujours ici que les appelait et les buvait le célèbre Vautrin, à l'époque de Balzac! Et l'anglais s'en souvient! Il y a dans ces vieillotismes du français canadien quelque chose qui s'«accommoderait» fort bien du terme fort expressif d'«anglicitude»!

Car il arrive même à l'anglais d'avoir meilleure mémoire que nous! Il tient toujours à ses «vessels», ses récipients de cuisine, là où nous avons «brûlé nos vaisseaux»... ceux-là mêmes dont ma mère se servait couramment. Il s'agrippe à la «taverne», il conserve toujours son «barber», or nous les avons récemment trahis pour la brasserie et le coiffeur! Mais voyez la générosité de l'anglais, qui atteste dans tous ses dictionnaires sa connaissance du «coiffeur»... et même celle de la «haute coiffure»! Il possède par conséquent *barber, coiffeur, hair dresser* et *hair stylist*!

L'anglais n'a pas agi que dans le cadre de la restauration et des cuisines... Il a maintenu notre faculté des arts, a fait de nous des gradués, nous a permis de *passer* un examen, quand nous le «réussissions». Il nous a fait rouler sur des chemins de *gravelle*, une gravelle extraite de nos *pits de gravelle*... Il a maintenu la *bourse* dans ses prérogatives plusieurs fois centenaires, contre le «sac» vidé de sens par ses innombrables fonctions... Il continue à nous faire travailler dans des *manufactures*, où nous *paquetons* des produits, *possiblement* des *mitaines*... et cela jusqu'à ce qu'elles soient *discontinuées*...?

Plus cruellement pour les puristes, on doit constater que la célèbre *mappe* de nos désirs est d'origine bien française, de même que cet *itou* dont on continue communément à croire qu'il provient du ME TOO de nos compatriotes... Mieux encore, nos *pavages* n'avaient il n'y a pas si longtemps pas même besoin d'être faits de *pavés*... L'asphalte pouvant fort bien leur convenir! Innombrables sont les exemples d'utilisation du mot *argent* au pluriel... comme en anglais! Multiséculaire et toujours vivant le bon vieux verbe *se mouver, mouver*, qui ne nous a pas du tout été imposé par l'anglais *to move*! Non plus que notre *bois de corde* ne l'a été par *cordwood*, ce bois que l'on mesurait jadis *à la corde*...

Et, croyez-moi, j'en passe! Des centaines de vieux mots, appuyés sur l'anglais, ont fait front à la modernisation qui les a refoulés dans «la province» avant de les chasser dans «les campagnes», souvent juste avant qu'ils n'y meurent des assauts répétés de Paris. Comment résister à l'école, au service militaire, à la presse et aux médias!

À ce sujet rien de plus tonique, à ma connaissance, et même de *nécessaire*, que la lecture attentive du dictionnaire d'Émile Littré. Il peut paraître dépassé, ayant paru vers 1875, mais tel n'est pas le cas. Il ne répond naturellement plus que partiellement à nos besoins actuels, mais là n'est pas la question. Car il nous renseigne très pertinemment sur l'état de la langue française telle qu'on estimait qu'elle devait être à Paris sous le Second Empire et la Troisième République. Et force est de reconnaître qu'elle nous ressemblait, sous maints aspects, souvent d'ailleurs ceux-là mêmes que l'on attribue bien à tort à l'influence de l'anglais. Littré nous prouve qu'il n'en est rien, et d'autant mieux que chacun de ses articles, par ailleurs autant de modèles de simplicité et de clarté, de quoi largement faire la leçon au *Robert*, soit dit en passant, se clôt sur une longue série de citations extraites d'auteurs français qui s'échelonnent depuis le moyen âge jusqu'au XIXᵉ siècle. Tout autre chose que les maigres assaisonnements de nos dictionnaires actuels, d'autre part si encombrés de signifiants techniques et scientifiques parfaitement superflus dans un «petit» ouvrage de référence.

ACCOMMODER rendre service à... TO ACCOMMODATE	**BOURSE** sac PURSE	**GRAVELLE** gravier GRAVEL
BARBIER coiffeur BARBER	**BREUVAGE** boisson BEVERAGE	**ITOU** moi aussi ME TOO
BOIS DE CORDE bois de chauffage CORDWOOD	**DISCONTINUER** abandonner (une production) ne plus faire TO DISCONTINUE	**LIMONADE** citron ou orange pressé(e) LEMONADE

LIQUEUR FORTE alcool HARD LIQUOR	**PAQUETER** empaqueter TO PACK UP	**POSSIBLEMENT** peut-être POSSIBLY
MANUFACTURE fabrique usine MANUFACTURE	**PASSER** UN EXAMEN réussir un examen TO PASS AN EXAM	**SOUPE** potage, parfois SOUP
MAPPE carte MAP	**PATATES PILÉES** pommes purée purée de pommes de terre pommes mousseline MASHED POTATOES	**SOUPER** dîner TO HAVE SUPPER
MITAINES moufles MITTENS	**PAVAGE** revêtement PAVING	**TAVERNE** TAVERN
MOUVER, SE MOUVER grouiller, se grouiller TO MOVE	**PAVÉ** chaussée PAVEMENT	

Anglicismes typographiques

Qui s'y frotte s'y pique... et tout n'est pas rose, en matière de frotti-frotta culturel médiatique! Il est certain que celui qui exporte ce qu'il écrit (mais pas seulement ce qu'il écrit) a toutes les chances du monde de provoquer une vague de plagiat irrésistible. De nos jours, ce qui s'exporte, c'est l'anglais américain. Cela est très facilement vérifiable: le code typographique n'étant pas le même dans le monde britannique. Or c'est certainement le code américain qui fait fureur et chorus. J'en prends à témoin la remarquable extension, au détriment de la livre sterling, du dollar américain, au sein même de l'Empire britannique: au Canada, cela va presque de soi: mais en Australie! Mais en Nouvelle-Zélande, à Hong Kong, en Éthiopie et à Singapour! Il vole, le dollar, depuis la Bohême où il est né, et à tire-d'aile, fait le tour du monde! Et naturellement il diffuse partout son signe typographique, le $, qui y a même récemment perdu une de ses barres verticales, si bien qu'on risque fort de perdre le souvenir de ses origines, les lettres initiales des United States superposées.

Le français, par ailleurs, a coutume de postposer la marque de la devise, dans l'écriture d'un montant quelconque, contrairement à l'anglais, qui l'antépose. Ce qui, évidemment, explique que nous ayons: a) tardivement renoncé à la seconde barre verticale; b) de même qu'à l'antéposition du signe tout entier; c) et dans tous les cas antéposé tous les signes de devises, quels qu'ils aient été. Voilà donc un exemple complexe d'anglicisation (il vaudrait mieux parler ici d'américanisation) typographique. Nous sommes évidemment ici au cœur des anglicismes de culture, je le dis même s'il va de soi que toute forme d'anglicisation relève forcément du domaine de l'acculturation / déculturation des Québécois. Le tout au profit de l'américanisation galopante du monde actuel, dont bien sûr la langue fait partie. Nous avons par ailleurs écopé du signe des cents, que le français ne connaît pas, non plus que celui, inexistant, des centimes, etc. Notre temps, via le latin, ce qui ne change rien à l'affaire, s'est vu départagé en anglais entre une ère actuelle dite «anno domini» et une autre, antérieure, dite «before Christ»: A.D. et B.C. Acquérir le réflexe qui facilite l'écriture des équivalents français: av. J.-C. et ap. J.-C., ne va pas sans tiraillements neuromusculaires. Nos heures ont suivi, toute notre journée a été scindée: ici, en anglais mais toujours grâce au latin, dite «ante meridien», et là «post meridien»: A.M. et P.M. Le français pour sa part ayant recours aux vingt-quatre heures du cadran. Règle à laquelle d'autre part ne manquent de se plier ni les forces armées des États-Unis ni celles de Grande-Bretagne. Dernier coup de chapeau au latin, avant de le quitter: saluons le «id est» omniprésent, bel exemple de simplicité, opposé au très compliqué c.-à-d.: un i.e. qui n'en est pas moins «anglais» pour être si parfaitement «romain» dans son caractère lapidaire!

Il y a quand même plus curieux, en ce domaine: celui de nos noms de famille anglicisés typographiquement. Car enfin, sauf bien rares exceptions, tous nos Saint-Pierre, Saint-Jean, et Saint-Jacques ont été mutés en St-Pierre, St-Jean et St-Jacques, ce qui est absolument contraire à l'usage français relatif aux patronymes. Phénomène auquel l'anglais, qui écrit St. Clair, St. George ou St. James, a bien dû être pour quelque chose! Aurait-on procédé à cette amputation au moment de composer les premiers annuaires des téléphones? Il paraît qu'on n'y trouvait pas même les accents indispensables au français! Une incursion dans l'annuaire de n'importe quelle ville du Québec, parmi ses colonnes de Saints, est très instructive. On y constatera, entre autres, que jamais un Saint anglophone n'y est représenté autrement que par un «St.». Ceci dit, nous avons tous un jour ou l'autre buté sur un Saint dont l'abréviation portait non un trait d'union, mais un point. Autre anglicisme, courant sur les plaques de rue anglophones, où la rue Sainte-Catherine devient St. Catherine St.

Belle occasion de rappeler la célèbre bataille qu'il a fallu livrer aux *Blvd.* et aux *Ave.* qui fleurissaient jusque dans le moindre de nos villages, broutilles dont les villes se sont aujourd'hui débarrassées, mais non, à ce jour encore, les plus petites d'entre elles, qui traînent la patte. Il y eut bien sûr d'autres affrontements. La presse, par exemple, a troqué les guillemets anglais (la double apostrophe) contre les français (le double chevron) au moment où l'informatisation semble nous imposer l'apostrophe inversée! De même la bataille contre le point placé avant la décimale, dans un nombre, pourrait bien être perdue, l'Amérique, comme ils disent, le préférant à la virgule du défunt système métrique pourtant né en France et responsable de la naissance du système «international». Il y a de l'«hommerie» même dans les systèmes symboliques en apparence si peu politisés!

Nous manipulons évidemment des chiures de mouches, ce qui risque d'échauffer les oreilles des praticiens pratico-pratiques d'une langue ordonnée à des fins comptabilisables, mais enfin. Notons quand même en passant l'abréviation des millésimes: comme dans «summer of '42», qui ne prend jamais l'apostrophe: ce dont témoigne «la guerre de 14-18». Notons le P.S. qui, lui, prend toujours le trait d'union: P.-S.; et le numéro : NO. en anglais,

N° ou n° en français. Deux fois rien, il est vrai: mais assez curieusement, en matière de langue, les petits riens tout nus habillés en bleu finissent par faire un malheur, comme les éléphants lâchés dans un magasin de porcelaine. Mieux vaut prévenir (le cirque) que de recoller (les morceaux).

La France, enfin et en dernier lieu, a tendance à fermer les yeux, c'est-à-dire à les écarquiller, et à laisser passer, fascinée, quelques accrocs. On trouve parfois la «company» représentée par le CO. très britannique. Il faut dire, à sa décharge, que depuis belle lurette la France n'a plus recours à ce terme pour elle désuet, qu'elle a remplacé par «société». De même l'appellatif Monsieur est-il fréquemment abrégé en Mr., et non en M. Il est vrai que dans une suscription la politesse exige que ce terme soit écrit au long, et aussi qu'autrefois le français lui-même l'abrégeait bel et bien en Mr.

La brèche est quand même de plus de conséquence quand ils écrivent c/o pour chez ou aux bons soins de... Ou encore, Made in Japan oblige, FM pour modulation de fréquence... Je sais, c'est plus court! Je propose par conséquent, time being money, qu'un congrès international, tenu à Washington, institue le code international des abréviations et des sigles mondiaux, composé sous forme de macédoine de tout ce qu'on aura trouvé dans l'univers entier de plus court et donc de plus rentable...

Et puis avez-vous remarqué cette espèce de cancer qui défigure les titres de nos publications, en y faisant débuter chaque mot, même le plus court, par une majuscule? Is This Not What The English Do? Mais non les Français?

Enfin. Jusqu'à nouvel ordre.

Such is life!

A.D.	AVE.	C/O
ap. J.-C.	av.	chez... aux bons soins de...
A.D.	AVE.	C/O
A.M.	BLVD.	FM
de 0 h à 11 h 59	boul. bd	modulation de fréquence M.F.
A.M.	BLVD.	FM

"GUILLEMETS" «guillemets» "QUOTATION MARKS"	**P.M.** de 12 h à 23 h 59 P.M.	LA PAROISSE **ST. PIERRE** la paroisse St-Pierre ST. PETER'S PARISH
Mr. M. Mr.	LA PROMOTION **'96** la promotion 96 CLASS OF '96	JEAN **ST-PIERRE** Jean Saint-Pierre Jack ST. JAMES
NO. N° n° NO.	**P.S.** P.-S. P.S.	**$15.20** 15,20 $ $15.20
		"Chimie Inorganique et Organique pour les Étudiants des Écoles Secondaires" Chimie inorganique et organique pour les élèves des écoles secondaires Inorganic and Organic Chemistry for Secondary School Students

Anglicismes de marque

Que certains produits nouveaux créent au moment de naître une situation de monopole durable peut à long terme se révéler nuisible pour ceux-ci. C'est que leur nom, qui est théoriquement protégé puisqu'il constitue une marque de commerce, prend vite des allures de nom commun. Après un certain nombre d'années le mot KLEENEX, par exemple, se mit à désigner très indifféremment n'importe lequel des produits lancés sur le marché du mouchoir de papier précisément pour lui faire concurrence.

Le phénomène est en soi anodin, du moins si vous n'avez pas à en souffrir commercialement parlant. Il ne touche, cela va de soi, qu'un nombre infiniment peu étendu de mots courants. Du point de vue de l'anglicisation, toutefois, il joue son petit rôle et accroît notre aliénation. Cela devient apparent le jour où nous devons désigner nommément le produit jusqu'alors évoqué par sa seule marque. Or justement, qu'est-ce donc qu'un KLEENEX?...

Le plus simple, pourrait-on croire naïvement, pour l'apprendre, ne serait-il pas de jeter le plus furtif des coups d'œil à l'emballage de la chose? En anglais, sans doute! Vous y lirez PAPER TISSUE. Pas en français! Ce «tissu»-là nous a donné bien du fil à retordre. L'emballage contient en effet non des «papiers tissus» ou «tissus de papier», mais des *mouchoirs de papier*... N'est-ce pas là une évidence... aveuglante?

Il existe ainsi une série d'énigmes linguistiques fort embarrassantes. Elles témoignent de notre gêne proverbiale non tant devant les choses, qui surabondent plutôt de familiarité, que devant leur nom. On se reprend d'habitude en ayant recours à leur description! Cela fait des conversations animées, soit. Mais lorsqu'il faut écrire? Comment dire PRESTO? Et si ce terme vous paraît trop relever d'un vocabulaire spécialisé, que pensez-vous de JELL-O? Vous diriez ça comment? Comment dire «un JELL-O... ZEL»?

J'entends qu'on hésite souvent à la porte du FRIGIDAIRE. Il est vrai que *réfrigérateur* impressionne. On ignore donc le si simple *frigo*? Il est courant. On fait erreur quand il s'agit de convertir l'ELECTROLUX en *aspirateur*. C'est que parfois on lui donne son appellation anglaise, VACUUM, parfois on le confond avec la *balayeuse*, dont la fonction est de nettoyer les chaussées de nos voies urbaines. Une balayeuse dans le «salon» d'un «quatre et demi», ça n'est pas évident!

En principe le BISSELL débouche sur un blanc: on se creuse la cervelle. Qu'est-ce que ça peut bien être, en français, ce truc-là? C'est comme le S.O.S. La publicité, qui en abuse, nous a appris qu'on s'en procure sous forme de petits hérissons appelés tampons, cela est bien... mais des tampons composés de quoi? On a cru qu'il s'agissait de laine d'acier. Évidemment à cause de STEELWOOL. Erreur! Il s'agit plutôt de *paille de fer*.

Je parie que votre embarras serait bien grand si je vous demandais, mais vraiment de toute urgence, ça presse, ça urge, comment on dit en bon français des LIFESAVERS, de la VASELINE, une SKIL SAW ou une ECONOLINE... Songez donc qu'il existe des Econoline... TOYOTA! De même que des JEEP TOYOTA! Une merveille à peine concevable! Des véhicules à deux têtes et (sans doute) à huit roues motrices! Que penser de ce tour de passe-passe qui fait d'un SKIDOO un SKIDOO YAMAHA?

Il en existe d'autres. Vous vous amuserez sans peine à en faire le tour. Amusez-vous aussi, c'est autrement instructif, à tenter la périlleuse expérience de leur donner leur nom français...

Bonne chance!

BISSELL	ELECTROLUX	JEEP
balai mécanique	aspirateur	tout-terrain
ECONOLINE	FRIGIDAIRE	JELL-O
fourgonnette	frigo	gelée

KLEENEX	SKIDOO	VASELINE
mouchoirs de papier	«motoneige» scooter des neiges	
LIFESAVERS	SKIL SAW	
	scie circulaire	
PRESTO	S.O.S.	
cocotte-minute autocuiseur	tampons à récurer	

DEUXIÈME PARTIE

Les idiotismes

Qu'est-ce qu'un idiotisme?

Non, non, ne craignez rien! Il ne s'agit pas ici des faits de langue qui caractérisent le langage des idiots!

Idiotisme vient du grec, il désigne tout usage particulier à l'intérieur d'un usage général.

Au sein de la langue française, par exemple, il existe des usages locaux, propres à la Belgique, à la Suisse, au Canada, etc. Autant d'idiotismes.

Dans cette section nous passerons en revue les faits de langue qui nous caractérisent, si nous voulons bien faire abstraction des anglicismes.

Ajouts

Qu'est-ce qu'un ajout? Eh bien, ce qu'on ajoute, tout simplement, à quelque chose que l'on possède déjà, qui est un signifiant parfaitement adéquat. À quoi bon posséder deux termes plutôt qu'un? Parce que c'est comme ça: parce qu'il en existe deux, courants l'un comme l'autre, et puis qu'on n'y peut rien!

Je sais que l'on parle à Radio-Canada, entre 16 et 18 heures à peu près, des *bouchons* qui ralentissent la circulation soit sur les autoroutes, soit aux abords des ponts. Il est clair qu'il s'agit d'un DOUBLET, *embouteillage* existant déjà. Parfois il y a rivalité entre deux termes, l'un finissant par expulser son opposant: tel a été le cas d'*autoroute* et d'*autostrade*. À Montréal, pour quitter l'autoroute on a recours à une *sortie*: à Ottawa, à une *bretelle*. Le français connaît en effet les deux termes.

On *empèse* ici un collet de chemise, et là on l'*amidonne*. On *cire* ici un parquet, et là on l'*encaustique*. Au *macho* fait écho le *phallo*... Tel appareil peut être dit *hors d'usage*, comme *hors service*: c'est qu'il est *détraqué*, ou *déglingué*. Quand les doublets se dédoublent... D'un niveau de langue à l'autre, on use et abuse en effet des doublets! *Mis à pied* ici, *viré* là. Être *à temps*, c'est parfois être *dans les délais*. Le *meuble de coin* peut se faire *encoignure*, le papier *ligné* peut être *réglé*. Le *camp de vacances*, *colonie de vacances*, le *lit de camp*, *lit de sangle(s)*.

Entre la *glace* et le *miroir*, fréquemment le français hésite. Sans doute l'anglais *mirror* nous a-t-il facilité le refus de la *glace*. Notre miroir est en effet indélogeable. Peut-être l'anglais *ice* a-t-il donné à notre *glace* son sens équivoque? Car nous tenons autant à notre *crème glacée* qu'à nos *vitres*, par exemple celles de nos voitures. L'anglais de même manière, en nous refilant son *ticket*, à peine nous a-t-il permis la familiarité avec la *contravention*. Mais tant le *P.-V.* que le *papillon* nous sont demeurés lettre morte. Tous les ajouts ne sont pas recevables!

Au *furoncle* nous préférons, avec une forte dose de gros bon sens, le bon vieux *clou*. À la *pastèque*, le *melon d'eau*. Aux *accus*, la *batterie*. Encore à cause de l'anglais? Il se peut évidemment que le *watermelon* et la *battery* y soient ma foi pour quelque chose. Mais l'anglais n'est pour rien dans notre préférence marquée pour le *Plein-Jour*, pourtant une marque déposée, au détriment du *voilage*, comme dans la prédominance écrasante des *boiseries* et la défaite consécutive des *lambris*. De même les *bois* de nos orignaux ne sont-ils jamais des *massacres*, ni nos *balanciers* d'horloge des *pendules* au masculin.

Autant d'ajouts pourtant on ne peut plus légitimes, et courants, mais ailleurs! Avouons qu'ils ne sont guère nombreux, ni stratégiquement indispensables. Qu'à cela ne tienne: «Rien de trop» ne constituerait-il pas, pour l'amant du langage, la plus noble des devises?

ÊTRE À TEMPS	BOIS (D'ORIGNAL, ETC.)	CIRE (À PARQUET, À MEUBLES)
être dans les délais	massacre	encaustique
AJOUT	AJOUT	AJOUT
UN BALANCIER (D'HORLOGE)	BOISERIE	CLOU (ABCÈS FERMÉ)
un pendule	lambris (et lambrisser)	furoncle
AJOUT	AJOUT	AJOUT
BATTERIE (DE VOITURE, ETC.)	CAMP DE VACANCES	CONGÉDIER QUELQU'UN
les accus, pour accumulateurs	colonie de vacances la colo	virer quelqu'un sacquer quelqu'un
AJOUT	AJOUT	AJOUT

UN AVIS DE **CONTRAVENTION** un P.-V. (procès-verbal) AJOUT	**HORS D'USAGE** hors service AJOUT	UN **MEUBLE DE COIN** une encoignure AJOUT
UN AVIS DE **CONTRAVENTION** un papillon AJOUT	DU PAPIER, UNE FICHE **LIGNÉ(E)** du papier, une fiche réglé(e) AJOUT	UN **MIROIR** une glace AJOUT
UN MÉCANISME **DÉTRAQUÉ** un mécanisme déglingué AJOUT	UN **MACHO** un phallo AJOUT	UN **PLEIN-JOUR** un voilage AJOUT
EMBOUTEILLAGE bouchon de circulation AJOUT	UN **MELON D'EAU** une pastèque	

Amérindianismes

Je ne sais pas s'il existe dans votre esprit, comme dans le mien, un problème amérindien, j'entends, naturellement, un problème linguistique, étant donné que j'habite loin du pont Mercier. C'est que les mots d'origine indienne qui sont à ma libre disposition non seulement sont rarissimes mais ne veulent rien dire. Ils n'évoquent rien, pour la plupart: comme autant de purs signifiants, en attente de signifiés repérables.

J'ai dû, à ma première lecture d'*Agaguk*, par exemple, renoncer à comprendre de quelle nature est le pemmican dont on se nourrit quand on est en expédition loin de la civilisation. Même le dictionnaire n'a pu me permettre d'imaginer l'apparence, la consistance, la couleur ou l'ardeur de la chose, qui est une viande séchée et pressée, par ailleurs d'origine animale énigmatique. Du bison? Du caribou? C'est une viande pour moi irréelle.

Remarquez, parfois on croit savoir de quoi ont l'air les choses ou les êtres, mais... de quoi peut bien avoir l'air un Sioux? Pas la moindre idée. À vrai dire j'arrive beaucoup plus facilement à me représenter un Navajo du sud-ouest des États-Unis, pour avoir vu des photos de leurs enfants dans leurs pueblos. Quant aux Hurons, dont le nom n'est même pas amérindien, je suis allé leur rendre visite à Loretteville, qui n'est même pas un nom amérindien, et j'ai trouvé des gens qui n'avaient même pas l'air amérindien.

Ce doit être comme un chromosome qui me fait défaut. C'est pareil pour les poissons. Je verrais un *maskinongé*, une *ouananiche* me frétillerait de la queue sous le nez que je n'y verrais, ma foi, avec un peu de chance, qu'un brochet et un saumon. Quant à l'*achigan*, j'ignore quelle tête il a, sinon qu'il doit tirer sur le noir, vu que les Français l'appellent *black-bass*, ce qui est une manière d'insulte linguistique à notre égard, avouons-le. Mais comme ils appellent de plus en plus la Manche le Channel et qu'ils ont baptisé le train qui la traverse dans un tunnel «le Shuttle», je pense que ça leur échappe complètement. Un cas d'Alzheimer national, je suppose. Triste fin d'un grand peuple.

Le *ouaouaron*, bien que je vive à la campagne, mugit, paraît-il, et je n'en sais rien. Peut-être l'ai-je, une ou deux fois, entendu. Difficile de savoir quand on ne sait pas. Évidemment je «sais» ce qu'est un *caribou*: comme je «sais» ce qu'est un renne. Mais c'est un dessin dans ma tête, je n'en ai jamais vu. Enfin, c'est quand même mieux que ce que je peux «savoir» du *carcajou*, ou du *pichou*: mais j'avoue n'avoir aucune expérience concrète ni du *blaireau*, ni du *lynx*. Je vis tout près de la frontière américaine.

En somme, en matière d'amérindianismes, tout Québécois que je sois, je ne dispose d'aucune fraction de longueur d'avance sur nos cousins de France. Je sais très bien ce qu'est un vrai mocassin: je sais aussi que c'est le nom que nous devrions donner à nos «loafers». La nature du *sachem*, celle du *manitou* m'échappent. Je ne connais bien, c'est mon unique avantage, et j'en profite autour du 25 décembre et du 1er janvier, que la confiture d'*atacas*. Il paraît que tout là-haut en Finlande les Lapons en accommodent les grillades de caribou.

Je me demande bien si c'est bon?

ACHIGAN	CARIBOU	MOCASSIN
black-bass perche noire	renne	
AMÉRINDIANISME	AMÉRINDIANISME	AMÉRINDIANISME
ATOCAS ou ATACAS	MANITOU	OUANANICHE (n.f.)
canneberges		(saumon d'eau douce)
AMÉRINDIANISME	AMÉRINDIANISME	AMÉRINDIANISME
CARCAJOU	MASKINONGÉ	OUAOUARON
blaireau du Labrador	(sorte de brochet géant)	grenouille mugissante grenouille-taureau
AMÉRINDIANISME	AMÉRINDIANISME	AMÉRINDIANISME

PEMMICAN	PICHOU	SACHEM
(viande concentrée et séchée)	lynx du Canada	(sage vieillard)
AMÉRINDIANISME	AMÉRINDIANISME	AMÉRINDIANISME

Archaïsmes

Voilà un terme dont il y a lieu de se méfier, et diablement! Il recèle en effet sa part de mirages, dans ses profondeurs, pour ne pas dire ses caves, j'entends. Car où donc l'«archaïté» commence-t-elle? À la Renaissance? Non, car le moyen âge, comme on le répète si malement, en fait de plein droit partie. Il n'y a qu'à voir combien la lecture des grands textes de cette «époque»-là nous torture la jarnigoine. Non pas seulement Rutebeuf, du XIIIe siècle, mais Villon encore, du XVe, et tous les autres. Mais pour, non pas lever, mais soulever un brin cette difficulté qui nous «étrange» les cinq premiers siècles de notre patrimoine, c'est bien simple, il suffit de lire à haute voix ces textes qui étaient faits pour cela même! Une chanson de geste, un roman de Chrétien de Troyes sont de cette manière incroyablement accessibles! Essayez voir.

Naturellement on y fait tout de suite son plein d'archaïsmes de la meilleure race! C'est que les institutions de cette haute époque ont vécu, et que leurs subtilités nous échappent. Un DAMOISEAU, et plus encore un DAMOISEL, n'a pas un sens immédiat, qui en fasse, par exemple, autre chose qu'un BACHELIER ou un PUCEAU. Un BEAU DOUX FILS, et ça revient à chaque tournure de page, n'est pas un BEAU-FILS qui serait doux par-dessus le marché!

Un DESTRIER, un PALEFROI, bien malin qui les distingue! Sans compter les pièces de l'armure, dont quelques débris nous sont restés: coudières, genouillères, épaulières et mentonnière! Une SALADE, pour nous, ça se mange: pour eux, ça se mettait sur le «chef», c'était un «couvre-chef», comme qui dirait un casque d'acier aujourd'hui. Un BAILLI, un SÉNÉCHAL, la MARÉCHAUSSÉE... archaïques! PARÂTRE, hélas, aussi bien: mais si, comme en espagnol PADRASTRO, il désignait encore le mari de la mère, pour les enfants qu'elle a eus d'un premier lit, quelle commodité ce serait! Tout comme MADRASTRA, si seulement MARÂTRE cessait d'être un terme péjoratif. On l'aurait quasiment plus souvent à la bouche que PÈRE ou MÈRE!

Certains termes d'un usage banal, universel, disparaissent absolument sans raison. Prenez celui-ci: ONC ou ONQUES: c'est-à-dire jamais. «Onc vit-on pareille beauté!» Impossible d'ouvrir un manuscrit sans qu'il déboule à cœur de page! Et puis, hop! il disparaît. Allez donc savoir pourquoi on le remplace par jamais? L'espagnol leur fait pourtant deux petites niches amicales: NUNCA, ici, et puis là, JAMAS, tout bonnement! Et puis si vous voulez vous écrier: jamais, au grand jamais! vous poussez un ¡NUNCA JAMAS! tout simplement!

Même chose pour DESTRE et SENESTRE. En italien, on dit: alla mia DESTRA, à ma droite. Le destrier étant en effet le cheval de bataille qui se tenait, quand il cheminait paisiblement, à la droite du palefroi que montait le chevalier. Ou encore, en italien toujours, on dit: A SINISTRA, pour à gauche. La «gauche», au sens politique du terme, étant LA SINISTRA... Sinistre, non? Une sorte de blague à l'italienne, sans doute.

Nous avons perdu ICELUI et ICELLE, pourtant infiniment commodes, nous avons dû renoncer à MOULT, auquel BEAUCOUP s'est substitué. On se demande ce qu'on y a gagné. MOULT est un archaïsme, il dérivait du latin MULTUM, les Italiens l'ont conservé, cela leur a donné MOLTO, les Espagnols pour leur part ayant d'icelui extrait MUCHO, MUCHA, etc. Nous en conservons l'allusion dans nos composés savants, comme MULTICOLORE ou MULTIPLICATION.

Ceux-là sont bel et bien des archaïsmes.

Mais ils nous viennent du moyen âge. Le XVIᵉ siècle, celui de la Renaissance, et Dieu sait qu'il y aurait ici moyen de s'étendre sans fin sur ce siècle de pédantissimes philologues, sans pourtant je le pressens réussir à nous convaincre de ce qu'il a tué le français tout net en lui cassant son erre, le XVIᵉ siècle, dis-je, n'est pas sous prétexte qu'il rompe avec le moyen âge accessible de plain-pied au tout venant des lecteurs que nous sommes. Pour s'en convaincre, il suffit d'ouvrir les *Essais* de Michel de Montaigne. Cela aide à saisir pourquoi on s'est donné la peine de les «traduire» en français «moderne».

Mais enfin, si Rabelais nous résiste, on peut par contre s'en donner à cœur tristesse avec Calvin, ou à cœur joie avec Ronsard. Ça s'améliore! Non sans que ne subsistent des tas de petits os durs à croquer, mais quand même: on s'y reconnaît! Pas autant qu'au XVIIᵉ! Le Grand Siècle, le siècle classique! Je veux bien. J'ajouterais tout de même: celui des grammairiens rendus furieux par la luxuriance du français, déterminés à réduire ce golfe plein d'éclats de rire, à en faire un petit rigolet silencieux. Évidemment, Racine, on comprend! Aucun problème! Le problème vient plutôt du côté de Rabelais, qui est quand même plus drôle d'une lieue ou deux, et qu'on a cessé de comprendre!

Et puis, en aval de Racine, c'est terminé. On lit tout ça sans dictionnaire. Pascal, Descartes, La Rochefoucauld ou madame de La Fayette, madame de Sévigné, Molière, clair comme de l'eau de roche, si l'on veut bien faire abstraction des allusions à Rome et à la Grèce, parce qu'alors c'est du chinois. Le XVIIIᵉ, si possible, passe encore mieux: Voltaire, Rousseau, *Manon Lescaut*, le théâtre de Marivaux, tout ça descend comme un verre d'eau un jour de canicule. D'où qu'on puisse supposer, il me semble, qu'en matière d'archaïsmes, il suffit d'interroger notre histoire à partir et à rebours du XVIᵉ siècle pour en avoir son compte. Eh bien, non, justement! C'est même tout le contraire!

Parce qu'en fin de compte ces archaïsmes, pour nous autres Québécois, qui essayons de déterminer en quoi notre français peut être qualifié d'«archaïque», par rapport à l'usage des autres francophones, ces archaïsmes-là n'existent pas plus que ceux du grec ou du babylonien. C'est de l'hébreu. Vous me direz, bon, mais alors pourquoi en parler? Eh, mais pour bien marquer la différence entre ceux-là et les nôtres: car ceux-ci ont pour trait caractéristique majeur de servir tous les jours à tout le monde... et n'ont donc rien d'archaïque! Sauf bien sûr pour les francophones d'ailleurs, qui, c'est bien connu, y perdent leur latin.

Au point où nous en sommes, vous allez certainement penser que nos archaïsmes sont des mots qui ont déserté l'usage général, ou qu'on a chassé à coups de triques de cet usage, pour des raisons qui auraient fait les délices de messire Freud, depuis mettons la fin du seizième ou le début du dix-septième siècle... Mais non, mais pas du tout. Et c'est là la surprise que je vous réservais: nos archaïsmes n'ont rien de vieux, ils sont pétants de santé, ils datent à peine du dix-neuvième siècle pour la plupart, et encore, il n'est pas dit que le vingtième n'en a pas accueilli une bien grande quantité avant que l'école, le service militaire et la presse n'en exécutent le plus grand nombre.

Comment faire pour les dépister? Rien de plus simple. Il suffit de disposer d'un dictionnaire actuel, un *Robert* ou un *Larousse* faisant parfaitement l'affaire. Un terme courant ici qui n'y figure pas parmi les vivants sera dès lors considéré, s'il ne s'agit pas d'un anglicisme, comme un archaïsme potentiel. Qu'est-ce à dire? Tout simplement un terme qui a cessé d'avoir cours dans le français dont témoigne la lexicographie française courante, celle de Paris, qui n'a jamais vu d'un bon œil qu'on en fasse à sa tête en province, pour ne rien dire de la francophonie, ce concept même n'ayant été accueilli que tout récemment.

Nous hériterons par conséquent d'un grand nombre de mots bien vivants chez nous, et morts pour messieurs Robert ou Larousse. Par exemple, et ne soyons pas difficiles: *guenillou*, forme atypique, pour Paris, de *guenilleux*; ou les inévitables *patates*, qui ont décidément la vie dure, dans leur bataille contre les ridicules *pommes de terre*, et, ajoute Littré, qu'en Normandie on *pile*, ce qu'on *apprend* évidemment avec ravissement...; *besson*, pour jumeau, attesté par George Sand, Marot, du Bellay, Paré et Ronsard, et aussi... «quelques provinces» vers 1875! *Catin*, dans «plusieurs provinces», et puis *champlure*, le robinet des tonneaux en Normandie. À L'Assomption, vers 1955, on mettait aussi de l'eau potable dans des tonneaux, et le robinet s'appelait la champlure. C'est que l'eau de l'évier n'était pas buvable: ceux qui n'en tenaient pas compte, comme moi (il faisait parfois chaud...) attrapaient le *flux*: la diarrhée, dit encore Littré. Car voilà, tout ceci, je le tiens d'Émile Littré! D'où un axiome important: si ça ne se trouve ni dans le *Robert* ni dans le *Larousse*, ou si ça vous y est donné comme cadavre linguistique, ne vous arrachez pas les cheveux tout de suite... demandez plutôt à monsieur Littré ce qu'il en pense. Il vous dira ce qu'il en pensait au plus tôt en 1859, et au plus tard en 1877. Ce qui, en matière de langue, convenons-en, s'appelle *hier*.

On s'y trouve de nombreuses fois nez à nez avec... soi-même! *Vidangeur* y est tout bonnement un *éboueur, vidange* y désignant non seulement le contenu des fosses septiques, mais en général «tous les matériaux inutiles dont il faut se débarrasser»... *Mitaine* y est un gant qui met par-ci le pouce et par-là les quatre autres doigts, tout comme aujourd'hui la *moufle. Liqueur*, une «boisson rafraîchissante», telle la *limonade*, que l'on peut préférer au *breuvage*, qui est une liqueur tout court!

Voilà qui est *tannant* pour les obsédés de l'anglicisme (comme bibi): *tanner*, pour Littré, c'est ennuyer, fatiguer. C'est bien, cette fois, ce que je pensais. Ajoutons-y le mot *croche*, l'adjectif: «jambes croches, genou croche». C'est dans le texte. Comme *se gréer*, qu'on prononcerait sans anicroche *se greyer*, ma foi, c'est-à-dire «acheter du linge, des vêtements»... Bon, un dernier, parmi les simples, et là tenez-vous bien: *mouver*! «Remuer, bouger». Un enfant «mouvant»: c'est celui «qui mouve toujours»!

Naturellement, tous mes exemples (et j'en passe, ciel!) ne seront pas aussi lumineux: prenez *noirceur,* par exemple, auquel paraît-il on devrait substituer le *noir*, ou encore l'*obscurité*: pour Littré, la noirceur est synonyme d'... obscurité! Exemples à l'appui. Littré n'invente jamais rien: les exemples surabondent. Mais il ne dit pas tout... étant Parisien. C'est bon pour nous! Cela suppose que ce qu'il enregistre était connu des Parisiens, ces... provinciaux! S'il atteste l'existence de *survenant*, il en prend à témoin madame de Sévigné et Jean-Jacques Rousseau: et c'est bien pour moi le «chenail» du Moine qui ressuscite... Le Survenant, sans *menterie*, avait-il la *falle* basse, ce soir-là? Pour Littré, un pigeon qui a la falle pleine est un volatile rassasié... À un survenant affamé, serait-il *inconvenable* d'offrir quelque grasse *beurrée*, avec le lait venu de ce qu'on a *tiré* les vaches, pour qu'il y enfonce ses *palettes*? Ou alors une *rôtie*, avec dessus de la confiture de *gadelles*, si ça se trouve dans la *dépense*, après le ragoût de *fèves* et juste avant d'arroser son thé avec de l'eau qui frissonne dans un *vaisseau* sur le feu... *Possiblement* de quoi lui donner quelques bons *brûlements* d'estomac! Bof! Après *souper* le survenant ira se caler dans une *berceuse*, on lui donnera une *couverte* et pis un beau *bec* pour qu'il y fasse une bonne sieste!

Parole d'honneur: tout ce qui est souligné se retrouve dans le *Littré*... et bien d'autres perles encore, si vous saviez! Il est impossible de les citer toutes ici, ni même d'y aller de la majorité d'entre elles... Mais quand même, comment ne pas évoquer l'*encan* et l'*encanteur*, la *glissade* au sens de glissoire, la *jambette* et le *cahot*, au sens des défauts mêmes du chemin? Comment vous priver des *marbres*, des *broches* à tricoter, de la *farce* qu'on raconte, du *train* qu'on mène à force de *jaser* en famille, du *bois de corde* et du *marchand de fer*, de la peur des enfants quand il *éclaire*, ce qui les fait *vesser* dans leurs *jaquettes*...

Restent nos prononciations si ravissantes, si typiquement «dix-septième siècle», et dont souvent nos Cousins raffolent à l'extrême! Pour Littré toujours, plusieurs d'entre elles auraient plutôt fait «dix-neuvième siècle»... Or, ce qui «fait dix-neuvième siècle», au dix-neuvième siècle même, me paraît bien être «actuel»! Naturellement il les combat, et au nom, on s'en doute, de l'accent de la bourgeoisie parisienne. Mais on ne combat pas les morts! Elles étaient si vivantes que pour Littré elles méritaient qu'on les condamne explicitement. Elles existaient évidemment en France, puisque pour lui le Québec n'«existait» pas.

On lira avec grand profit les courts récits de Guy de Maupassant, parus entre 1880 et 1885. Ils mettent en scène des Normands, ses contemporains, qui bien sûr, il n'y a pas de miracles, ne se seraient pas exprimés différemment quinze ans plus tard, et donc au XXe siècle. Ils sont *très* éloquents! Et très nombreux à Paris, il va sans dire, dont leur province est frontalière.

Allons-y hardiment. Que penser de la prononciation du IL? Ceci que: «dans plusieurs provinces, le pluriel se prononce î»... Le pluriel! Maupassant aurait bien ri! Pour Littré, les choses en allaient autrement, toutefois, au XVIIIe siècle... *Il dit* s'y prononçait *i dit*... Dans l'interrogation, le l «était» supprimé; on «disait»: *je vous parle-t-i?* Au pluriel, le l est également muet: on «disait» non *ils ont*, mais *iz ont*... À quoi il ajoute qu'à Paris même et en 1870 la conversation a conservé le souvenir de cet usage, car on y dit: «*quelle heure est-i? Quel temps fait-i?*» Comme qui dirait, au Canada et en 1996: «*ça vous convient-i?*» ou «*i en a-t-i assez?*»

À ceci un codicille (une petite queue...). On trouve, dans le *Journal* de Julien Green, cette remarque. Se promenant, après la guerre, dans Paris, il entend un agent de police dire à son camarade: «il y a» quelque chose, j'ai oublié quoi: peut-être de l'orage dans l'air. Et Green de commenter sa prononciation «bâtarde». Ce qu'il a bel et bien entendu, il l'écrit: «i y a»... Bien sûr. C'est normal. Dire soigneusement IL-Y-A est artificiel. À la prononciation française laissez la bride sur le cou, et hop, après le plus court des galops d'essai elle chantera des «i'y a» à gorge-que-veux-tu!

Le verbe *noyer* redeviendrait ce qu'il était dès sa première attestation écrite, vers 1100, soit *neier*, ou *neyer*. Gageons qu'il en était ainsi depuis belle lurette! Si seulement les magnétoscopes et magnétophones avaient pu exister, vers l'an 900... ce que nos oreilles s'en réjouiraient aujourd'hui! Et Littré l'enregistre comme une «anormalité» courante vers 1700 à Paris!... Je crois bien! Oh pardon... je voulais dire, correctement cette fois: «Je cré ben!»

C'est comme le verbe *croire*. Forme authentique? *Creire*. Ou *craire*. C'est attesté, naturellement. Vaugelas dit: «Je crais...». À témoin, cet *accroire* que l'on prononçait *accraire*, du temps de Vaugelas, au milieu du XVIIIe siècle!

Littré allonge la liste: *adrète* pour *adroit*, et *freit* pour *froid* selon Vaugelas. *Je haïs* pour *hais, chevreux* et *écureux, cheuz eux... Collége* et *gens*, comme dans je pen*se*. *Jarbe* pour *gerbe*, *mére* et ce *seau* que l'on prononce *siô*, à Paris, au XVIe siècle. D'où la mise en garde de Bèze: «Ne prononcez pas *siau* comme les Parisiens!» Ciel!

Concluons cette notule en nous asseyant sur notre séant. Que dirons-nous? *Assoyez-vous? Asseyez-vous? Assisez-vous?...* Difficile à dire? Écoutons Ronsard: «Assisons-nous...», et ils «s'assisent»! Ou Rabelais: «Si je m'assys à table...». Ou enfin Montaigne: «Assoyez vous là...»! D'où l'embarras du choix, pour tous les Québécois. Et l'embarras tout court pour ces messieurs de Paris... De l'histoire ancienne? Pensez-vous! Écoutons Littré nous parler du verbe *aller*. Oh sans mettre les petits plats dans les grands! Il se demande tout bonnement (vers 1875!) s'il vaut mieux dire *je vais* que *je vas*! Il dit: *je vas* est «beaucoup moins usité que je vais, qui est seul admis dans la forme interrogative: où vais-je?». En effet: où allons-nous?...

Car enfin, ce *je vas* n'existait-il pas bel et bien à Paris dans la bourgeoisie et à l'orée du XXe siècle? Quel Québécois dirait aujourd'hui *où vas-je?*... Archaïsmes? Oui certes, mais enfin... pas de quoi en faire un plat! Ni même *aucunes fois* en faire une maladie: car il n'existe *aucunes raisons* de déraciner ce qui est si français!

Tous les termes qui figurent dans ce répertoire ont été extraits du *Dictionnaire de la langue française* d'Émile Littré.

ADRÈTE	UN BEAU **BEC**	DES **BESSONS**
adroit	un bisou	des jumeaux
ARCHAÏSME	ARCHAÏSME	ARCHAÏSME
AUCUNES RAISONS...	UNE **BERCEUSE**	UNE **BEURRÉE**
aucune raison	un fauteuil à bascule	une tartine de beurre
ARCHAÏSME	ARCHAÏSME	ARCHAÏSME

LE **BOIS DE CORDE**	**CATIN**	UNE **COUVERTE**
le bois de chauffage	poupée	une couverture
ARCHAÏSME	ARCHAÏSME	ARCHAÏSME
UN **BREUVAGE**	**CHAMPLURE**	DES JAMBES, DES GENOUX **CROCHES**
une boisson	robinet	des jambes torses, arquées des genoux cagneux
ARCHAÏSME	ARCHAÏSME	ARCHAÏSME
UNE **BROCHE À TRICOTER**	DES **CHEVREUX**	LA **DÉPENSE**
une aiguille à tricoter	des chevreuils	le garde-manger
ARCHAÏSME	ARCHAÏSME	ARCHAÏSME
DES **BRÛLEMENTS D'ESTOMAC**	**CHEUZ EUX**	IL **ÉCLAIRE**
des brûlures d'estomac	chez eux	il fait des éclairs
ARCHAÏSME	ARCHAÏSME	ARCHAÏSME
DES **CAHOTS** (LES DÉFAUTS DU CHEMIN)	**COLLÉGE**	LES **ÉCUREUX**
les inégalités de la chaussée	collège	les écureuils
ARCHAÏSME	ARCHAÏSME	ARCHAÏSME

UN **ENCAN**	**FLUX**	**SE GRÉER**
une vente à l'encan une vente aux enchères une vente à la criée	diarrhée	s'habiller, se vêtir (au sens d'acheter)
ARCHAÏSME	ARCHAÏSME	ARCHAÏSME
UN **ENCANTEUR**	FAIRE **FRETTE**	**GUENILLOU**
un commissaire-priseur un vendeur à la criée	faire froid	guenilleux
ARCHAÏSME	ARCHAÏSME	ARCHAÏSME
LA **FALLE** ou **FALE**	**GADELLE**	**JE HAÏS**
le jabot	groseille	je hais
ARCHAÏSME	ARCHAÏSME	ARCHAÏSME
RACONTER UNE **FARCE**	DES **GENS** (COMME DANS PENSE)	**I, I**
raconter une blague	des gens (comme dans Jean)	il, ils
ARCHAÏSME	ARCHAÏSME	ARCHAÏSME
FÈVE	**GLISSADE**	**INCONVENABLE**
haricot	glissoire	inconvenant
ARCHAÏSME	ARCHAÏSME	ARCHAÏSME

UNE **JAMBETTE**	DES **MARBRES**	UN **ENFANT MOUVANT**
un croche-pied un croc-en-jambe	des billes	un enfant remuant
ARCHAÏSME	ARCHAÏSME	ARCHAÏSME
UNE **JAQUETTE**	**MARCHAND DE FER**	**MOUVER**
une chemise de nuit	quincailler	grouiller remuer
ARCHAÏSME	ARCHAÏSME	ARCHAÏSME
JASER	**MENTERIE**	DANS LA **NOIRCEUR**
bavarder	petit mensonge	dans l'obscurité dans le noir
ARCHAÏSME	ARCHAÏSME	ARCHAÏSME
LIMONADE	**MÉRE**	LES **PALETTES**
citron pressé	mère	les incisives
ARCHAÏSME	ARCHAÏSME	ARCHAÏSME
LIQUEUR FRAÎCHE	**MITAINE**	**PATATE**
boisson rafraîchissante	moufle	pomme de terre
ARCHAÏSME	ARCHAÏSME	ARCHAÏSME

POSSIBLEMENT	UN **SURVENANT**	UN **VAISSEAU** DE CUISINE
peut-être	celui qui survient	un récipient
ARCHAÏSME	ARCHAÏSME	ARCHAÏSME
UNE **RÔTIE**	**TANNANT**	JE **VAS Y ALLER**
du pain grillé	irritant	je vais y aller
ARCHAÏSME	ARCHAÏSME	ARCHAÏSME
UN **SEAU** (PRONONCÉ SIAU...)	**TIRER LES VACHES**	**VESSER**
un seau (prononcé saut...)	traire les vaches	lâcher un gaz intestinal sans bruit lâcher une vesse
ARCHAÏSME	ARCHAÏSME	ARCHAÏSME
LE **SOUPER**	FAIRE BEAUCOUP DE **TRAIN**	**VIDANGEUR**
le dîner	faire beaucoup de bruit, tapage	éboueur boueux (fam.)
ARCHAÏSME	ARCHAÏSME	ARCHAÏSME

Barbarismes morphologiques

En matière de barbarismes morphologiques, il faut d'abord, comme dirait l'autre, s'entendre... Car le danger est bien réel qu'il faille considérer tout le français canadien comme un immense barbarisme, s'il faut y voir toute *prononciation* atypique par rapport à celle de Paris... Et encore, car de Paris il ne faudrait alors prendre en considération que la bourgeoisie, le «bon peuple» de cette cité n'ayant pas les mêmes habitudes que celle-ci. Pour ne rien dire du reste de la France, et puis de la Belgique, ou bruxelloise ou wallonne, ni de la Suisse, et moins encore du Luxembourg... La prononciation française canonique est celle d'une classe dirigeante, elle est de nature idéologique, et nous cache, en tant qu'arbre, toute la riche forêt des prononciations du français, tel qu'il se parle vraiment.

Me trouvant en 1993 dans un petit bistrot de Honfleur, noyé dans une masse de Normands qui ne faisaient aucunement attention à leur accent, j'ai fait une expérience difficile à oublier... je n'ai, littéralement, rien compris à leur conversation: rien! J'ai du même coup saisi ce que voulaient dire mes amis de Paris, quand ils me racontaient qu'à leur atterrissage à Mirabel, ils n'avaient pas compris tout de suite que ce qu'on causait autour d'eux était bel et bien du français! Je croyais qu'ils exagéraient... Pas du tout: en moyenne il leur fallait quinze jours pour s'adapter. Et j'étais, moi, à Honfleur, à quelques petites heures de Paris, en voiture!

J'ai aussi, du côté d'Angoulême, mais à la campagne, dans un autre café où je m'étais désaltéré (il faisait chaud et j'arrivais du Midi, où il faisait torride), j'ai, dis-je, comme été agacé par quelque chose qui ne tournait pas, ou plus, rond, dans mon oreille, celle qui écoutait distraitement la patronne bavarder avec le populo du cru. Et tout à coup ça m'a sauté aux yeux: ils ne chantaient pas! Comme tout le Sud channn...te, veux-je dire. Ils parlaient comme on parle dans l'autre moitié de la France, pour faire court. Parce qu'en Alsace, laissez-moi vous dire... ouf! Bref, on entend tous les airs, en France comme ailleurs, et le Québec représente l'un de ces airs-là. Pour ne rien dire de la Gaspésie ou de l'Acadie...

Alors si je reviens à mes moutons, qui bêlent et qui bêlent, je dois quand même préciser ce qu'il est possible, sans accentuer la bêtise, d'entendre par barbarisme morphologique, sinon, autant renoncer. Commençons par éliminer. Ce n'est pas l'ancienne prononciation française, celle d'avant l'entreprise orthopédique dont elle fut victime de la part des philologues au seizième siècle, ces farceurs qui venaient de (re)découvrir la Méditerranée. Alors on disait SE NEYER, ou CRAIRE, au lieu de noyer et croire. On disait JE VAS, et non JE VAIS. Les E d'aujourd'hui étant souvent des A, il s'ensuit que la MERDE était encore de la MARDE, ce qui devrait nous soulager grandement. Les fins de mots en -EUR, on s'en souvient ici, se faisaient en -EUX, et leurs compagnes, en -EUSE. On vivait EN campagne, on y chantait des BARCEUSES, on disait: À DRETTE!, ou I S'ASSIENT EN DESSOUR DE LÂBE À CAUSE QUE CHEUZ EUX I FAIT BEN TROP CHAUD... Tel quel et sans rien retrancher. Non, je n'ai pas bu, et je ne délire pas. C'est comme ça qu'on parlait, non seulement au XVIIᵉ siècle, Vaugelas, le grammairien, en témoigne, mais encore et toujours à la fin du XIXᵉ! Et là-dessus Littré est formel, qui enregistre ce qu'il entend autour de lui, non à Honfleur en Normandie, mais à Paris en Isle-de-France! Et comme Paris n'a pas subi de mutation à la disparition de Littré, en 1880, il faut «craire» que ces prononciations ont poursuivi leur petit bonhomme de chemin, investissant le XXᵉ siècle, ce dont Pierre Guiraud, à son tour et cent ans après Littré, témoigne abondamment. Alors? Qu'en penser? Eh bien d'abord et avant tout que les dictionnaires *Robert* et *Larousse* sont des ouvrages à vocation normative, qu'ils ne cherchent nullement à informer de ce qui se dit, qui est multiple, mais à instruire de ce qui devrait partout se dire, et qui n'est courant que dans la classe dirigeante de la France actuelle. Et si vous en doutez, en tout cas pour ce qui regarde la prononciation, le premier coup d'œil au dictionnaire de la prononciation de Martinet fera de vous tous de joyeux convertis.

Alors que faire de ce terme de «barbarisme»? Peut-être l'envoyer paître à Neuilly? Dans la mesure du moins où il ne concerne pas la déformation des mots. On entend en effet *aréoport*, ou *cocotier*, quand il s'agit non de l'arbre à cocos, mais du petit calice qui sert à manger les cocos à la coque. On entend parler du *bleu marin*... ou des *rikses* de la vie en mer, certains y étant morts d'*infractus*...

J'ai tout de même eu quelque mal à m'entendre avec une amie niçoise qui me parlait des *pattes* qu'elle allait préparer pour «dîner», moi je croyais à un ragoût de pattes de cochon, mais non, l'accent circonflexe étant hors de portée dans sa parlure elle voulait dire des *pâtes*... Non mais, s'il faut commencer à s'écrire pour se comprendre... où allons-nous aboutir, peuchère!

Bon, adoptons une attitude névrotique conciliante, et affirmons des barbarismes morpho-logiques qu'ils sont des *inexistants universels*. On ne peut pas plaire à tout le monde, de toute manière.

Guy de Maupassant

Pour se mettre de bonne humeur, rien de tel que la fréquentation du conteur qu'est Guy de Maupassant. Un Normand des dernières décennies du dernier siècle qui aimait faire plus vrai que nature et donc mettait en scène des personnages normands qui parlaient en normand, logiquement. Cela procure de très bons moments, quand on est, côté lecteur, québécois. C'est qu'on y reconnaît, sinon toujours du moins la plupart du temps, la parlure québécoise la plus pure, celle que des générations ont pratiquée dans nos campagnes, et qu'on assimilait à du «mauvais français». Quand c'était tout bonnement du français sans complexe et coulant dru de source. Voyons voir de quoi je parle.

Dans *Toine* (et déjà, hein?), on dit:
— Ça s'peut-i...
— J'sais t'i?...
— Itou et
— Ousque...

Dans *Boule de Suif*:
— J'crais ben que oui!...
— T'avais ti perdu les sens?...
— Où qu' t'as attrapé ça?
— Ou encore...
— Qué qu' t'as?

Dans *Le Horla* , ça continue:
— J'vas guéri...
— Ça s'peut ben...
— Ousqu'i va?...
— Qué qu'alle a?... alla qu'a va tourner d'l'œil!
— C'est pas «quêque chose», non, «Cristi de Cristi»?

Toujours, c'est Maupassant qui écoute et transcrit, ce n'est pas moi qui parle! Ainsi dans *Le Horla* il ajoute:
— J'y vas... J'y vas...

Dans *Toine*:

— J'ai tombé...

Dans *Une vie*:
— J'm'ai dit...

Dans *Les contes de la bécasse*:
— À c't'heure... ousqu'il est?

Dans *Le Horla*, on parle d'une bonne: oui mais, de laquelle? Mais...
— de la celle au marquis!...

Dans *Une vie*, une fille est...
— ostinée...
Elle dit, impatientée:
— Je m'en vas!

Dans *Miss Harriet*:
— J'sais ti?

Dans *Bel ami*:
— Je m'en ai aperçu...

Dans *La petite Roque*:
— Trois heures au plusse... pas plusse...
ou: — ...et pi vaillante, et pi d'épargne...
et enfin: — À la revoyure, merci ben!

J'ai dit: la Normandie! Qui contestera que nous y sommes en même temps au Québec: celui d'aujourd'hui même?

Il n'y a pas que la prononciation, d'ailleurs, en Maupassant, qui est carrément la nôtre. Non seulement a-t-il constamment recours au verbe *s'en venir* («Viens-t'en me trouver demain»...), mais il use du terme d'*appartement* pour désigner une pièce (et non un «logement»), comme de *position* pour une situation («J'ai trouvé une position à la Bourse»...). Il utilise le verbe *serrer*, pour dire ranger, fait *jaser* comme on bavarde, ou encore *quérir* sa fiancée. Les «bouches s'ouvraient pour crier des *farces*», ou dire des *menteries*. 15 000 F constituent dans *Toine* des rentes *bien claires*, et non... nettes! Les pommes y sont *pilées*, comme nos patates, on y *casse du bois*, les pommiers poussent dans des *clos*. Une Telle est la petite *à* Joseph Rivet, l'auberge est l'auberge *à* Polyte, comme le crime est le crime *au* père Boniface... Rivet, Polyte, le père Boniface... on croit rêver!

On ne rêve pas du tout. On parle français spontanément, à cent kilomètres de Paris, sans se soucier des diktats de la bourgeoisie parisienne. On continue d'ailleurs à le faire. À Blois, loin des touristes, accoudé au bar en compagnie d'ouvriers qui placotent librement, j'entends l'un d'eux parler d'un *siau* d'eau... J'interviens alors en riant, une intéressante conversation s'ensuit, à bâtons rompus, scandée de petits verres, ma foi, fort sympathiques. Blois est à deux heures de la bourgeoisie parisienne. Et à Blois, comme dans tout l'Ouest, on dit *marde* et *gadelle*, pour *merde* et *groseille*!... Tout comme ici.

Je ne cherche pas à faire la guerre à Paris. Je ne prêche pas le retour à la terre. Je me soucie de l'accent québécois comme d'une guigne. Mais... When in Rome, do as the Romans do! Je ne prétends nullement qu'il faille parler à Londres comme à New York, ni à Montréal comme à Paris. Je me contente de mettre les points sur les i. Le français «international» est un produit de l'idéologie née à Paris au sein de la bourgeoisie qui y a saisi le pouvoir, et tout le pouvoir, en 1789. Je vois mal que l'on puisse contester cette évidence, ni échapper à ses conséquences, entre autres linguistiques. Mais enfin, mettons que le «joual» n'existe pas, et qu'il est idiot de parler «du québécois» comme s'il s'agissait là d'une langue sans rapports avec «le français». Ça, c'est de l'idiotie idéologique. Au Québec comme en Normandie et à Blois, on parle français, et non normand, blésien, ou québécois. Voilà. Et à bon entendeur, salut, comme on dit.

ARÉOPORT	**INFRACTUS**	DES **RIKSES**
aéroport	infarctus	des risques
B.M.	B.M.	B.M.
COCOTIER	BLEU **MARIN**	
coquetier	bleu marine	
B.M.	B.M.	

Barbarismes sémantiques

Il existe deux sortes de *barbarismes* : le premier, appelons-le *morphologique*, concerne le *signifiant* lui-même, qui sera, par rapport à une norme posée comme référence, *déformé*. Mettons, *cartron*, ou *cire humaine*, à la limite, pour *carton* et *cérumen*. Ou encore *kéka*, *çortin* ou *neyer*, au lieu de *caca*, *certain* et *noyer*. Ce qui pose le «problème» de la norme, évidemment. *Neyer*, par exemple, est attesté vers 1100 comme forme normale. Mais de son évolution allait naître une norme quelques siècles plus tard.

Toute norme est d'abord celle de «quelqu'un», et correspond à une manière parmi d'autres de prononcer, de parler, d'écrire. Le pouvoir imposera sa manière propre, qualifiant les autres de «barbares», ou d'«impropres». D'où les barbarismes, incompréhensibles en dehors de ce contexte éminemment idéologique, cela va de soi. Le problème n'en existe pas moins, le pouvoir du «Pouvoir» étant, ma foi, très réel, et pratiquement incontournable. Quant à la «faiblesse» des «barbares», ceux-ci étant immanquablement minoritaires, elle n'est pas moins réelle, et sans effet autre que local dans l'expression de sa contestation. Le français du Canada connaît une cascade de situations toutes plus locales les unes que les autres, très aptes à illustrer ce point de vue.

Quelques années passées en Ontario francophone, où être le Béquecois dont on se moquera gentiment, suffisent pour créer de nombreuses incertitudes, quant à la norme. «Doit-on» dire qu'une bombe a *explodé* ou explosé?... Un *tannant* sympathique y est un *sapé*, un coquin d'enfant «toureux», un *p'tit vlimeux*... Les animaux font vaciller à leur tour les noms de baptême québécois du père Adam! Le guibou, l'araigne, l'écureux... dont les organes s'appellent à leur tour rognons, forçure, matrice, noms que portent à leur tour les femelles et les mâles de l'espèce humaine, les premières y ajoutant le *délivre* de leur *délivrance*, entendez accouchement et placenta. Tout ceci dans les bornes «normales» du français, fréquemment, on s'en doute, transgressées au profit de l'anglais envahissant à l'extrême.

Ceci dit, il n'en sera exactement de même ni au Manitoba ni dans le sud de l'Ontario, du côté de Windsor, ni en Acadie... ni au Québec! Autant de régions bornées par l'idéologie et la géographie, autant de normes spontanément divergentes. Il en alla exactement ainsi quand s'écroula l'Empire de Rome, et que se fragmenta ce qu'on appelle la *romania*, cette vaste zone gagnée à la langue latine non à titre de langue seconde, mais maternelle. Avec le temps bien sûr, en des siècles d'écarts additionnés. Et un jour ce qui avait été «anormal», atypique, disons-le, *barbare*, devint «normal», typique, contraignant. Les langues romanes venaient de naître.

Il est clair que ce qui est ici normal peut être jugé barbare quelques kilomètres plus loin. Ce dont témoignent les belgicismes. Et qu'il y a norme et norme: locale, régionale, ou «internationale», selon le pouvoir détenu par l'idéologie qui appuie telle ou telle variété de langue, qu'il s'agisse par ailleurs du français, de l'anglais, du russe ou de l'italien, etc. Voilà donc une situation éternellement «normale»!

Bref il existe, réduisons le champ de nos investigations, une norme et une aire de diffusion proprement québécoises, distinctes de celles du français de Paris, quoique pénétrées de toutes parts par cet usage tout-puissant dans le monde francophone actuel. La communication sera donc très possible, entre le Parisien et le Québécois, à condition d'aplanir, au fur et à mesure où elles surgiront, les difficultés nées du langage «marginal» qu'est le québécois, par rapport à celui, appelons-le «central», du Parisien.

On ne peut facilement éviter le recours à ce terme péjoratif de «barbarisme», étant donné son utilisation généralisée. Qu'en dit le *Petit Robert*? Ceci: «Utilisation d'un mot dans un sens qu'il n'a pas.» Ce qui n'est naturellement soutenable qu'à la condition d'allonger un peu la phrase en lui ajoutant: «dans le français de Paris, pour ce qui a trait aux nombreuses variétés de français». Car il saute aux yeux que les «barbarismes québécois» possèdent éminemment ces sens qu'unanimement les Québécois leur accordent! Sinon nous vivrions ici au cœur de la tour de Babel, ce qui manifestement n'est pas le cas.

Simple question de pouvoir, donc de nombres. La preuve, nous l'avons sous les yeux, dans l'anglais pratiqué et inventé aux États-Unis, qui lentement, et inexorablement, via les médias qui se moquent du temps et de l'espace, gagne celui de la Grande-Bretagne et le force à s'américaniser, au grand dam des générations vieillissantes, héritières d'une situation d'égalité linguistique, celle d'avant la Deuxième Guerre mondiale, quand l'Empire britannique maintenait ses singularités face à l'empire américain, grâce au temps et à l'espace qui étaient les siens propres. Si aujourd'hui beaucoup de Britanniques ont «troqué» leurs «lorries» contre des «trucks», en revanche aucun Américain n'a recours à ce terme pour lui définitivement et pour de bon exotique!

Le Québec, avec ses cinq millions de francophones, à la périphérie de la francophonie, ne peut pas même prétendre opposer à Paris la résistance que Londres oppose à Los Angeles, cela va de soi. Nous sommes donc, tel est notre destin, pris en étau entre New York et Paris.

Avec quels résultats? Eh bien d'une part nos nuages d'anglicismes, et de l'autre, peut-être d'abord et avant tout, mais ce n'est pas sûr, car il y a aussi les lacunes, les *barbarismes sémantiques*, ceux qui concernent non la forme du signifiant, mais plutôt le champ du signifié, ou du sens si vous préférez.

Qu'est-ce à dire? Ceci qu'un mot (un signifiant) n'évoquera pas, dans l'esprit de l'interlocuteur, qu'il s'agisse de conversation ou de lecture, la même idée, le même concept, la même «chose». L'animal que nous appelons ici *chevreuil*, là-bas n'est pas un chevreuil... mais un cerf de Virginie! Pour la zoologie de même le chevreuil n'existe pas en Amérique... enfin, à l'extérieur des jardins zoologiques! Il vit à l'état sauvage en Europe et en Asie. Voilà un barbarisme «sémantique» pur... Ce que ne représentent ni orignal ni caribou, dans le cas de l'élan et du renne, le signifié demeurant le même dans les deux cas!

La *carriole*, de son côté, en dépit du progrès qui en a fait une pièce de musée, a longtemps servi, ici, l'hiver, aux promenades sur la neige, aux déplacements du dimanche, etc. Ce qui aurait de quoi surprendre un Français, pour qui, le cas échéant..., elle évoque l'été, les chemins défoncés, un inconfort certain, la carriole ayant pour lui deux roues! Cela paraît d'ailleurs assez «normal», celle-ci faisant partie de la famille issue du *carrus* latin, celle des carrosses, chars, charrettes, chariots, et... charrons! Il va de soi, à ce niveau du moins, qu'elle roule sur les chemins, étant parfaitement inadaptée à la glisse sur la neige durcie au rouleau! Nous disposions pourtant du *traîneau*... bien insuffisant puisqu'il nous a semblé nécessaire d'avoir recours à la *sleigh* des Anglais!

Quant à la *chaloupe*, son hégémonie a été si totale, en effet, que ni barque, ni embarcation, ni bachot n'ont pu s'enraciner «dans nos eaux»... Or l'idée de faire, à deux, une promenade d'amoureux en *chaloupe*, sur un de nos petits lacs, a de quoi sidérer qui ne serait pas prévenu de nos coutumes linguistiques, ce terme de *chaloupe* désignant, partout ailleurs, une grande embarcation de sauvetage, de celles qu'embarquent les paquebots et transatlantiques... On y masse en effet aisément cinquante personnes...

Il s'est aussi produit un micmac dans nos chères cuisines paysannes, où il faut bien le dire, l'anglais nous a appris à remplacer l'inefficace cheminée (et donc la crémaillère, et le chaudron, etc., tout un monde vraiment antique!) par ce qu'il appelait un *stove*, soit un machin à fonction double, celui-ci servant tant au chauffage qu'à la cuisson. On le baptisa *poêle à bois*. L'ennui vint de ce qu'en français le poêle ne sert pas à cuire les aliments, fonction réservée au fourneau (qui n'est pas le four!...). En cascade, par voie de substitution forcée, les mots se mirent à s'écarter de la norme: on donna le nom de *poêle* au *fourneau*, au *four* celui de *fourneau*, la *cocotte* (inconnue) prit le nom de *lèchefrite*, le jus des viandes dorénavant s'égouttant dans une *panne*... La *marmite* s'appela *chaudron*, et quand le *poêle* se fit électrique, on bouda longtemps la *cuisinière*. Dans la foulée, le *radiateur* se fit *calorifère*, et quand celui-là, à l'ère de l'électricité, prit l'apparence d'une *plinthe*, on confondit celle-ci avec la *tringle*, ce que l'on fait toujours... C'est cette avalanche qui est à surveiller, comme si, suite à un léger accroc, tout le tissu se mettait à céder.

Cela explique sans doute que, la *nut* de la *bolt* acquérant le nom de *taraud* auquel elle n'a pas du tout droit, tant *taraud* qu'*écrou* aient perdu leurs droits légitimes. De semblables affrontements sont nés là où nos battants de portes sont articulés aux chambranles qui les entourent: charnière étant à la fois légitime et inconnu, la *penture* dut remplir ce vide. Et dès lors comment appeler la *vraie* penture? Le gond s'y fit de son côté *pine*, etc. Il y a là de la perte sèche!

Il faut aussi quelque élasticité mentale pour imaginer qu'un *petit banc* puisse en réalité être un tabouret, qu'une pomme puisse regrouper une douzaine de *noyaux*... ou qu'un homme puisse reposer dans sa *tombe*, quand on l'expose avant son enterrement! Je souris à cette idée d'une haie de *cèdres* qui serait composée de vrais cèdres, ceux-ci quadrillant étroitement nos villes de banlieue... quelle splendeur, alors! De l'inouï, évidemment, trop beau pour être vrai. Comme ces mères qui font prendre l'air à leurs nouveau-nés qu'elles placent soit dans un *carrosse*... soit dans un *pousse-pousse*! On ne se prive vraiment de rien!

On peut croire que ces accrocs jamais ne produiront d'alarmantes déchirures... voire! Quand on propulse un kayak à la *rame*... qu'on *dépèce* une volaille à table... que les pompiers se branchent sur une *borne-fontaine* pour éteindre un incendie qui embrase un immeuble entier! Dans ce pays où les *phoques* font tourner des ballons sur leur nez, où les *brocheuses* agrafent ensemble deux petites fiches de rien du tout... et où les *divans* reçoivent nos corps fatigués sur leurs accoudoirs et dossiers bien rembourrés!

Je prétends qu'il est étonnant, vraiment, qu'un saint-bernard adulte *jappe,* que nos oranges soient revêtues de leur *pelure*, qu'on s'éponge après la douche avec une serviette de... *ratine*! Que penser, de plus, de nos écoliers que l'on mène, à l'heure de la récréation, aux... *abreuvoirs*? Ou de cette manie qu'ont tous nos *mongoliens* québécois de souffrir de trisomie 21? Pensez un peu à ceci: que nos cantines annoncent des hot-dogs à... *apporter*! Un stratagème commercialement aventureux, mais enfin... Mais voilà, c'est un pays où au printemps il pleut des érables des escadrilles formées... d'*hélicoptères*! Un pays où les filles se *décapent* les ongles, afin de venir à bout de leur... *poli*! Une haine inexplicable de la beauté des mains? Mais y a-t-il lieu de s'étonner, quand on sait qu'on peut librement se faire «donner» autant de *manucures* que l'on voudra, tout ainsi qu'autrefois on pouvait à sa guise «acheter» la *dactylo* de ses rêves, et que personne n'y trouvait à redire!

Vous me direz: est-ce si grave? Bof!... On se comprend, cela est sûr, et la traite des blanches n'a pas pour autant davantage que l'esclavage cours au pays du Québec! Je ne cherche pas à dramatiser. Il n'en reste pas moins qu'un chef d'orchestre n'a pas intérêt à confondre *cymbales* et *timbales*, ni un homme d'affaires à *antidater* ses chèques quand il les *postdate*, ni même (ni surtout) les Québécois à prendre au pied de la lettre ce bulletin d'information qui leur annonce que le premier ministre du Québec sera reçu à Paris par un homologue en... *jaquette*!

Il est évident que les quiproquos sont évités parce que les normes respectent les territoires qui sont soustraits à leur empire, et que sur l'ensemble de ces territoires la loi du plus fort, comme aurait dit avec son à-propos coutumier le sieur de La Fontaine, fait et la pluie et le beau temps.

ABREUVOIR	**BORNE-FONTAINE**	**CARRIOLE**
fontaine	borne d'incendie	traîneau
B.S.	B.S.	B.S.
ANTIDATER UN CHÈQUE	**BROCHEUSE**	**CARROSSE** (POUR LES BÉBÉS)
postdater	agrafeuse	1. landau 2. voiture d'enfant
B.S.	B.S.	B.S.
METS POUR APPORTER	**CALORIFÈRE**	HAIE DE **CÈDRES**
commandes à emporter	radiateur	haie de thuyas
B.S.	B.S.	B.S.

LA **CHALOUPE** DU PÊCHEUR	**DIVAN**	SE FAIRE DONNER UNE **MANUCURE...** (à vos risques et périls...)
la barque le canot l'embarcation	canapé causeuse	se faire manucurer
B.S.	B.S.	B.S.
CHEVREUIL	LE **FOURNEAU** DU **POÊLE**	**MARMITE**
cerf de Virginie	le four de la cuisinière	faitout ou fait-tout
B.S.	B.S.	B.S.
UNE **DACTYLO**	LES **HÉLICOPTÈRES** DES ÉRABLES	UN **MONGOL**
une machine à écrire	les samares des érables	un mongolien
B.S.	B.S.	B.S.
DU **DÉCAPANT** À ONGLES	UN GROS SAINT-BERNARD QUI **JAPPE**	LES **NOYAUX** DES POMMES
du dissolvant à vernis	un gros saint-bernard qui aboie	les pépins des pommes
B.S.	B.S.	B.S.
DÉPECER UNE VOLAILLE À TABLE	SE COUCHER EN **JAQUETTE**	LA **PELURE** DE L'ORANGE (NON ENCORE PELÉE)
découper une volaille	se coucher en chemise de nuit	l'écorce de l'orange, des agrumes
B.S.	B.S.	B.S.

LA **PELURE** DE LA BANANE (NON ENCORE PELÉE)	LE **POÊLE** À BOIS (POUR LA CUISSON)	UN **POUSSSE-POUSSE** DE BÉBÉ
la peau de la banane	le fourneau	une poussette de bébé
B.S.	B.S.	B.S.
LA **PELURE** DE LA POMME (NON ENCORE PELÉE)	LE **POÊLE** ÉLECTRIQUE	**RAME** (DE KAYAK, ETC.)
la peau de la pomme	la cuisinière électrique	pagaie
B.S.	B.S.	B.S.
PETIT BANC	LE **POÊLE** À GAZ	**RAMER**
tabouret	la cuisinière à gaz	pagayer (le cas échéant)
B.S.	B.S.	B.S.
LES **PHOQUES** DES CIRQUES	DU **POLI** À ONGLES	UN PEIGNOIR DE **RATINE**
les otaries	du vernis à ongles	un peignoir de tissu-éponge un peignoir en éponge
B.S.	B.S. (ET ANGLICISME)	B.S.

UN **TARAUD**	DES **TIMBALES** D'ORCHESTRE	UN MORT DANS SA **TOMBE**
un écrou	des cymbales d'orchestre	une dépouille dans son cercueil
B.S.	B.S.	B.S.
		LA **TRINGLE** DU MUR
		la plinthe
		B.S.

Génériques

Les génériques sont comme des patronymes. Ils composent des familles où les enfants ne portent pas de prénoms, c'est triste et inquiétant, comment s'y retrouver? Chaque enfant n'est qu'un «petit Un Tel». Or c'est que parfois il s'agit de familles diablement nombreuses, et qu'un arbre généalogique complet serait bien dépannant pour tout le monde!

À un niveau élémentaire, la POIGNÉE DE PORTE, depuis que la mode en a diversifié quelque peu la forme, se propose sous l'apparence soit d'un *bouton*, soit d'un *bec-de-cane*, dit aussi *béquille*. Je n'ai encore jamais entendu parler d'un bouton de porte, de cristal ou de cuivre, peu importe...

Même chose pour la TOILE, qu'on enroule ou déroule devant une fenêtre, quand il s'agit d'un *store* (mais non vénitien), ou dont on couvre un camion à caisse ouverte, quand elle est une *bâche*.

Le BÂTON ira beaucoup plus loin. Minuscule, il remue le café, colore les lèvres ou permet de lécher l'esquimau qui fond sous la chaleur des étés. Énorme, il tape la balle, dure ou molle, sous prétexte qu'on répugne à lui donner son vrai nom, celui de *batte*, tel en effet que l'anglais l'a emprunté pour en faire le *bat* qui se trouve à la source de cette hyper-correction. Plus mince et crochu, au golf, il se fait *club*. Plus robuste et crochu toujours, au hockey, il se fait *crosse*. Long, mince, élégant, aboutissant à une petite rondelle de cuir que l'on frotte de craie, le «procédé», il est alors *queue*, ce pourquoi d'ailleurs les Anglais, l'ayant emprunté à notre billard, l'ont traité de «cue», quand ils jouent au «billiards». Métamorphoses du bâton!

L'ÉTUI pareillement est polyvalent. On y insère communément un parapluie, ou un cigare s'il provient de La Havane, ses lunettes, un pistolet ou une épée, des tas de crayons, des gommes à effacer, etc. Des flèches pourquoi pas. Des bijoux, un stylo, une montre, quand il s'agit de les offrir en cadeau. Ah! j'oubliais les couteaux de chasse! Et puis le violon. Bref, l'étui est une enveloppe, vous l'aviez deviné. Évidemment on pourrait se contenter de ce seul terme: enveloppe, ou étui. On «se comprendrait» quand même. À ce régime d'ailleurs on aurait vite dégraissé le dictionnaire. Et perdu quelque chose qui échappe aux fonctionnalistes de stricte obédience: la joie des mots...

C'est vrai, quand même, qu'il n'y a aucune raison contraignante d'aller chercher un *carquois* (et pour y arriver il faut, comme des perles mais à rebours, enfiler le latin, le grec, l'arabe et le persan...) pour y déposer sa réserve de flèches, ni même de distinguer rigoureusement la *gaine* du pistolet (ou du revolver des cow-boys du Far West) du *fourreau* de l'épée (des défunts romans d'aventures de cape et d'épée): il n'y a pas de raison. On s'y retrouverait bien sans.

À preuve, tous les petits Québécois (sauf les miens et peut-être les vôtres, mais c'est pas sûr) entassent leurs ustensiles d'écriture dans un *étui* à crayons, non dans la *trousse* de leurs Cousins. Et ça marche à tout coup! L'*écrin* de son côté se fait de plus en plus rare: à en devenir chic. Mais enfin il sert parfois, ce qui n'est guère le cas des laissés-pour-compte du minimalisme linguistique que sont les *baguier, housse, bâche, cartouchière, aiguillier* et autres inconnus au pays du Québec.

Utiles? Inutiles? Mais est-ce là la bonne question à poser? Sans doute ne la formulerions-nous pas avec la même bonne conscience lorsqu'il s'agit du *verre* à boire, celui-ci ayant de quoi plaire aux fonctionnalistes, justement. Ce qui ne nous empêche pas de confondre le *ballon* et la *coupe*, ou le *bock* et la *chope,* et de ne pas toujours accéder avec facilité à la *flûte*, non plus qu'au *verre à dégustation*. Mais on fait volontiers un effort, en cette matière, de peur du ridicule. De même que, devant un couvert à trois couteaux et trois fourchettes (et à trois verres à pied...) on sent le bon vieux coup de chaleur de la honte... Ce qui n'est pas à la portée des étuis!

On pourrait passer en revue les *nids* («niques») d'oiseaux et autres petites bêtes, de celles qui souvent piquent: l'*aire* (de l'aigle), mais c'est vrai que c'est rare, bon passons; le *guêpier*, la *fourmilière*, la *ruche*. Et par extension, toutes sortes de bêtes se font de même ici des *nids*: mouffettes, marmottes, belettes, etc. Si bien qu'à toutes fins utiles, et même parmi les chasseurs, ce qui nous caractérise certainement (les spécialistes au Québec ne disposant pas du vocabulaire français élémentaire de leur spécialité, même quand il s'agit d'un loisir, où il devrait, semble-t-il, s'acquérir en même temps que l'expertise), on constate l'absence du *clapier* des lapins, du *terrier* du lièvre ou du renard, et même celle du *repaire* des bêtes fauves, pour ne rien dire de leur *gîte*, ces deux derniers termes servant précisément de passe-partout en matière d'animaux sauvages que l'on aime chasser.

Le TAPIS, nous l'usons de même à la corde. Il remplace, «mur à mur», la *moquette*, en plus de se substituer à la *carpette*, notre «p'tit p'tit tapis», au *paillasson*, au *chemin*, qu'il soit de table ou d'escalier, à la *natte* et au *tatami*... Le même traitement attend l'universelle

BALANÇOIRE («balancigne»): au détriment du *tape-cul* dit aussi *bascule*, et à celui de la si commune *balancelle*! De même encore la CIRE a chassé la *chassie* de nos yeux, le *cérumen* de nos humaines oreilles, et l'*encaustique* (qui sent tellement le couvent!) de nos meubles et de nos parquets (nos «planchers de bois franc»...)

Reste le TROU... obsédant celui-là! Agrémentant nos chemins de terre, du *nid-de-poule* à la fondrière, en passant par les *ornières* de l'automne; perforant nos portes, petitement pour le *judas*, largement pour la *chatière*, celle-ci se retrouvant, prolongée par un curieux haut-de-forme, sur le versant caché des toits de nos maisons («bungalows»), pour l'aération des *combles* («greniers»). L'Évangile nous a appris l'existence du *chas* (de l'aiguille...), l'anglais celle du trou d'homme («manhole»), dit «regard», nous sommes en passe de renoncer à l'*œillet* de la boutonnière et au *cran* de la ceinture: si ce n'est déjà fait.

Et puis les inconnus sont là, sur notre table: les *yeux* du pain et du gruyère, la *baisure* de la *baguette* «collée collée» à sa voisine dans le four, le *créneau*, peut-être dans l'emploi du temps du boulanger? Et j'en passe.

BALANÇOIRE	BÂTON	CIRE
une bascule ou un tape-cul (familier) une balancelle une escarpolette	une batte (de baseball) une crosse (de hockey) une queue (de billard)	du cérumen (de la cire humaine...) de la chassie (dans les yeux) de l'encaustique (pour le bois)
GÉNÉRIQUE	GÉNÉRIQUE	GÉNÉRIQUE

ÉTUI	POIGNÉE DE PORTE	TOILE
une gaine (de pistolet, de couteau) un fourreau (d'épée, de parapluie) un carquois (pour les flèches) une trousse (à crayons) un baguier une cartouchière un aiguillier un écrin (à bijoux, à montre, à stylo) GÉNÉRIQUE	1. un bouton 2. un bec-de-cane une béquille GÉNÉRIQUE	un store (confondu avec l'auvent) une bâche (dite «toile de camion») GÉNÉRIQUE
NID	TAPIS	TROU
une aire (aigles) un guêpier une fourmilière une ruche un clapier (lapins) un terrier (lièvres, renards) un repaire (animaux sauvages) un gîte (animaux sauvages) GÉNÉRIQUE	une moquette une carpette, un paillasson un chemin de table un chemin d'escalier une descente de lit GÉNÉRIQUE	un nid-de-poule une ornière une fondrière un judas une chatière un chas un regard (dans la rue) un œillet (de boutonnière) un cran (de ceinture) un créneau (sens propre et figuré) les yeux du pain les yeux du fromage de Gruyère la baisure (des baguettes qui ont été soudées dans le four à pain) GÉNÉRIQUE

Confusion de genre

L'*octave*, on en fait, vous me direz que c'est logique, quelque chose de masculin: mais en réalité c'est *une* octave, en tout cas pour les musiciens. C'est là une exception à la règle qui veut qu'au Québec on féminise les masculins. De quoi faire les délices des féministes...

On dit, en effet, *un* tumeur ou *un* interview. On dit, mais en France aussi, *un* oasis, et on y a longtemps dit, ce qu'atteste Littré, comme ici (mais ça se fait rare), *un* dinde. Reste *le* moustiquaire. Ou *le* dynamo. Une bien mince récolte.

On va plus loin du côté de l'autre genre. *Une* autobus, *la* bus, la 7 ou la 9, quand on l'appelle par son numéro. «*La* 7 a eu *une* grosse accident!» On a dû transporter les blessés à l'hôpital «la» plus proche...

La belle ouvrage! La belle argent! La belle âge! Ah! de la bonne air pure! L'asphalte était toute molle! Ou de l'alphate, ou de l'alsphate... On a eu une bien belle automne, gâtée juste par deux, trois grosses incendies... pas de quoi se donner *une* ulcère d'estomac!

Que le mot commence par une voyelle facilite sûrement les choses: c'est presque une constante. Il y a des exceptions, mais plutôt savantes: tentacule, balustre, camée, globule, libelle. J'oubliais «jute». Et puis ce curieux «narcisse», qu'on féminise bizarrement. Je sais que c'est «une» fleur, mais enfin on ne songerait pas à faire de même avec lilas, ou magnolia, ou myosotis. Et puis, puisqu'il est question de fleurs, saviez-vous qu'on doit dire *un* pétale?...

Regardez cette série de «o»: orchestre, ovale, obélisque, oasis... et puis octave qu'on masculinise, là où l'on féminise narcisse! Et, la grosse orteil! Il est remarquable que ouananiche soit féminin, s'agissant d'un saumon, ce terme voulant d'ailleurs dire, en montagnais, «le petit égaré»! J'oubliais l'orage et parfois même l'ouragan! Il y a aussi ovaire et ovule, enfin pour cette seule station de l'alphabet, une assez jolie récolte.

On pourrait faire de même avec tout l'alphabet. Devinette: à combien de féminisations aboutirions-nous? Pour combien de masculinisations?

De tout ceci, faut-il en rire? Ou en pleurer? Ni l'un ni l'autre, semble-t-il. Il existe un excellent ouvrage de référence, le DOURNON, couronné par l'Académie française et publié dans la collection du Livre de poche, qui s'est proposé de rassembler toutes les difficultés liées à l'écriture du français d'aujourd'hui. Il y en a... des montagnes! Or de tous les termes que j'ai fait figurer dans ce bref chapitre, seuls *accident*, *hôpital* et *air* n'y sont pas cités au titre de leur genre!

Cela prouve-t-il quelque chose? Oui, certainement. Par exemple que l'usage populaire doit être corrigé, c'est-à-dire violé, par les grammairiens, qui ont tort ici de vouloir imposer un genre contre la volonté des locuteurs francophones. Or ces locuteurs, pour une fois, c'est nous! Nous sommes, contre les grammairiens, pour le peuple de France! N'est-ce pas normal?

UN DINDE	**UN MOUSTIQUAIRE**	**UN TUMEUR**
une dinde	une moustiquaire	une tumeur
GENRE	GENRE	GENRE
UN DYNAMO	**UN OASIS**	**UNE GROSSE ACCIDENT**
une dynamo	une oasis	un gros accident
GENRE	GENRE	GENRE
UN INTERVIEW	**UN OCTAVE**	**LA BELLE ÂGE**
une interview	une octave	le bel âge
GENRE	GENRE	GENRE

DE LA BONNE AIR FRAÎCHE	UNE BALUSTRE	DE LA JUTE
du bon air frais	un balustre	du jute
GENRE	GENRE	GENRE
DE LA BELLE ARGENT	UNE CAMÉE	UNE LIBELLE
du bel argent	un camée	un libelle
GENRE	GENRE	GENRE
L'ASPHALTE EST SÈCHE	UNE GLOBULE	UNE NARCISSE (LA FLEUR)
l'asphalte est sec	un globule	un narcisse
GENRE	GENRE	GENRE
UNE AUTOBUS OU LA BUS	L'HÔPITAL LA PLUS PROCHE	UNE OBÉLISQUE
un autobus ou le bus	l'hôpital le plus proche	un obélisque
GENRE	GENRE	GENRE
ON A EU UNE BELLE AUTOMNE	UNE GROSSE INCENDIE	UNE GROSSE ORAGE
on a eu un bel automne	un gros incendie	un gros orage
GENRE	GENRE	GENRE

LA GROSSE ORCHESTRE	UNE OVAIRE MALADE	UNE PÉTALE DE ROSE
le gros orchestre	un ovaire malade	un pétale de rose
GENRE	GENRE	GENRE
UNE GROSSE ORTEIL	UNE OVALE PARFAITE	UNE TENTACULE
un gros orteil	un ovale parfait	un tentacule
GENRE	GENRE	GENRE
UNE GROSSE OURAGAN	UNE OVULE	UNE MÉCHANTE ULCÈRE
un gros ouragan	un ovule	un méchant ulcère
GENRE	GENRE	GENRE
DE LA BELLE OUVRAGE		
du bel ouvrage		
GENRE		

Lacunes

Il n'existe pas, à proprement parler, d'authentiques lacunes au sens où il nous serait impossible de désigner telle idée ou tel objet. On peut dans tous les cas recourir à la périphrase, qui en fera une courte description, susceptible d'être enrichie par petites touches d'appoint, jusqu'à ce que notre interlocuteur aperçoive ce dont on veut lui parler. Il fournira parfois à ce moment précis le signifiant manquant. Parfois non. Les dictionnaires, avant la parution du premier *Robert*, ne nous permettaient pas de combler nos lacunes: ils ne faisaient que préciser ce que, grosso modo, nous savions déjà. La lacune est universelle. Elle se cache derrière le *truc* ou *machin* ou le *bidule* des Français, se dissimule derrière l'*affaire* ou le *t'sais veux dire* du Québécois. Le *what-d'you-call-it* des Américains et le *chisme* des Espagnols. Il désigne communément la chose dont le nom momentanément échappe, il demande l'aide d'autrui. À moins qu'il ne s'agisse d'une «chose» si éloignée du cercle quotidien des préoccupations du locuteur que son nom jamais ne lui ait été connu. Auquel cas il cherche à l'apprendre et s'en informe auprès de son interlocuteur.

Ici, au Québec, deux phénomènes compliquent cette universelle situation. Le premier, quotidien, consiste à faire appel à la langue anglaise quand le mot français n'est pas disponible. S'il s'agit par exemple de visser une ampoule dans l'extrémité d'une lampe, on peut certainement ignorer que celle-ci porte le nom de *douille*, et consciemment, sachant fort bien qu'il s'agit d'un anglicisme, avoir recours à *socket*, quitte à mettre ce terme entre guillemets, grâce à une certaine intonation qui indique tout à la fois notre embarras, notre «faute» et notre impuissance à y remédier autrement. Le second phénomène nous embête davantage, rien à faire, même l'anglais ne peut venir à notre secours, nous devons nous résoudre à décrire tant bien que mal la «chose» en question. Ici, en l'occurrence, il s'agira de désigner cette fois l'extrémité de l'ampoule, ce qu'on visse dans la douille, et qui porte le joli nom généralement inconnu de *culot*. D'où il ressort que changer une ampoule s'effectue en insérant le culot de celle-ci dans la douille «filetée» de la lampe.

Pourquoi une lacune? On peut supposer que la chose est trop récente pour être connue du commun des Québécois, et qu'elle attend qu'on la baptise, tout bonnement. Cela est rare! Le commerce ayant intérêt à nous communiquer le nom qui fera vendre l'objet! L'affichage dans les magasins est tout entier consacré à l'union du nom et de la chose. On peut penser aux jouets dont la télé fait la publicité, ou encore aux innombrables produits de beauté, dont la nomenclature se vulgarise de la même façon. Ces lacunes-là n'ont pas d'importance: elles seront vite comblées.

Non, supposons plutôt tout le contraire: que le nom d'un objet aussi banal que possible nous échappe complètement, faute de l'avoir jamais su. Le nom de ce fin ruban dont les pâtissiers ficellent les emballages des gâteaux d'anniversaire, par exemple, et qui est du *bolduc*. Ou celui de ces pétards de Noël que chacun a eu l'occasion de «tirer par la queue», et qui contiennent une devise et un bonbon: les *diablotins*. Ou ce cadre où les grands-mamans rangent dans un ordre délicat au possible les photos de leurs petits-enfants... le *pêle-mêle*. Qui donc n'a pas chez soi un de ces grands rideaux de salon qu'un «machin» en forme de ruban ou de cordon relève gracieusement de chaque côté de la fenêtre?... Sait-on qu'il s'agit d'une *embrasse*?

Dans toute voiture on trouve un *plafonnier*: dans la plupart des maisons également... C'est «la lumière du plafond»! Dans toute salle de bain, à l'entrée de toute maison figurent une ou deux *appliques*... Dans la rue les trottoirs sont échancrés, de manière à permettre aux voitures de les enjamber: ces dénivellements incessants rendent même les promenades fastidieuses, tant ils obligent à claudiquer! Ce sont des... *bateaux*. Infiniment nombreux, tout comme les *glissières* de nos routes, qui tentent d'empêcher nos voitures de nous emmener cueillir les pâquerettes dans les prés attenants... quel nom propre leur donne-t-on? Quand on a le nez rouge au point de se retrouver dans le fossé, on y adopte deux positions fort inconfortables: ou bien on a «viré su'l côté», ou bien on a «viré en dessour» ou «su'l top». Sait-on que dans le premier cas on a *versé*, et que dans le second on a *capoté*?...

À la campagne on donne aux vaches dont la robe est blanche et noire le nom d'une race qui en porte ici les couleurs: Holstein. Et à celles qui sont blanches et rouges, le nom de Jersey. Les deux sont prononcés à l'anglaise, même si le premier est allemand, et le second français. On ignore que les unes sont *pie* et les autres *pie-rouge*.

On peut évidemment prétendre qu'il s'agit là d'une terminologie qui ne concerne guère le commun des mortels, et hausser les épaules. Mais que penser de ceci que non seulement on confond le chevreuil et le cerf, mais que par-dessus le marché on ignore tant le nom de la femelle que celui du petit du cerf? Dieu sait pourtant qu'ils abondent, même sur nos routes, les biches et les faons! On ignore de même qu'un étalon «coupé» est un *hongre*: on en compte pourtant des milliers au Québec! Sait-on même que le «pôpa» cochon est un *verrat*? Ou que le gras de *notre* jambe est un mollet? Et qu'on enfile des *socquettes* quand on enfile des «petits bas courts-courts-courts»?

Lacunes par-ci, lacunes par-là. Le joli nom de *jeannette*, donné pour une raison inconnue à la croix qui se dandine au bout d'un collier entre les seins des filles... ou à la petite planche à repasser qui s'occupe des manches de chemises. Celui, amusant, de *chouchou*, donné à l'élastique enrobé d'un tissu froncé dont les filles enserrent leurs cheveux; ou celui de *doudoune*, donné à la veste en duvet dont tout le monde se réchauffe en hiver, sur les pistes de ski comme dans les rues de la ville. Lacunes!

Muselet, ce petit fil de fer qui retient le bouchon des bouteilles de mousseux; *coloquintes*, celui des incroyables petites citrouilles décoratives que l'on retrouve dans tous nos supermarchés. La *louche* qui sert la soupe; le *ferret* qui amenuise l'extrémité de nos lacets, l'*ardillon* qui s'insère dans l'un ou l'autre des *crans* de la ceinture ou du *ceinturon*... Le *marc* du café, que l'on jette à la poubelle. Celui du raisin, dont on fabrique une savoureuse eau-de-vie...

Lacunes à gogo! Les unes impardonnables, les autres incompréhensibles. De combien d'objets quotidiens indispensables ne venons-nous pas avec civilité de faire la connaissance!

UNE LAMPE SUR LE MUR	LA PENTE DANS LE TROTTOIR DEVANT LA PORTE D'UN GARAGE...	UN RUBAN DE PÂTISSERIE
applique	bateau	bolduc
LACUNE	LACUNE	LACUNE
LA **PIN** D'UNE CEINTURE	LA FEMELLE DU «CHEVREUIL»	1. VIRER SU'L TOP 2. VIRER EN DESSOUR
ardillon	biche	capoter
LACUNE	LACUNE	LACUNE

UNE GROSSE CEINTURE DE SOLDAT	UN PÉTARD DU JOUR DE L'AN	LE PETIT BOUT DU LACET
ceinturon	diablotin	ferret
LACUNE	LACUNE	LACUNE
UN ÉLASTIQUE POUR LES CHEVEUX	UN JACKET D'HABIT DE NEIGE	UNE BORDURE D'AUTOROUTE
chouchou	doudoune	glissière de sécurité
LACUNE	LACUNE	LACUNE
LES DRÔLES DE PETITES CITROUILLES DE DRÔLES DE COULEURS...	UN CORDON POUR RETENIR LE RIDEAU	UN CHEVAL COUPÉ
coloquintes	embrasse	hongre
LACUNE	LACUNE	LACUNE
UN TROU DE CEINTURE	UN PETIT «CHEVREUIL»	UN COLLIER AVEC UNE CROIX
cran	faon	jeannette
LACUNE	LACUNE	LACUNE

UNE PETITE PLANCHE À REPASSER LES MANCHES DE CHEMISES... jeannette LACUNE	**LA PETITE BROCHE SU'L BOUCHON DU CHAMPAGNE...** muselet LACUNE	**DES PETITS BAS COURTS COURTS** socquettes LACUNE
UNE GROSSE CUILLÈRE À SOUPE louche cuillère à pot LACUNE	**LE CADRE POUR TOUTES SORTES DE PHOTOS EN MÊME TEMPS...** pêle-mêle LACUNE	**UN PÔPA COCHON...** verrat LACUNE
LE CAFÉ MOUILLÉ QU'ON JETTE... marc LACUNE	**UNE VACHE NOIRE ET BLANCHE** pie LACUNE	**VIRER SU'L CÔTÉ** verser LACUNE
LE GRAS DE LA JAMBE mollet LACUNE	**UNE VACHE BRUNE ET BLANCHE** pie-rouge ou rouge-pie LACUNE	

Néologismes, régionalismes et populismes

En matière de néologie, le processus grâce auquel une langue se donne de nouveaux moyens d'expression, il faut bien distinguer entre les néologismes de forme et les néologismes de sens. La forme concerne le signifiant: il y a acquisition de signifiants nouveaux, de mots nouveaux, au fur et à mesure où surviennent de nouvelles idées, de nouveaux concepts, ou de nouveaux objets. Le mot autoroute n'a pu logiquement précéder ce qu'il désigne! Même chose pour le radar ou le laser, ou encore la radio ou la télévision. Ces signifiants peuvent être construits à partir de termes préexistants, comme radio, auto et route, ou vision. Parfois on emprunte à une langue étrangère, comme dans le cas de ski, de scanner ou de choucroute. Les néologismes de forme sont légion: OTAN, ONU, etc.

Les néologismes de sens, pour leur part, se contentent d'augmenter la charge expressive des signifiants qui existent déjà. Certains termes, comme le mot arbre, supportent un certain nombre de sens fort divergents. En témoignent l'arbre qu'est l'érable, et l'arbre de transmission, ou l'arbre généalogique. Ou encore le mot rame, qui désigne aussi bien l'aviron que vingt «mains» de papier, un tuteur de tige grimpante ou une file de voitures de métro... et j'en passe!

Le français a eu recours aux mots les plus vieux, ces derniers temps, pour dénommer les produits les plus récents. Fusée, par exemple, ne fait que reprendre, à l'origine, le bon vieux fuseau de la fileuse, à cause de leur analogie de forme. La navette spatiale remonte de même au tissu, quoique cette fois non pas à la fileuse, mais plutôt au métier, la navette y effectuant un va-et-vient dont on s'est souvenu par la suite. Le disque lui-même, qu'il soit ou non compact, reprend le nom de ce que les athlètes grecs s'entraînaient à lancer le plus loin possible. Les vieux mots acquièrent ainsi de nouveaux sens, et parfois toute une ribambelle.

Le français du Canada n'a pas procédé autrement. Il l'a fait en investissant l'espace que lui laissait le français de Paris, dont il était et est encore tributaire, pour l'immense majorité des néologismes nés au XXe siècle, certainement et spécialement depuis 1950, la grande époque de la néologie. On n'allait tout de même pas refuser navette, fusée ou disque! Il est même utile de se rappeler que le terme anglais correspondant à disque, *record*, a fait la lutte à cette importation de France, dans les années 40 et même 50, avant de perdre la bataille.

La néologie québécoise a donc, du fait qu'on ne lui laissait à investir qu'une zone marginale, subi une dérive qui l'a installée avant tout dans le registre familier, là où les mots sont des doublets, au sens où ils ne disent rien de plus que d'autres termes, jugés cependant trop solennels pour faire l'affaire dans une conversation entre jeunes ou entre amis. Le mot bagnole, par exemple, en français de Paris, n'ajoute ni ne retranche rien à voiture. Il est familier. L'industrie ne l'utilise pas. Le français d'ici, qui disposait d'automobile, a inventé, avec ou sans l'aide de l'anglais, la question demeure ouverte, le *char*. Le français a donc inventé un signifiant, là où nous avons ajouté un sens au mot char. De même nous avons enrichi le mot *maquereau*, originellement un poisson, en lui adjoignant le sens de coureur de jupons, qu'il n'a pas en français de Paris, où il est synonyme de souteneur.

Un dictionnaire mis à jour périodiquement va donc s'alourdissant toujours plus de signifiants nouveaux, de signifiés nouveaux. D'où la nécessité de l'émonder des signifiants tombés en désuétude, de même que des sens devenus caducs. Ce qui fait toute la différence entre le dictionnaire d'Émile Littré, de 1875 à peu près, et celui de Paul Robert, plus tardif d'un siècle. Or rien n'est plus instructif, pour nous, qu'une excursion maintes fois répétée dans celui de monsieur Littré!

Et pourquoi donc? Eh bien pour ce que bien évidemment nous disposons de termes que le français actuel, du moins à Paris, ne connaît point, et que pour cette raison nous aurons tendance à considérer comme néologismes québécois de purs archaïsmes français. Et alors Littré nous est précieux, irremplaçable! Il ne fait pas que nous renseigner sur l'état de la langue à la fin du XIXe siècle, celle de la bourgeoisie de Paris. Il fait aussi le tour de ce qui se dit autour de lui, et qu'on critique, soit pour entériner, soit pour condamner cette critique. Et ce en plus de nous présenter les coutumes langagières des XVIIe et XVIIIe siècles, quand elles ont quelque rapport avec celles du XIXe, tout en leur tournant le dos. C'est ainsi qu'en dépit de la censure qui condamne l'expression *à cause que*, il persistera à l'utiliser couramment, après avoir cherché, mais en vain, nous assure-t-il, de bonnes raisons de s'en priver. De même il proteste contre la condamnation de la forme plurielle d'*aucun*, comme dans *aucunes nouvelles* ou *aucuns déboursés*. Celle-ci lui paraissant sans fondements... aucuns!

On doit donc se tenir sur ses gardes, et conserver tout frais à sa mémoire que le français d'ici, ayant évolué moins rapidement que celui de Paris, a toujours à sa disposition des tas de mots dont celui-là aura perdu la jouissance. Il suffira de ne pas chaque fois conclure à la présence d'un néologisme.

Quelques exemples me feront comprendre. Nous n'avons inventé ni besson ni berceuse, je parle du fauteuil à bascule. Le petit «bec», nous l'avons importé de France, tout comme le bisou. Le *capot de chat* coupait la poire en deux: le capot (les militaires portent bien une capote, et non pas là où vous pensez, mais sur leurs épaules!) est français, le *chat sauvage* non. Chicoter peut se faire là-bas tout aussi bien qu'ici: on y portait d'ailleurs autant les claques que les galoches. Pour éviter qu'une ligne y soit tracée toute *croche*, on l'*enlignait*! L'*encanteur* y dirigeait l'encan, etc., etc. À la pelle! Nous n'avons pas même inventé l'expression *mais que*... comme dans: j'irai te voir *mais que* j'aurai mon char... Littré prenant soin de nous prévenir de son utilisation très courante dans les campagnes de Normandie! Non, nos néologismes sont ailleurs. Où donc?

On ne doit pas, d'autre part, inférer de l'absence d'un «canadianisme» dans le *Littré* à la présence d'un néologisme! Il existe des tas de mots, en France, dont l'expansion n'a pas dépassé les bornes étroites d'une province, par exemple l'Anjou, ou d'une région, par exemple l'Ouest de la France. Il est rare que Littré y fasse allusion, cela va de soi, encore qu'il l'ait bel et bien fait dans le cas de *gadelle*, qui est une *groseille* à l'extérieur de l'Ouest de la France.

L'Anjou, à simple titre d'exemple, se trouve à l'origine de nombreux termes régionaux importés par nos ancêtres. On peut supposer, à partir de leur enracinement dans le français du Canada, que le contingent d'Angevins devait être fort conséquent, une sorte de bataille pour la survie ayant dû se produire sur nos terres entre tous ces langages de provenances diverses. Visiblement, les mots et expressions condamnés ont dû être ceux et celles des contingents minoritaires.

Imaginons un petit scénario, que nous sommes de là-bas, et qu'aujourd'hui nous faisons un pique-nique au bord de l'eau! Commençons par nous assire confortablement, mais pas trop près de l'eau, hein, on pourrait ben s'y neyer, si par hasard on s'enfargeait dans les cocombes que poupa a cueillis, vu qu'il mange pas de poutine, comme notre trâlée d'enfants. C'est ben achalant, des caprices de même, que j'y ai répond, quand il a rappelé à meman de pas oublier son cocotier, juste avant d'aller tirer les vaches. «Mouve-toi un peu, Batisse, qu'elle lui a répond, c'est pas le temps de gosser du bois ou de t'enfarger dans le brin de scie!... On part tout de suite ou presque! Le monde sont drôles quand ils s'ostinent de même! Bon, espérons qu'i va pas mouiller! Le pique-nique serait à l'eau!»

Voilà une avalanche d'angevinismes qui partagent de parfaits airs de famille avec les «québécismes» dont on pourrait bien croire qu'ils sont nés sur le sol de la Nouvelle-France! Or il n'en est rien. Je n'ai, dans ce court paragraphe, triché qu'une fois, en faisant de leur *potine* (ce qui a cuit dans un *pot*, il faut croire), notre *poutine*... Loin de moi l'idée qu'il s'agisse du même... euh, mets!... Mais enfin, c'est le *mot* qui compte.

J'aurais même pu, pour l'épate, y aller d'une *débarbouillette*, d'un *tannant* ou encore d'une *amanchure*... Sans compter tout le reste! Il y a abondance au vivier! De tout, sauf nos néologismes, qui, décidément, font comme les anguilles en nous glissant entre les doigts! Une mise en garde, pour terminer ce propos relatif aux régionalismes, nous permettra de ne pas non plus imaginer que tel terme, sous prétexte qu'il existe en Anjou, perd du même coup tout droit à pulluler ailleurs! Le verbe *tanner*, d'où *tannant*, par exemple, on le trouve sous la plume de Flaubert, en Normandie. De même qu'ailleurs. Les mots circulent de province en province et font fi des frontières régionales, au gré des pérégrinations, du commerce et des conquêtes. Il est impossible de les suivre tous à la trace.

Notre enquête n'est d'ailleurs pas terminée. Il nous faut en effet faire un tour du côté du français populaire de Paris, qui a gardé sans façons ce dont la bourgeoisie de Paris s'est débarrassée, afin de n'être pas confondue avec le populo. La tendance est universelle. On ne parle pas tout à fait le même anglais dans le West End de Londres que dans l'East End de Londres, non plus qu'à Montréal d'ailleurs, n'est-il pas vrai, où s'opposent de même la bourgeoisie à l'ouest et le bon peuple à l'est.

On l'ignore généralement, mais cela n'empêche rien, qu'un dictionnaire est entouré d'une sorte de vide sanitaire, quelque chose comme un saut-de-loup destiné à protéger ce que devrait être la langue, selon celui qui a fabriqué le dictionnaire, de ce qu'elle est quand les autres la parlent sans savoir ce qu'elle devrait être et qu'elle n'est pas. C'est assez compliqué à dire, mais simple à vivre. Ça s'appelle la censure et ça marche tout seul, forcément, depuis le temps qu'on en a pris l'habitude.

Si bien que celui qui produit des dictionnaires pleins de mots inutiles (monsieur Robert ou monsieur Larousse, au choix) sent parfois l'obligation, pour se donner bonne conscience sans doute, de dire quelque chose des mots qui se disent mais dont ses dictionnaires ne parlent pas, surtout parce qu'ils sont les mots apparemment vulgaires de ce qu'on appelle le peuple. L'ennui, évidemment, c'est que l'Académie française, au XVIIe siècle, s'était précisément donné pour tâche de faire le tour de ce que le peuple racontait, supposant que c'était là ce qu'avec plus qu'un semblant de raison elle pouvait considérer comme «le français».

Nous disposons donc aujourd'hui d'ouvrages qui circulent infiniment moins que les «petits» *Robert* et *Larousse*, sans pouvoir empêcher que l'impasse soit maintenue sur la langue populaire. S'en trouve nourri le complexe de culpabilité des Québécois, amenés à s'imaginer que tout ce qu'ils disent et dont les «petits» ne soufflent mot n'existe pas en France et donc n'est pas français. Il faut «dévorer» ces petits dicos-là, les passer au peigne fin, pour le plaisir inestimable d'y reconnaître nombre de traits familiers, de ceux qui façonnent notre visage.

Monsieur Larousse nous a d'ailleurs donné un petit dico au titre combien, ô combien révélateur: *N'ayons pas peur des mots*... Qui donc a peur du méchant loup?... Nous, nous, et mille fois nous, naturellement.

Ce petit livre devrait, de même que ses pareils, nous rassurer un peu. Tenez, que dit-on là-bas pour dire que quelqu'un s'est «oublié»?... Eh bien, on dit qu'il a *lâché un prout*! Mais s'il récidive et mitraille la compagnie de ce genre de projectiles, on dira qu'il est *tannant*, et puis on l'enverra se débarrasser de ça sur le *trône*. Quand on saura de plus que se branler se dit *se pogner*, le verbe pogner étant par ailleurs absent de tous les dictionnaires bien élevés, et qu'on dit de plus qu'une belle fille est *mettable*, qu'avec elle on a envie de *se mettre*, alors, alors... est-ce que tout ça ne fait pas qu'on respire plus librement?

Ce n'est pas tout: ils disent *licher*, et ce qu'ils lichent peut être *dessur la table*... Où ça? Mais... *icite*! Textuel! Un évier y est un *lévier*, un élastique, par contre, un *lastique*. Normal. Nous sommes bien arrivés comme des grands à la même conclusion. Ils se déposent sur le nez des *bernicles*, ils *couraillent, se plantent* quand ils ratent un virage, et *bavassent* quand ils mouchardent. Plus français que ça, comme dirait l'autre... «tu meurs»!

Conclusion partielle: prendre garde à l'étiquette «néologisme»... Elle doit être précédée, et soigneusement, d'une enquête où l'on doit au bas mot frapper à quatre ou cinq portes. Certains diront que c'est bien dommage, tous ces «québécismes» qui nous filent entre les doigts, faisant de nous du même coup de très ordinaires francophones, tout simplement de ceux que ces Monsieurs ont décidé de mettre à la porte, capitale celle-là, des dictionnaires.

Il ne serait pas non plus contre-indiqué d'enquêter du côté de la Belgique, celle-ci n'ayant pas épousé la Révolution française. On y trouvera dès lors toujours vivants nombre de termes rendus caducs par les réformes qui ont supprimé les structures de l'Ancien Régime, celui de la monarchie, et avec celle-ci toute une terminologie multiséculaire.

Bon. Allons-nous donc finalement mettre la main sur d'authentiques néologismes canadiens? Ma foi il est peut-être temps d'aboutir. Commençons donc par les néologismes de forme, ou signifiants inouïs ailleurs... Le suffixe -OUNE a été ici particulièrement prolifique. Nous en avons tiré *pitoune, minoune, poupoune, toutoune* et *guidoune*. Ce n'est pas tout. J'ajoute *coucoune, moumoune, slounes* et *gougounes, zigoune* et *bizoune*... Il est très possible que j'en oublie! Nous sommes ici au cœur du registre familier. Continuons.

Les verbes qui se terminent en -ER ont reçu du renfort: *limoner, tataouiner, taponner, zigonner, pierroter* et *pitonner,* ce dernier ayant même forcé les portes du *Petit Robert.* Ce sont de purs néologismes de forme. Il semble qu'on puisse ajouter *picouille, champagnette, coquerelle* et même *tuque*. Mais il ne semble pas, d'autre part, que nous ayons fait preuve en ce domaine d'une bien grande créativité. Peut-être notre héritage, toutes sources confondues, nous suffisait-il amplement?

De quoi les choses ont-elles l'air, du côté des néologismes de sens? Eh bien celui d'une *traîne sauvage*, d'une *remorqueuse* ou d'un *pâté chinois*, même si ce fameux «pâté» n'a jamais eu, ne peut de toute façon pas avoir, et par conséquent n'aura jamais rien qui ressemble, même de très, très loin, à quoi que ce soit de «chinois». Bref, il s'agit, avec ou sans maïs, du hachis Parmentier. Ajoutons l'*épinglette*, qui vaut bien toutes les pin's que l'on voudra, la *rouleuse*, le *dépanneur* et les *croustilles*, de même, pour la bonne bouche, que les *craquelins*. Vous aurez remarqué que nous sommes parfois dans le registre familier, et que parfois nous en sommes sortis.

Avec *quétaine*, oui, nous y sommes. De même qu'avec *siffleux* et *rien pantoute*. Enfin, il me semble. Mais certainement pas avec grincher des dents, bras de vitesse, banc de neige ou battures de Beaupré. Ni avec le carré aux dattes ou la pomme de laitue, pardon, de salade. Mais nous y retombons avec *poche*, quand il s'agit d'un élève malheureusement nul en tout, ou encore avec *roteux*, j'ai nommé le hot-dog.

Je laisse volontairement de côté les néologismes créés en haut lieu pour les besoins de l'administration ou des affaires: ils ne font pas partie des créations spontanées, qui seules retiennent notre attention ici.

NÉOLOGISMES

UN **BANC DE NEIGE**	**BIZOUNE**	**CARRÉ AUX DATTES**
une congère	zizi, quéquette	bouchée aux dattes
NÉOLOGISME	NÉOLOGISME	NÉOLOGISME
LES **BATTURES** DE BEAUPRÉ	**BRAS DE VITESSE**	**CHAMPAGNETTE**
l'estran	levier de changement de vitesse	cidre mousseux
NÉOLOGISME	NÉOLOGISME	NÉOLOGISME

COQUERELLES	ÉPINGLETTE	MINOUNE
blattes, cafards	broche	guimbarde bagnole clou
NÉOLOGISME (anglicisme?)	NÉOLOGISME	NÉOLOGISME
COUCOUNE	**GOUGOUNES**	**MOUMOUNE**
chérie	sandalettes de plage	poltrone, peureuse, etc.
NÉOLOGISME	NÉOLOGISME	NÉOLOGISME
CRAQUELINS	**GRINCHER** DES DENTS	**PANTOUTE!**
	grincer des dents	pas du tout!
NÉOLOGISME	NÉOLOGISME	NÉOLOGISME
CROUSTILLES	**GUIDOUNE**	**PÂTÉ CHINOIS**
	pute	hachis Parmentier
NÉOLOGISME	NÉOLOGISME	NÉOLOGISME
DÉPANNEUR	**LIMONER**	**PICOUILLE**
	branler dans le manche	canasson rosse haridelle
NÉOLOGISME	NÉOLOGISME	NÉOLOGISME

PIERROTTER maçonner en pierre des champs NÉOLOGISME	**POUPOUNE** chérie NÉOLOGISME	**SCROUNTCHER** croquer dans quelque chose NÉOLOGISME
PITONNER taper zapper NÉOLOGISME	**QUÉTAINE** cucul-la-praline NÉOLOGISME	**SIFFLEUX** marmotte NÉOLOGISME
PITOUNE chérie mignonne cœur amour NÉOLOGISME	**REMORQUEUSE** dépanneuse NÉOLOGISME	**SLOUNES** sandalettes de plage NÉOLOGISME
POCHE (ÉLÈVE) nul, nullo NÉOLOGISME	**ROTEUX** hot-dog NÉOLOGISME	**TAPONNER** «jouer» avec quelque chose NÉOLOGISME
POMME DE SALADE laitue pommée NÉOLOGISME	**ROULEUSE** roulée NÉOLOGISME	**TATAOUINER** 1. perdre son temps 2. «taponner» sans fin NÉOLOGISME

TOUTOUNE	ZIGONNER	ZIGOUNE
grosse	cf. taponner	cigarette
NÉOLOGISME	NÉOLOGISME	NÉOLOGISME
TRAÎNE SAUVAGE		
toboggan		
NÉOLOGISME		

RÉGIONALISMES

ACHALANT	BRIN DE SCIE	COCOTIER
importun irritant	bran de scie	coquetier
RÉGIONALISME	RÉGIONALISME	RÉGIONALISME
AMANCHURE	COCOMBE	DÉBARBOUILLETTE
machin	concombre	
RÉGIONALISME	RÉGIONALISME	RÉGIONALISME

DE MÊME	MOUILLER	LE MONDE **SONT** DRÔLES
pareil	pleuvoir	le monde est drôle les gens sont drôles
RÉGIONALISME	RÉGIONALISME	RÉGIONALISME
S'ENFARGER	MOUVER	S'OSTINER
trébucher	bouger, grouiller	s'obstiner
RÉGIONALISME	RÉGIONALISME	RÉGIONALISME
GADELLE	POTINE (POUTINE)	TANNANT
groseille		irritant agaçant
RÉGIONALISME	RÉGIONALISME	RÉGIONALISME
GOSSER	POUPA	TIRER LES VACHES
tailler	papa	traire les vaches
RÉGIONALISME	RÉGIONALISME	RÉGIONALISME
MEMAN	A RÉPOND	TRÂLÉE
maman	a répondu	flopée ribambelle tapée tas
RÉGIONALISME	RÉGIONALISME	RÉGIONALISME

POPULISMES

BAVASSER	**LASTIQUE**	**SE POGNER**
moucharder cafter	élastique	se branler
POPULISME	POPULISME	POPULISME
BERNICLES	**LÉVIER**	**SE PLANTER**
besicles	évier	quitter la route aller aux pâquerettes
POPULISME	POPULISME	POPULISME
COURAILLER	**LICHER**	**LÂCHER UN PROUT**
courir	lécher	péter
POPULISME	POPULISME	POPULISME
DESSUR LA TABLE	**METTABLE**	**TRÔNE**
sur la table	baisable	toilettes vécés
POPULISME	POPULISME	POPULISME
ICITE	**SE METTRE**	
ici	baiser	
POPULISME	POPULISME	

Régionalismes de France

Jean Racine (1639-1699) a vécu au XVIIe siècle, celui de Louis XIV. Écrivain, il écrivait des tragédies pour un roi qui aimait les histoires tristes peuplées de héros grecs. Comblé par son souverain, il vivait à Versailles aux côtés de celui-ci. On y parlait, à la cour donc, français. Vous me direz que cela va de soi et que je perds mon encre. Pas tout à fait: j'ai là-dessus ma petite idée, vous allez en voir tout de suite le bout du nez.

Un jour Jean Racine entreprit, lui qui avait été éduqué à Port-Royal, donc dans la banlieue de Paris, un long voyage: il s'agissait pour lui de traverser la France, du nord au sud, en longeant le Rhône à partir de Lyon. Or nous possédons dans la correspondance de ce sire versaillais le témoignage de son étonnement, car, s'exclame-t-il, dans le Midi non seulement il se trouve en pays étranger, n'y comprenant pas la langue qu'on y parle, mais encore c'est de peine et de misère qu'il arrive lui-même à se faire comprendre!

De même, mais en inversant les points cardinaux, Jean Bart (1650-1702), le marin le plus célèbre du XVIIe siècle, né à Dunkerque, à sa manière comblé au moins autant d'honneurs que l'était son compère Racine, quoique jamais il n'ait vécu à Versailles, dut apprendre le français pour servir le roi de France, et le fit à titre de langue étrangère. Je crois bien qu'il parlait flamand. Si ma mémoire est bonne, on ne parlait pas encore spontanément français à Nîmes. En Bretagne non plus, cela va de soi, où seule la bourgeoisie des villes, par ailleurs peu nombreuses, faisait des efforts pour le pratiquer. En Alsace, en Lorraine moins universellement mais quand même, on parlait une variété locale d'allemand, certainement pas le français. Au pays basque, on parle basque. À Nice, on parle niçois. On le fait toujours, quand on est nicéen. À Monaco, on se croirait en Italie, allez-y, vous verrez. Bref dans tout l'ancien pays d'oc, donc la moitié sud de la France, on est fréquemment aujourd'hui bilingue, après deux cents ans de République, l'école française obligatoire, le service militaire, la presse, etc. Il faut le faire! Il va de soi, point besoin d'être grand clerc pour le saisir, que vers 1650 le français y était une langue d'importation, celle du pouvoir et de ceux qui se frottaient à celui-ci.

Si d'autre part à l'est on parle quelque chose comme l'allemand, qu'au nord on est déjà flamingant, et qu'à l'ouest on s'obstine à causer breton, on peut se demander, en même temps que la tête nous tourne, ce que pouvait bien être le territoire proprement français dans le royaume de France!

Eh bien il me semble, à bien y regarder, et n'importe quelle carte confirmera mes soupçons, que l'aire du français correspond à peu près à ce que l'on pourrait appeler les pays de la Loire, vers l'ouest et à partir du centre, d'une part, de même, d'autre part, qu'à ceux de la Seine, vers le nord toujours à partir du centre, en traversant Paris. Je désigne ici quelque chose comme les axes de la dispersion du français, je ne cherche pas du tout à en délimiter les frontières avec rigueur, donc ne me chicanez pas, s'il vous plaît.

Dans ces pays, qui incluent la Champagne et la Picardie, mais ni le Nord, ni la Normandie, ni la Bretagne, on a toujours parlé français, le français y est né: dans l'Isle-de-France, le pays autour de Paris, il s'est bien développé, y devenant la langue impérialiste que l'on sait, dont la plus belle conquête, mais si tardivement! fut la République française. Car avant 1789 on se souciait de la langue des sujets de Sa Majesté comme d'une guigne. La République y mit bon ordre, voulant tout unifier, et d'abord les esprits, pour éliminer les mauvais, naturellement.

Si vous vous demandez à quoi peut bien rimer mon cours d'histoire, eh bien voici, il rime à vous faire saisir pourquoi aujourd'hui dans la vallée du Saint-Laurent et autres territoires attenants on parle toujours la langue du roi de France. Vous devriez, étant donné que le courant migratoire qui nous a fait traverser l'Atlantique s'est tari vers 1650, avoir compris que si nos ancêtres, visiblement, ne parlaient ni le flamand, ni l'allemand, ni l'occitan, ni le breton, ni le niçois et encore moins le basque, c'est qu'ils parlaient français. Autrement il y a belle lurette que nous causerions anglais et rien d'autre, le français à titre de langue étrangère n'ayant pu tenir tête à l'anglais.

Me voici donc en train de vous délimiter, à l'intérieur de la France, le contour des provinces autrefois habitées par nos aïeux. Au nord la Normandie, au centre Paris, vers l'ouest tout le pays drainé par la Loire, jusqu'à Nantes, tout près de La Rochelle. Des noms connus: Honfleur, Dieppe, Saint-Malo, Nantes, La Rochelle. Des ports de mer. Nous y avons transité. Des coques de noix ont pour de bon sevré nos ancêtres de la France.

Tout ce beau monde, ayant mis pied à terre quelque trente jours plus tard, parlait la même langue, quoique... chacun utilisât les mots de son terroir. Cela dut faire une minuscule tour de Babel, pas de quoi perdre les pédales, juste de quoi s'entendre. Il fallut émonder, tailler, découper: et on finit par accoucher du français tel qu'on le pratique toujours au Canada, avec les anglicismes en moins. Ce français-là fut à la fois très semblable à celui du peuple de

Paris, et aussi tout à la fois une mosaïque de traits régionaux nulle part ailleurs mis en état d'interagir. Ce sont de ces termes inconnus du français de Paris que je parle quand j'écris «régionalismes».

Parce que nous sommes tributaires du français d'Anjou, nous utilisons des *chaudières à vaches*, et notre niais national porte le nom de *Batisse*. On y dit toujours *beau dommage!* à l'occasion, de même qu'on y rote en émettant notre *beuc!*... si caractéristique... Un glouton y est un *safre*, la brouette une *beurouette*. On s'y *escuse*, la *gadille* pend au nez du morveux, on dit *icitte*, *ioù? itou*. Le matou y est un *marcou*, dans l'écuelle il peut y avoir des *v'limeux de mottons*.

J'en passe, et des centaines. Et j'ajoute que les régionalismes, tout récupérés qu'ils aient été, en Anjou, n'ont pas forcément respecté les frontières de ce pays! Il va de soi que rien n'empêche de les retrouver ici et là, au Poitou, en Normandie ou à Paris, ville de tous les migrants.

J'ai retrouvé notre *tourtière* (qui certes n'a jamais eu rien à voir avec d'imaginaires nuées de tourtes... ou de tourterelles!) dans la grand-rue de Sarlat-la-Canéda, au Périgord, dans le Massif central, très loin des parages coutumiers de nos ascendants, croyez-moi! Le pâtissier qui en était tout fier m'en a d'ailleurs fort gentiment photocopié la recette!

Dans tout l'Ouest on fait des *barbots*, dans le Maine (gare à la prononciation, hein?...) on dit un *suce*, en Normandie, en Picardie on se demande si quelque chose *adonne* oui ou non, dans le Poitou les fruits sont parfois *poqués*, notre *bleuet* est normand, notre *pantoute* ou pas-en-tout ressemble fort au point en tout angevin! En Touraine, comme partout ailleurs toutefois, le couvercle est un *couvert*, tout comme ici.

Qu'est-ce à dire? Ceci, incontestablement, en premier lieu, que ce que nous parlons ici est du français, rien d'autre, et qu'au surplus on n'a jamais parlé que celui-ci. Mais qu'en même temps il n'est pas tout à fait, ni dans sa prononciation, ni dans son vocabulaire, ni dans ses expressions, identique à celui de Paris. En France, l'unité linguistique s'est faite plus tard qu'ici, depuis Paris, à partir de 1789. Nous nous étions déjà unifiés au XVIIe siècle, autour d'un consensus issu des provinces de France situées au nord et à l'ouest de Paris, sans pourtant que la capitale soit exclue, mais non à partir d'elle. D'où l'existence en parallèle de deux normes: mais il est clair que la nôtre présentait infiniment plus de traits distinctifs, mettons, avant 1914, que maintenant. Car depuis un demi-siècle la norme de Paris s'est ici largement substituée à celle des provinces. Les citadins que nous sommes devenus ne parlent plus comme les ruraux que nous étions naguère. Cela nous a grandement «francisés» au sens «parisien» du terme.

Ceci dit, nos régionalismes sont là pour servir de témoins à une époque, celle de nos origines et de nos provenances de France. Comme un semis de roches, de blocs erratiques, arrachés à la doulce terre de France, et déposés au hasard des errances auxquelles nous devons d'être aujourd'hui enracinés en ce dur et froid royaume de Borée.

ADONNER	BEUC!	S'ESCUSER
convenir	le bruit d'un rot...	s'excuser
PICARDIE, NORMANDIE	ANJOU	ANJOU
BARBOT	BEUROUETTE	GADILLE (AU NEZ)
pâté	brouette	roupie
MAINE	ANJOU	ANJOU
BÂTISSE	BLEUET	ICITTE
jobard, niais, patate	myrtille	ici
ANJOU	NORMANDIE	ANJOU
BEAU DOMMAGE!	CHAUDIÈRE À VACHES	IOÙ?
bien sûr! mais oui!	seau	où?
ANJOU	ANJOU	ANJOU

ITOU aussi ANJOU	**POQUÉ** (UN FRUIT) meurtri POITOU	**VELIMEUX, VLIMEUX** espiègle ANJOU
MARCOU matou ANJOU	**SAFRE** gourmand ANJOU	**TOURTIÈRE** tourte PÉRIGORD
MOTTON grumeau ANJOU	**SUCE** tétine NORMANDIE	

Restrictions

Il y a restriction quand on est pingre, radin, séraphin. Alors ce qu'on refuse, c'est de faire travailler, bosser, trimer un signifiant. On le met dans la ouate, avec un pauvre petit signifié de rien du tout, comme si d'être exposé au grand vent allait le faire crever de consomption galopante. Ça le dégourdirait plutôt, mais enfin.

Toujours est-il qu'on l'ankylose, qu'on l'enkyste même. Prenez ANGINE. Toujours grave, cardio-vasculaire, bref «de poitrine». Mauvais signe. Jamais banale, automnale, le mal de gorge en somme. Dans un cas, angoisse et nitroglycérine. Dans l'autre, irritation et pastille de nanane. Pas pareil. De même notre TRACTEUR, infailliblement agricole, exaspérant quand on est forcé de le suivre piam-piam sur la grand-route. Jamais ce qui tracte une remorque ou semi-remorque, et qui, avec l'une ou l'autre, constitue un poids lourd. L'objet roule rarement au pas! À moins qu'il n'essaie de faire marche arrière dans une ruelle, naturellement. Ou encore, VITRINE. Constamment une certaine devanture de magasin, où la marchandise est exposée, d'où le léchage de vitrines. Impensable dans un appartement ou une maison, sans raison commerciale quelconque, comme ça, pour le plaisir de mettre son dada en valeur, pour la montre un brin ostentatoire. Ce meuble consacré à la parade, et forcément vitré, quand il existe ici, doit bien être baptisé, mais autrement. Il y a restriction flagrante delicto. Le cas de VERGER est analogue, encore qu'en partie justifié par l'abondance des pommes, ne désignant ici que la pommeraie, au point qu'un verger d'abricotiers ou de pruniers fasse son petit effet de stupeur brève. Restriction mentale. Scotomisées, les prunes!

Le cas des ARCHIVES, forcément nationales, est intéressant. Le Québec peut disposer d'archives, ou le Canada. Un archiviste y fera son miel. À la rigueur telle grande maison, mettons celle des Montmorency ou des La Rochefoucaud. Avec plein de blasons, au détour de Versailles surtout. Avec un archiviste-héraldiste pour y mettre de l'ordre. Devant une simple entreprise commerciale, on renâcle. Ça manque de dynamisme. Les archives d'Hydro-Québec? À l'extrême rigueur. Mais celles de GM?... Le morceau est conséquent... Imaginer qu'un «archiviste» puisse en plus y officier, hum... Cette réticence explique sans doute que toutes nos universités aient hérité d'un *registraire*, découpé dans la pâte du *registrar* des universités américaines, plutôt que d'un secrétaire-archiviste, carrément «impensable».

Avec le CONVOI, les choses se gâtent à mort. Une restriction qui serre la gorge, toujours funéraire, la dernière promenade en Cadillac, les corbillards chargés de fleurs, après une courte station sur un catafalque et sous le *poêle*... des tas de mots d'intense restriction, destinés à ne servir qu'une fois, et encore, à la dernière seconde! Pourtant, ledit convoi peut être composé de roulottes ou de caravanes, de camions ou de voitures, et ne pas aller directement au cimetière! Il peut être également ferroviaire, militaire, ou maritime. Il a souvent été constitué de prisonniers ou de réfugiés. Bon, admettons: un signifiant souvent lugubre. Intensément restreint.

Ajoutons pour finir quelques mots à propos de la TRANCHÉE, associée à la guerre de 14-18, inattendue en forêt, par exemple sur les pas d'une ligne de transmission hydro-électrique ancrée dans un sillon qui porte bien ce nom. Elle peut de même creuser un monticule sur le passage d'une voie ferrée, les convois ferroviaires n'ayant pas l'habitude de pratiquer l'escalade montagnarde. Elle est bien nécessaire lorsqu'il s'agit de réaliser un canal. Modeste, domestique, elle s'ouvre pour accueillir des fondations, une plantation ou tout bonnement l'eau de ruissellement qu'elle dérivera vers un fossé.

Les restrictions amputent les signifiants de leurs signifiés, ne faisant subsister qu'un cul-de-jatte sourd-muet au lieu d'un homme-orchestre. C'est bien incommodant, pour la jactance, s'entend.

ANGINE (DE POITRINE)	**CONVOI** (FUNÈBRE)	**TRANCHÉE** (MILITAIRE)
mal de gorge	convoi (routier) convoi (ferroviaire) convoi (militaire) convoi (maritime) convoi (de prisonniers) convoi (de réfugiés)	excavation, fondations d'une voie de communication: route, canal, voie ferrée forestière utérines
RESTRICTION	RESTRICTION	RESTRICTION

ARCHIVES (NATIONALES)	**TRACTEUR** (AGRICOLE)	**VITRINE** (DEVANTURE)
archives (d'université) archives (d'entreprise)	tracteur (routier)	vitrine de salon vitrine de musée montre de magasin
RESTRICTION	RESTRICTION	RESTRICTION

Contre les pédants

ou

**Considérations critiques
sur les hauts et les bas du français
à l'orée du troisième millénaire**

Parlez-vous frenglish?
Welcome to France!

Attendez... que je me souvienne, moi aussi... ah oui! C'était en 1968, oui, voilà, quatre mois après une espèce de révolution juvénile qui avait réjoui la jeunesse de France, partagée entre stalinistes, trotskystes et maoïstes: tout à l'envers pendant tout le mois de mai... un beau spectacle, ça oui! Je débarquais pour la première fois à Orly fin septembre, j'avais un quart de siècle d'inexpérience. La France de cette année-là, je devrais dire de ce cru-là, allait bientôt subir une vraie révolution, et l'ignorait. Sa jeunesse croyait dur comme fer bâtir un avenir tout marxiste; ce qui l'attendait et que ses enfants inaugureraient, était un avenir tout made in USA. Forcément la langue allait en témoigner. D'ailleurs, la France et moi, nous nous croisions et l'ignorions: elle, s'embarquait pour l'Amérique, à bord du U.S.S. B.D., pour «bandes dessinées», moi, tout à fait à rebrousse-poil, je faisais voile à bord d'un «vieux rafiot craquant», comme le chantait Charles Aznavour, j'abordais une France morte à peu près au mois de juin 1940. Forcément on n'allait pas toujours s'entendre! Bon. Aujourd'hui mon rafiot on l'a vendu aux antiquaires, et à Roissy-en-France, là-bas, où s'étale l'aéroport Charles-de-Gaulle, c'est tout aussi anglais qu'à New York. Business is business.

En 1968 la France ressemblait encore à celle dont les films venus de France nous avaient donné le goût: celle de Fernandel, Bourvil, Gabin et de Funès. De vrais bistrots, tout un tas de petits commerces, et les femmes qui y remplissaient, d'escale en escale, leur filet, chaque jour, rares étant les réfrigérateurs. De vrais clochards, et les dernières heures des Halles. Des agents cyclistes à képi, d'autoroutes, point. Et abordable, la France. Mon budget d'étudiant m'y fait vivre sans jamais me serrer la ceinture. Déjà, cependant, mine de rien, l'Amérique faisait entendre sa voix: et la France l'écoutait. Elle répétait, même. S'habituait. Tout doucement. 1945 avait répandu le G.I., les Jeep, la Camel et la Lucky Strike, et bientôt cette chose merveilleuse, exquise, que Sartre avait découverte à New York... le parking! Mais, il faudra me pardonner, j'ai oublié l'essentiel, la petite part d'Amérique que tout le monde peut porter constamment sur soi: le chewing-gum. Les Français se mirent à mâcher ça, à fumer ça, la Camel, et à boire ça, le whisky. Où? Dans un BAR, voilà où. Et là, dans un coin, le juke-box répandait la voix de Frank Sinatra. Les plus jeunes pouvaient toujours s'adresser au milk-bar. En attendant la T.V., et l'Amérique donc, dans leur living-room, à condition d'atteindre le standing idoine, les juniors pouvaient aussi détourner leur regard vers l'Oncle Sam en ouvrant hebdomadairement leurs B.D. Lucky Luke, Buck Danny, des tas de G.I., de Jeep, mais en Corée cette fois, un sale pays, allez! Tout autre chose que les chevaleresques aventures du gentleman-aviateur Biggles, ou celles de tous ces héros de Jules Verne, collectivement nés non en France mais en Angleterre ou aux U.S.A.

Il est vrai, indéniable même, que l'Angleterre avait dûment préparé le terrain, labouré les esprits, semé de petites graines d'anglais. On espérait, avec la semaine anglaise, le week-end, le bridge, le golf peut-être. Les Anglais après tout avaient bien fait ce royal cadeau des waters (prononcez ouatères, mais ne l'écrivez pas: mauvais genre), après celui du tennis, du football, du rugby, etc. Et les Français s'y étaient mis. L'Amérique, pour le piment, y ajoutait la boxe, le basket, le gangster, le Far West, le saloon, le cow-boy, la vamp, etc. Main dans la main, une de chaque côté du cou, en contournant la nuque. Pour respirer, on s'arrangerait. L'air, ça doit bien pouvoir s'acheter.

L'Amérique exporta le bulldozer, l'idée du melting-pot (un succès vertigineux!), la kitchenette et le self, je parle du restaurant, qui a soigneusement préparé les estomacs des autochtones, bien trop délicats, au fast-food et au junk-food. Le café se fit EXPRESS: on me prévient qu'ESPRESSO, ce mot venu de son pays d'origine, était mal vu. Depuis on a empilé le hot-dog, le hamburger, le coca-cola, le banana split et la... chicken salad!

Tout ça bizarrement mêlé à un antiaméricanisme de bon ton, amplifié jusqu'à la lune par la guerre du Viêtnam: tous pour l'Oncle Ho! Oublié, Diên Biên Phû! À peu près autant que les plaines d'Abraham. Mais le raz-de-marée n'en continua pas moins son petit bonhomme de chemin. Les call-girls, on connaissait depuis belle lurette: arrivaient désormais les teenagers en baskets, en blue-jeans et en tee-shirts. Dessous, le slip, et sur la plage, en vraie pin-up, le string au cul. S'il fait frais, le pull-over. S'il fait chaud mais pas trop, le bermuda, ou le short. Vous voulez avoir l'air d'un vrai US Marine? Achetez donc un battle-dress au SURPLUS US. Le tout, du baby au junior, se vendant comme de petits pains chauds grâce au travail colossal des P.R.: public relations. C'était les sixties! À moins que mon chronomètre ne soit détraqué, Michel JAZY devait être recordman de France de sprint. Et quelqu'un d'autre, du sexe opposé, RECORDWOMAN. Slowly but surely, on avale les couleuvres. Moi, j'écoute.

En mai 1968 ils avaient bien gueulé, les jeunes. Les seniors les avaient regardés gueuler. Le show, un happening, quoi. Les CRS limitaient les dégâts. On a tout arrêté quand les juniors, après avoir arraché les pavés du boulevard Saint-Germain, se sont mis à abattre les platanes. Histoire de fabriquer des barricades. Ah 1918! Ah 1870! Ah 1793! Alors on a jugé qu'il fallait sonner l'heure du dodo. De Gaulle y a quand même perdu le pouvoir. Ouste, papy! À Colombey! A new France is born! Pompidou prit le pouvoir, on fit un grand remue-ménage dans les universités de France, la source même du grabuge de 1968. On créa, faute de réformer les universités existantes, de nouvelles universités: à l'américaine. Le recteur se fit président. La chaire du professeur, département. La Sorbonne y périt corps et biens, y perdant jusqu'à son nom: Étiemble en fit une belle colère. Le prestigieux «doctorat d'État», sans égal ailleurs, fut dûment sabordé à son tour, remplacé par un «doctorat de troisième cycle» dépourvu de tout prestige. Il fallait créer quelque chose de même niveau que le Ph.D. américain. *L'EXPRESS*, un news magazine absolument copie conforme des tabloïds made in USA, le répétait de semaine en semaine: *Le soleil se lève à l'ouest!* Vingt ans plus tard son directeur, Jean-Jacques Servan-Schreiber, enverrait en même temps ses quatre grands garçons étudier à Harvard. Un must, comme ceux de Cartier. Sinon, il faut allumer les WARNINGS. On me dit que Princeton University (ne dites JAMAIS «l'Université Princeton»: c'est pis que cul-terreux) a même ouvert une succursale à Paris... Et que le roi du Maroc, grâce à l'argent de celui d'Arabie, a ouvert une université toute neuve consacrée essentiellement à la recherche, et où, pour plus de commodité, l'enseignement, et tout, et tout, se ferait en anglais. On n'arrête pas le progrès, que voulez-vous. Sans doute y préparera-t-on des candidats venus de France à ce prestigieux grade que l'on appelle MASTÈRE... Remarquez on a déjà compris qu'il fallait faire les premiers pas. Les étudiants de France peuvent demander leur International Student Identity Card (en petits caractères la traduction française suit...); tout au pied de cette carte, en caractères géants: STUDENT. Voilà. Ne reste plus qu'à profiter des charters ou à voyager en stand-by.

En 1969 déjà, j'étais à Nice et la jeune veilleuse de nuit de mon hôtel avait toujours le nez fourré dans ses bouquins. Inquiet, je lui ai demandé ce qu'elle fabriquait là-dedans. Elle fabriquait une licence d'anglais: «Je suis angliciste, j'étudie au centre universitaire...» Elle est niçoise, espère bien s'établir à Nice ou autour, afin d'y enseigner l'anglais. L'Italie est à une demi-heure de train... mais elle ne songe pas du tout à apprendre l'italien! What for? Elle fait comme 95 % des lycéens de France, qui ont opté pour l'anglais. Tant pis pour l'espagnol, pour l'allemand... *SKY MY HUSBAND!* titre un succès de librairie. Et pour s'initier à l'anglais, on propose *The Adventures of TINTIN*. Pourquoi pas celles de JOAN OF ARC?

Il existe des écoles primaires privées bilingues en France: elles font des ravages et se pâmer bien des parents de jalousie. En 1970, à Sherbrooke, où ils ont débarqué pour y faire un mastère de gestion made almost in USA, une trentaine de diplômés des grandes écoles les plus renommées de France s'installent au sein d'une population francophone à 97 %. Devinez où ceux qui ont des enfants d'âge scolaire sont allés inscrire ceux-ci? C'était avant la loi 101... Je protestais! L'un d'eux me répondit qu'«une chance pareille, on n'allait quand même pas la louper!» Quelque vingt ans plus tard, l'Institut Pasteur, à Paris, décidait de supprimer, non les articles de sa célèbre revue scientifique de microbiologie qu'on y aurait jusque-là publiés en français, tous ses articles étant *déjà* publiés *en anglais*, mais les résumés, les courts *sommaires* qui faisaient suite à ces articles: honteusement rédigés en français! Au même moment un physicien de France publiait un article qui allait lui valoir le prix Nobel: un article intégralement en anglais.

En Hollande on trouve la Holland University Press. À Louvain, où durant un millénaire la France eut rendez-vous avec la Belgique, trône aujourd'hui, après la mise au ban de tout enseignement en français et l'expulsion de tous les professeurs francophones, la LEUVEN University Press. À Lyon une entreprise française de calibre internationnal tient chaque mois une réunion de son conseil d'administration en anglais... comme ça, parce que c'est comme ça... business IS business.

1969. À Paris au pied du Sacré-Cœur. À deux pas de la place du Tertre, de Montmartre, de Pigalle. Un vendeur ambulant s'est immobilisé et pousse un cri, le répète, attend qu'il fasse son petit effet. Nous sommes début décembre. Pas beaucoup de touristes. Son cri c'est: «DO-NOTS!» Je saisis et vois qu'il s'agit de DONUTS. Je m'approche: «C'est pas des beignets ça?» Je fais l'âne pour avoir du son. «Non! C'est des DO-NUTS...» Aujourd'hui, si l'idée me traversait l'esprit de faire l'âne, je disparaîtrais sous un EVEREST de son.

Telle collection affiche ses couleurs: COUNTRY GUIDE. Tel amateur, pardon, FAN de mountain bike possède deux ou trois sponsors: il est sponsoré ou sponsorisé, au choix: un heureux! Il doit porter le pin's de sa divinité sponsorisante. Au tennis aussi on aime le fric: et l'omnium de France s'affiche fièrement dans la langue du fric: le FRENCH OPEN! Believe it or not. Les appareils photos sont autofocus, on joue au flipper, on achète des «lecteurs de C.D.», pour Compact Disc. C'est écrit sur l'appareil lui-même. On soigne le LOOK quand le produit est TOP NIVEAU. Telle boutique spécialisée dans la vente au détail des jouets annonce fièrement (c'est son nom!): TOYS!

Dans les hôtels, partout, les petits mots qu'on affiche dans les chambres sont rédigés en français et en anglais. Rien d'autre. En Espagne, et encore, là où les touristes n'abondent même pas, loin de la côte, je trouve du français, de l'allemand... Un ami à moi reçoit un mot d'un hôtelier qui lui demande un «deposit» de tant... dans une lettre par ailleurs rédigée en français! Isabelle Adjani joue dans un film diffusé partout dans le monde. On y est à Paris dans le métro. Métro est assurément un des mots français les plus connus au monde! Le film titre: *SUBWAY*. Dans le métro, d'énormes affiches vantent tel papier hygiénique: et le baptisent papier toilette... Dans le train, je profite de tarifs avantageux, je me suis muni de la FRANCE RAIL PASS. Vous avez votre PASS?... Et les TRAVELLER'S? Question ridicule: pourquoi le Réseau Express Régional (RER), le métro de la lointaine banlieue, à Paris, ne s'appelle-t-il pas le Réseau Rapide Régional? RRR? Question de planning?

Autre question: comment a-t-on baptisé le voilier qui représente la France à l'...America Cup (*sic*)? Eh bien voici: le FRENCH KISS. Voyez la revue *GÉO*, n° 90. Tel livre que j'achète a été imprimé à la Normandie Press. Ouvrez maintenant le ROUTARD. Au début les CHARTERS. JUMBO CHARTER, GO VOYAGES. JOKER. SUPER DISCOUNT. Vous préférez le car? Les EUROLINES sont là. Tout ce beau monde a pignon sur rue à Paris. L'eau de Vichy, vous connaissez? Oui? Vous connaissez alors L'EAU TONIC BASIC HOMME? La collection NEW MAN et ses TOP MODELS itou?... Comme on s'amuse. C'est FUN! Ciel j'oubliais! La plus IN des stations de radio F.M. de France titre: FUN RADIO. Les complexes?... Quels complexes?... Vous rigolez?

J'aime les stylos. C'est mon dada. À Besançon j'erre dans les rues les plus vieillottes du monde, sous le charme. À la devanture d'une papeterie, toute une avalanche de stylos me force à pousser la porte. Je m'en mets plein la vue. Malgré ma fascination, tout de même, je distingue parmi les voix celle d'une vendeuse plus très jeune, peut-être cinquante ans: «Celle-ci a une plume *medium*...» Je tique, surpris. Il est vrai que les stylos, en dehors de Waterman et de Bic, sont importés. Et que les importations parlent anglais. Mais quand même... à Besançon!

Je lis dans *Le Devoir* la lettre de protestation d'une lectrice, retour d'un séjour dans un CLUB MED de la Martinique: trop d'anglicismes! Un petit hymne clubique à l'accueil, en anglais, et la recommandation du gentil guide (ou quelque chose d'approchant) de se méfier des «ircés»... Elle finit par saisir qu'il s'agit de ON-DIT: des HEARSAYS... Le guide est français, of course: tout le groupe est québécois. Il les accueille en français...

À Nice au guichet de la gare ferroviaire j'attends mon tour. Devant moi un garçon de vingt ans, très brun, très latin, demande en un français hésitant à réserver trois places dans le TGV de Paris. L'autre, réagissant à l'accent, lui répond dans un anglais d'un macaronisme absolument invraisemblable que le TGV est complet: mon latin, fasciné, réagit tout à coup, et pouffe, mais pouffe! Puis, se tournant du côté de deux adorables jeunes filles bien basanées, leur raconte *en espagnol* que le TGV est complet... Déjà il y a eu SHEILA, et puis Johnny Hallyday, et Sylvie Vartan avec ses chorus boys d'Amérique, et enfin Cabrel qui met des paroles françaises sur des musiques empruntées quelque part dans le Sud des États-Unis d'Amérique... À Pigalle au Crazy Horse les filles sont des GIRLS, le garçon de Véronique Sanson s'appelle Christopher, Vanessa Paradis, dans l'un de ses C.D., chante une toune en anglais, et en fait suivre le texte d'une notule ainsi conçue: It may be broken English but we like it this way! Or le texte est si authentiquement «colloquial English from Britain» qu'il n'a d'aucune façon pu être écrit par un francophone... De la pure mise en scène: mais ça plaît... We like it like that! Cabrel adopte Richard Desjardins et reprend une chanson digne de Willie

Lamothe: il a craqué, n'a pu résister! Cette musique est de la très banale musique de cow-boy tout ce qu'il y a de plus commercial, de plus usé à la corde...

À Calais je rends ma voiture de location. Un gendarme nous dirige du côté des «ferries» qui vont nous conduire en Grande-Bretagne: «This way please... etc.» Je lui signale que nous parlons français! Il rigole et continue: «This way, please...» Je commence tout à coup à sentir que l'Europe vient d'acquérir une langue «continentale»... À Nice sur la promenade des Anglais se termine, au FINISH, une course cycliste importante, donc les médias y sont. Un reporter y interviewe la gagnante, une Canadienne de langue anglaise qui lui répond dans un parfait français: un accent à l'état de traces. Tout à coup il passe à l'anglais: naturellement elle fait de même. Après de longues minutes un second reporter intervient: ils sont en direct! «Dis donc, Charles, parle donc en français plutôt, la demoiselle le parle parfaitement... pense un peu à nos auditeurs... tout le monde n'a pas cette chance de parler anglais aussi bien que toi... hé! hé!...»

Il fait la une du *Miroir du cycliste*, une grande revue de France: qui? Le héros français de l'heure. Le *Miroir* titre: «On l'appelle: "French Bird"»... Un vieux monsieur, dans une librairie de Blois, sur la Loire, ramasse un livre format poche tout en causant avec le libraire. Ayant aperçu un titre de collection anglais, il s'exclame: «Ah!... Ah! oui, c'est de l'anglais... Cela fait plus moderne, n'est-ce pas?... Que voulez-vous...» Et il repose le livre sur le dessus de la pile... Que voulez-vous?... Bonne question!

En Espagne, dans un car, j'entends un Espagnol raconter qu'il arrive de Bordeaux, vraiment à courte distance de la frontière, et qu'il n'a jamais pu y amener aucun hôtelier à lui répondre en espagnol... or il ne parle aucune langue étrangère. Il s'est fait plutôt rudoyer, le touriste... Moi, je porte en grosses lettres, sur la casquette que j'ai achetée à Paris, une casquette fabriquée en Corée, le mot PARIS... Il conclut: «Un pueblo muy duro...» Un peuple sans pitié... Le pauvre, il n'a pas compris que pour le faire filer doux, il suffit de l'engueuler en anglais!

À Gand, en Belgique, on me répond en anglais. Dans la ville de Luxembourg, devant la gare, une marchande à qui je demande la direction du Syndicat d'initiative local me pousse un rugissement en guise de réponse: «Geradeaus!» En allemand ça veut dire: «Tout droit!» Et son air ajoute: «Et puis allez vous faire foutre!» Le français est langue officielle, en Belgique comme au Luxembourg... Une élève corse à moi, en visite chez elle, raconte le Québec, la lutte pour le français, on lui répond: «Comment, Simone, tu te bats pour le français?... Ici on leur parle corse, et puis on leur apprend l'anglais...» Tel ministre de Pompidou, à la télé, répond à un journaliste indiscret: «NO COMMENT...» J'imaginais Charles de Gaulle... Beaucoup avait changé, en France, vers 1968.

Les choses ne sont plus ce qu'elles étaient: elles ont pris un sérieux coup d'anglais, comme on dit un coup de soleil, et le cancer les guette. On peut protester contre la langue de la publicité dans les périodiques de France: on a du pain sur la planche! Telle pub made in France du scotch écossais JEB se trouve accompagnée d'une note indispensable: «Prononcez DJAY AND BI»... Quant au whisky canadien Canadian Club, on précise son essence: «the Spirit of Canada». Tout le monde sait bien que le Canada est un pays anglais depuis 1759. À Paris je m'adresse dans la succursale d'une banque française au chargé des dépannages via les cartes de crédit. Il doit obtenir l'autorisation de quelque manitou, la demande par téléphone, prend ma carte, celle de la Banque canadienne nationale (ça fait quelques années que le mal court, comme on le voit) et y lit la-bo-ri-eu-se-ment, juste à côté de son libellé français, le nom de la banque qu'on lui demande à l'autre bout du fil: Ca-na-dian Na-tio-nal Bank... Depuis belle lurette déjà la célèbre liqueur Bénédictine a mis sur le marché un nouveau-né: «B *and* B»... Doit-on prononcer «Bi and Bi»? Je vois mal pourquoi on se priverait de ce subtil plaisir. Tenez, prenez cette pub de la bière brune brassée (Bi and Bi and Bi?...) en France par la brasserie française Pelforth. Une noire ravissante y est juxtaposée à une bière brune, et le texte conclut que BRUNE IS BEAUTIFUL... C'est tout. Tout le monde a compris. Il y a des précédents. Déjà (c'était, ouf!, il y a longtemps longtemps...) je demandais à mon père ce que ces mystérieuses lettres voulaient dire, que je lisais sur la bouteille de cognac: V.S.O.P. Il me répondit: Versez Sans Oublier Personne. Pensez-y! Cela veut dire et a toujours voulu dire: Very Superior Old Pale.

C'est comme une vague portée par la marée montante: ça vous mouille les pieds, et un peu plus chaque fois. Vous voulez un appareil photo épatant? La pub vous vante l'AUTOFOCUS F 501, signé NIKON. Qu'est-ce? Rien de moins que: *The European Camera of the Year*. Le magazine vient de Paris. L'UNESCO aussi: sans traduction, tel quel. Comme l'encre Waterman dans son emballage qu'on vient tout juste de remplacer. Or impossible d'ouvrir cette petite boîte de carton sans y lire obligatoirement: *Waterman Ink*. Le français est sur la face *arrière*! Impossible, où que vous soyez en France, de lire le moindre mot de français sur les chandails imprimés que portent jeunes et beaucoup moins jeunes: que de l'anglais, rien que de l'anglais. On se croirait aux U.S.A. En Espagne, par contre, on lit de l'espagnol partout, sur les mêmes chandails...

Je ne lis que de l'anglais sur les traversiers qui vont en Angleterre, en Corse et au Maroc. Ce sont les BRITANNY FERRIES, les CORSICA FERRIES et les PAQUET FERRIES. Trois entreprises françaises. Et la Corse! Et le Maroc! Inouï!... Renault, peut-on être plus français? fait sa publicité *en France* pour la CINQ, la Renault 5: elle y est présentée comme LA FIVE... Vous la désirez AUTOMATIC? Cela s'écrit tel quel. Avec le ABS. Devinez de quelle langue ces lettres proviennent? Gageons que ce n'est pas de l'allemand... Renault préfère l'anglais, voyez-vous. Savez-vous comment s'appelle le Concours hippique international qui porte son nom? Le RENAULT JUMP FINALE! Ça se trouve dans le *Figaro*

Magazine (*sic*) du samedi 7 décembre 1991. Vous ne croyez pas sérieusement que depuis on a fait amende honorable?

Évanouie depuis longtemps l'époque où André Malraux pouvait impunément dans un de ses romans donner à un Chinois le nom de Li... Qui oserait aujourd'hui ne pas écrire LEE? Vous l'écrivez avec quoi? Tenez, pourquoi ne pas en profiter pour faire l'essai d'un stylo Mont Blanc? N'est-il pas (c'est ce que prétend le magasine *GÉO*) The Art of Writing? Faites-le dans votre Volvo si vous voulez: la Volvo c'est HOME SWEET HOME! Faites-le dans votre hôtel ALTEA, «à la fin d'une journée bien remplie: Shopping ou Business». Vous manquez de sous? Sonnez le ROOM SERVICE, bientôt vous paierez votre stylo en ÉCUS: European Currency Unit. Mettez-vous à l'heure européenne, grâce à une montre de qualité. Une «Maurice Lacroix of Switzerland» par exemple: ou encore une Hermès de Paris: Waterresistant et Swiss. Une TAGHEUER vous aidera à demeurer COOL: DON'T CRACK UNDER PRESSURE. SWISS MADE SINCE 1860.

Vous croyez que ça ne concerne que la Suisse? Pas sûr. Je vois à la télé un petit *briefing* donné par un chef d'escadrille belge à ses pilotes belges: en anglais. J'écoute un merveilleux disque enregistré par Nana Mouskouri, les chansons françaises les plus traditionnelles qui soient. Curieux de la maison qui me fait ce cadeau, je cherche son nom. Le voici. Éditions Intersong, Paris et Éditions CHAPPELL. C'est écrit en toutes lettres! Le titre du C.D.?*Vieilles chansons de France*... En Angleterre on cause anglais. Pour y aller il faut traverser le CHANNEL: les Britanny Ferries y voient. Ou emprunter le tunnel sous la Manche. On a dépensé un million de dollars US pour décider entre Anglais et Français du nom que porterait la navette ferroviaire seule autorisée à circuler sous l'eau. Dans un entrefilet, un tabloïd US, le *TIME*, s'en gausse: un *million* pour aboutir à ça: LE SHUTTLE!! Vous connaissez peut-être Paul Bocuse? C'est le plus connu des chefs actuels de la nouvelle cuisine française, il officie près de Lyon. La société Hasselblad, qui fabrique des appareils photos, l'a croqué, histoire d'en faire une publicité. Titre impeccable, européen en diable, BEN OYNE USED A HASSELBLAD TO SHOOT PAUL BOCUSE. Qui a payé la pub? HASSELBLAD FRANCE S.A. PARIS... C'est dans le magasine *GÉO* M 1588. Pouvez aller visiter, je vais vous attendre...

Il faut bien s'arrêter. Je m'arrête. J'aurais pu continuer. J'aurais fini par vous lasser. À un moment donné, l'effet ras-le-bol fait qu'on devient agressif. J'aurais pu vous dire que pour l'*Encyclopédie Larousse* Robin des Bois s'appelle Robin Hood, qu'un IGLOU y est un IGLOO, un ESQUIMAU un ESKIMO... À quoi bon? Saturation! J'ai laissé tomber les TANKER, CONTAINER, BULLDOZER, PACE MAKER, PERCHMAN et CASTING: parmi des centaines d'exemples de la démission du français face aux *mots*. J'ai renoncé aux CANTERBURY, BRITISH MUSEUM, MAXIM'S et MAMY...

Je vous signalerai tout de même que le célèbre animateur de la très très célèbre émission APOSTROPHE a menacé (il est aussi connu qu'ici Yvon Deschamps), à l'occasion du projet de modernisation de l'orthographe du français, de déterrer la hache de guerre si l'on donnait suite au projet de supprimer l'accent circonflexe sur le U de VOÛTE... Il a dit: «Je me battrai!...»

Paris-Match: «La love story entre Ivana Trump et Ricardo Mazzuchelli». On chante désormais: Happy Birthday to you! On parle des «fans de pop stars» et Fun Radio rend public que chez elle c'est SIX TOPS D'UN BLOCK... Les TOP HITS DES CHARTS US, naturellement. C'est le NEW FRENCH: tel qu'on le cause. Le FRENCHGLISH! Qu'y faire? Rien. Qu'en dire? Ceci.

C'est grave? Évidemment. Bien sûr beaucoup de ces mots IN vont disparaître à brève échéance. On peut toutefois imaginer que d'autres mots IN tout aussi USA les remplaceront. Mais c'est pas ça qui importe avant tout. C'est ce que ça signale: la fin de la France que l'on associait à une culture au prestige mondial. Une France aristocratique jusqu'en 1789, bourgeoise ensuite et jusqu'en 1940. À ce moment-là, la France, KAPUTT. Aujourd'hui, ce qui bouleverse la France, c'est le couplage de sa jeunesse et des médias USA: des médias populaires au pire sens du terme. La révolution a eu lieu: elle ne fera pas demi-tour. La France est devenue une colonie américaine.

Jusqu'à maintenant les emprunts à l'américain ont pris essentiellement la forme des anglicismes LEXICAUX. Mais la mentalité s'américanisant, on peut craindre le pire: que la langue suive, et se métamorphose jusque dans ses œuvres vives. Il est difficile de prédire où cela finira. En guise d'avant-dernier mot, je vous raconterai ce qu'on dit de l'allemand et du français dans *1984* de George Orwell. Un adolescent y demande ce que c'est, ça, l'allemand et le français. Il est anglais, il l'ignore, ce que c'est. Son maître lui répond: TWO LANGUAGES THAT USED TO BE SPOKEN ON THE CONTINENT...

Vous avez compris?

Bon, et maintenant le dernier mot.

Il y a de cela trois ans, au TERMINAL de l'aérogare Charles-de-Gaulle réservé aux CHARTERS, je fais la queue. Lentement nous nous acheminons vers la salle d'embarquement. Au-dessus de nos têtes un MONITEUR nous parle en anglais sur son écran: «The Aéroports de Paris wish you a pleasant flight and thank you for...» Je me dis que tout à l'heure le moniteur fera défiler le même message en français, avant de le reprendre en anglais, et qu'aucune autre langue n'y aura droit...

Je me trompais. Il n'y a pas eu de message en français. Il n'y avait qu'un texte anglais, que le moniteur répétait indéfiniment.

«The Aéroports de Paris wish you...»

Welcome to France!

ABS	BAR	BOXE
système anti-blocage des freins GERMANISME OU ANGLICISME		 BOXING
AUTOFOCUS mise au point automatique	**BASKETS** chaussures de basket BASKETBALL SHOES	**BOYS** CHORUS BOYS
«B AND B» Bénédictine «and» Brandy...	**BATTLE-DRESS** blouson militaire BATTLE DRESS	**BRIDGE** (LE JEU)
BABY taille bébé	**BERMUDA** BERMUDA SHORTS	**BRIEFING**
BANANA SPLIT	**BLUE-JEAN(S)** jean(s) BLUE JEANS	**BRITISH MUSEUM** Musée britannique

BULLDOZER	CAR	LES **CHARTS** U.S.
bouteur		les palmarès américains
		U.S. CHARTS
BUSINESS	**CASTING**	**CHEWING-GUM**
affaires	distribution	gomme à mâcher
		CHEWING GUM
CALL-GIRL	**C.D.** (COMPACT DISC)	**CHICKEN SALAD**
	disque compact disque audionumérique	salade au poulet
CAMEL	LE **CHANNEL**	**COCA** (COLA)
marque de cigarettes	la Manche	
	THE CHANNEL	
CANTERBURY	**CHARTER**	**CONTAINER**
Cantorbéry	«vol nolisé»	conteneur

CORSICA FERRIES «les traversiers Corse-France»	**ÉCU** (EUROPEAN CURRENCY UNIT)	**FAST-FOOD** restauration rapide FAST FOOD
COW-BOY COWBOY	**ESKIMO** esquimau	**FERRYBOAT** ou **FERRY** «traversier» transbordeur bac
DÉPARTEMENT (DANS UNE FACULTÉ) unité d'enseignement et de recherche: UER DEPARTMENT	**EXPRESS** (LE CAFÉ) espresso	LE **FIGARO MAGAZINE** le magazine du Figaro
DEPOSIT acompte arrhes	**FAN** fanatique aficionado	**FINISH** arrivée
DONUTS «beignets»	**FAR WEST**	**LA FIVE** la Renault 5...

FLIPPER	**FUN RADIO**	**HAMBURGER**
billard électrique	station «F.M.» «IN» par excellence...	
F.M.	**GANGSTER**	**HAPPENING**
modulation de fréquence M.F.	bandit	
FOOTBALL	**G.I.**	**IGLOO**
	soldat américain	iglou
FRENCH KISS	**GIRL**	**IN**
nom du voilier français de la coupe Amérique...	danseuse de music-hall (*sic*)	à la mode
FRENCH OPEN (TENNIS)	**GOLF**	**INTERVIEW**
omnium de France		

JEEP	MONSIEUR **LEE** monsieur Li MR. LEE	**MAMY** ou **MAMIE** bonne-maman grand-maman MAMMY
JUKE-BOX	**«L'EXPRESS»**	**MASTÈRE** maîtrise MASTER'S DEGREE
RENAULT JUMP FINALE (*SIC*) finales de saut d'obstacles Renault	**LIVING-ROOM** salle de séjour séjour	**«MAXIM'S»** grand restaurant de Paris
JUNIORS les jeunes	**LOOK** style allure genre	**MEDIUM** (PLUME) moyen (la taille du bec) MEDIUM SIZE
KITCHENETTE cuisinette	**LUCKY STRIKE**	**MELTING-POT** creuset

MILK-BAR	**PACE MAKER** stimulateur cardiaque PACEMAKER	**PIN'S** épinglette FAUX ANGLICISME, DE PIN
MONITEUR (ÉCRAN) MONITOR	**PAPIER TOILETTE** papier hygiénique papier cul, P.Q. (!) TOILET PAPER	**PLANNING** planification
MOUNTAIN BIKE vélo de montagne	**PARKING** parc de stationnement PARKING LOT	**POP STAR**
NEWS MAGAZINE magazine d'information	**PASS** laissez-passer	**P.R.** (PUBLIC RELATIONS) responsable de relations publiques (*sic*) «relationniste»
OPEN (SPORTS) omnium	**PERCHMAN** (CINÉMA) perchiste FAUX ANGLICISME	**PRÉSIDENT** (D'UNE UNIVERSITÉ) recteur PRESIDENT (CELUI D'UNE UNIVERSITÉ PORTE LE TITRE DE CHANCELLOR)

PRINCETON UNIVERSITY Université Princeton	SALOON	SHOW spectacle
RECORDMAN détenteur d'un record champion FAUX ANGLICISME	SELF libre-service	LE SHUTTLE la Navette
RECORDWOMAN détentrice d'un record championne FAUX ANGLICISME	LES SENIORS les vieux les aînés	LES SIXTIES les années soixante
ROBIN HOOD Robin des Bois	SHOPPING «magasinage»	SLIP
RUGBY	SHORT SHORTS	SPONSOR commanditaire patron

SPONSORER ou SPONSORISER	TABLOÏD ou TABLOÏDE	TERMINAL
commanditer patronner TO SPONSOR		aérogare
SPRINT	TANKER pétrolier navire-citerne	TOP NIVEAU très haut niveau FAUX ANGLICISME
VOYAGER EN STAND-BY voyager en liste d'attente TO TRAVEL ON STAND-BY	LES TEENAGERS les ados	TRAVELLER'S CHÈQUE chèque de voyage
STAR 1. étoile 2. as 3. vedette	TEE-SHIRT ou T-SHIRT T-SHIRT	U.S.A.
SURPLUS U.S. excédents américains	TENNIS	U.S. MARINES les fusiliers marins américains

VAMP	WARNING(S)	WHISKY
	feux de détresse	
	WARNING LIGHTS	
V.S.O.P. (VERY SUPERIOR OLD PALE)	**WEEK-END**	
	fin de semaine	
	WEEKEND	

À propos du *Robert québécois d'aujourd'hui*

Les dictionnaires sont des objets paradoxaux. D'abord ils coûtent cher. Surtout s'ils sont de France. Les américains sont nettement moins ruineux. Le champion toutes catégories étant le *GAGE*, un dictionnaire canadien de langue anglaise dont l'édition brochée coûte un prix absolument ridicule, quelque chose comme huit dollars! Et, ma foi, le *GAGE* est un excellent ouvrage! Pour se procurer un *Petit Robert*, on doit débourser sept fois cette somme. Entre-t-on alors en possession d'une somme de connaissances sept fois plus grande? Sûrement pas. Alors pourquoi cette différence de prix?

Pour quelle raison donne-t-on sa préférence au *Petit Robert* plutôt qu'au *Petit Larousse*? Après tout, ce dernier possède une indispensable section encyclopédique. Pour obtenir l'équivalent, on doit acheter, au prix fort, un *second Petit Robert*! On se retrouve alors avec un compte en banque allégé de plus de cent dollars. C'est beaucoup! Est-ce rentable? Qu'obtient-on en échange? Car enfin, si beaucoup se contentent du *Petit Larousse*, doit-on penser qu'ils se privent d'une nourriture spirituelle essentielle? Pâtiront-ils de ce choix, celui-ci se révélera-t-il ruineux? De quoi au juste seront-ils hélas privés?

La question n'est pas dépourvue d'intérêt: ces ouvrages de référence se disputent un marché particulièrement lucratif et infiniment renouvelable. Il semble en effet que notre faim de dictionnaires soit inassouvissable! Les éditions revues, corrigées, renouvelées, refondues se suivent avec une régularité de chronomètre. On en vient à regarder avec dédain un dictionnaire qui a vécu trois ou quatre ans... Ciel, se peut-il vraiment que la langue française se modifie à pareil rythme, au point de rendre son visage d'il y a trois ans «obsolète»? Inouïe, cette vitalité.

Cependant je n'ai pas l'impression aujourd'hui de parler une langue qui diffère profondément de celle qui était la mienne il y a dix, quinze ou même vingt ans. Bien sûr certains mots ont vieilli, et d'autres sont nés. Mais depuis vingt ans je me demande si le nombre des décédés et des nouveau-nés justifie cette hécatombe invraisemblable de dictionnaires jetés avec mépris à la poubelle, pour caducité, sénilité, et impuissance radicale. Naturellement j'ai pensé que peut-être mon cerveau au fil des ans avait ratatiné, que ma langue à moi s'était immobilisée, comme paralysée, dans l'attente d'un Alzheimer lexicologique imminent. La langue de mes amis m'a paru, heureusement, ressembler tout de même à la mienne. Non, je ne fais pas cavalier seul.

Pourquoi donc le *Petit Robert* est-il si «gros»? Allons plus loin. Pourquoi donc le *Petit Robert* existe-il? Car enfin s'il a raison d'exister, ce doit être parce que le *Petit Larousse*, de son côté, a tort de survivre? Le *Robert* n'est-il pas né d'un constat critique: que le *Larousse* était dépassé, vétuste, inutile? Et qu'il fallait impérieusement réagir, avant qu'il ne soit trop tard? C'est bien là ce que Paul Robert, vers 1960, déclarait: qu'il modernisait le *Littré*, bon à mettre au cabinet des antiques, et allait donner une fabuleuse leçon à Pierre Larousse et compagnie. Alors on a vu apparaître un *Grand Robert* en six tomes. Je les ai achetés, je les ai conservés. Ensuite vint le *Petit Robert*.

Évidemment, sans doute à cause de mon métier, j'ai fréquemment recours au dictionnaire. Et le *Robert* possède un mérite incontestable, qui fait gravement défaut au *Larousse*, celui de me permettre de trouver les mots que je ne connais pas. Par exemple si j'ai oublié que les habitants des cavernes sont des troglodytes, un nom ridicule, le *Robert* me le dira à l'article «caverne», ou à l'article «grotte». Un mérite incontestable! Qui fait son honneur, et sa valeur, du moins pour moi. J'ignore s'il y a là-dessus un copyright, toujours est-il que j'attends encore le jour où les autres dictionnaires, anglais, français ou allemands, peu importe, lui chiperont cette idée manifestement géniale. Pourquoi tardent-ils tant? Je ne sais pas. C'est un mystère.

Bref le *Robert* est une sorte de monstre, il combine plusieurs ouvrages de référence et offre à ses lecteurs les synonymes, antonymes, paronymes, homonymes, etc., qu'ils cherchent. Plus encore, vous constaterez qu'immédiatement après l'entrée il fournit des renseignements relatifs à la prononciation de celle-ci, à son histoire, remontant fréquemment jusqu'au latin et au grec. Si le mot a été emprunté, on en donne la provenance. Et la date où il a été repéré pour la première fois dans le corpus des textes français. Beaucoup de renseignements. Mais c'est écrit tout petit, hélas. Et les petits syntagmes que l'anglais détache des articles dont relèvent leurs composants sont hélas ici noyés dans ces mêmes articles. Je m'explique.

L'expression «enfant de l'amour», pour bâtard, ou enfant illégitime, vous la trouverez, dans le *Robert*, peut-être à l'article «enfant», peut-être à l'article «amour». Je viens d'aller y voir, je n'ai pas trouvé, j'y ai perdu beaucoup de temps, j'ai renoncé. Pourtant le *Robert-Collins* donne bel et bien, à «love child», la traduction d'«enfant de l'amour». C'est exaspérant, de travailler dans ce dictionnaire! Par contre tous les dictionnaires anglais vont enregistrer LOVE CHILD en tant qu'entrée *indépendante*. Retrouver cette expression, ce petit syntagme est donc un jeu d'enfant.

Il y a autre chose qui m'embête, moi. Je ne suis pas français, et donc tous ces mots qui déboulent par dizaines de milliers, quand j'entrouvre un «Petit» quelconque, me posent un problème particulier. Celui de la fréquence des termes que l'on m'y donne comme équivalents. Trouvons un exemple simple. MAZOUT et FIOUL, ou encore SKAÏ et SIMILICUIR ont un seul et même signifié. Je veux bien. Mais FIOUL et SKAÏ m'étant dans la pratique inconnus, j'aimerais fort qu'on m'apprenne, même approximativement, dans combien de cas sur un total de dix on a recours à mazout ou à similicuir. Même chose pour CLOU et FURONCLE, ou CORNE et CHAUSSE-PIED, ou encore BALANCIER et PENDULE. Des centaines et des centaines de doublets ou de pseudo-synonymes me plongent ainsi dans une noire incertitude, et je n'aime pas ça.

Bien sûr bien sûr on me répondra que pour me rendre ce service il faudrait procéder à des enquêtes archicoûteuses, mobiliser un personnel fou, et patati et patata... Naturellement on n'a rien sans un minimum d'efforts. Ce qui me chicote tout de même un peu c'est que la langue anglaise dispose, depuis qu'un certain Thorndike l'a rédigé, d'un dictionnaire de fréquences qui répond aux questions que je me pose. Peut-être faudrait-il que Robert et Thorndike cumulent les points saillants de leurs ouvrages et produisent un *Robert-Thorndike* insurpassable? Voilà une riche idée.

Ceci dit je n'ai toujours pas découvert à quoi exactement peut bien servir un dictionnaire: je veux dire, à quel besoin il répond. Car enfin, tel est bien le paradoxe que je me représente, il me paraît que personne n'a jamais appris ni à parler sa langue maternelle, ni à écrire celle-ci, dans un dictionnaire. Admettons tout de même qu'on peut y chercher des orthographes canoniques, oui. Surtout quand, comme tel est le cas pour le français et pour l'anglais, l'orthographe (*sic*) souffre de démence tardive aiguë. Mais enfin, j'y reviens, s'il ne nous apprend pas ce que nous ignorons, à quoi sert-il, ce dictionnaire qui coûte une petite fortune?

Il est patent que le peuple, mettons 90 % de la population, ni ne possède ni n'utilise le dictionnaire. Il est pour lui lettre morte. Il est patent aussi que le peuple ne va pas débourser des gros sous pour être mis au courant de ce qu'il sait déjà pertinemment, soit le sens, les sens plutôt de tous les mots qui lui sont utiles si peu que ce soit. Non. Les dictionnaires servent aux lettrés, aux gens instruits. À quoi? En plus de renseigner sur l'orthographe? Je l'ai dit: à mettre les points sur les i en nous refilant les termes qui nous font défaut. Or, paradoxe des paradoxes, seul le *Robert* nous rend cet éminent service! Comment cela est-il possible?

Admettons qu'on puisse y rechercher les sens des mots qu'on rencontre au hasard de nos lectures, des mots à nous inconnus. Oui certainement. Mais qui donc lit?... Moins de 10 % de la population. Il est certain que ces mots inconnus seront de toute manière bannis de la presse écrite ou électronique. Pas de grands mots de cinq piasses dans les médias populaires... Cela va de soi. Cela ne commence-t-il pas à se compliquer? Vous me direz que les élèves, les étudiants du Québec et d'ailleurs doivent avec frénésie exploiter les ressources des dictionnaires? Non. La réponse est non. C'est comme ça.

Ils se contentent des mots qu'utilisent leurs professeurs et leurs manuels, dont les sens sont rendus manifestes grâce au contexte dont jamais ils ne sont séparés. Eh bien si j'ai raison, si personne ne lit plus autre chose que la presse quotidienne ou hebdomadaire, le temps des manuels étant bientôt révolu, alors vraiment je commence à penser que les dictionnaires sont comme des potiches qu'on dépose sur les meubles inutiles qui décorent un salon où jamais on ne va, depuis que monsieur le curé ne fait plus sa visite annuelle. Bref je commence à croire que les dictionnaires sont inutiles. Ça va mal!

C'est dans cet état d'esprit passablement morose que j'ai appris il y a quelques années l'arrivée d'un dernier-né sur le marché. Un pas-comme-les-autres! Un québécois! Le *Robert québécois d'aujourd'hui.* C'était en 1992. Une surprise pour moi, dont nombre de collègues, ici et là, me paraissaient occupés à préparer la mise en chantier d'un ouvrage de ce type. Et puis hop, le voilà! Je me suis procuré sans tarder cet étonnant enfant de l'amour, il va sans dire. Ma réaction a rapidement pris des allures de figue et/ou de raisin. Ce dictionnaire parlait un drôle de québécois! Je veux dire que cet enfant-là, sûrement né prématurément, s'exprimait avec une langue bourrée de trous, comme un fromage de Gruyère. Il avait de très graves lacunes au niveau de son vocabulaire! Il était quasiment un illettré! Mais en même temps, autre paradoxe, il connaissait des tas de mots vraiment rarissimes, d'une utilité, même à très long terme, fameusement hypothétique.

Je veux dire que le mot PYGARGUE ne va pas avant longtemps nous rendre d'immenses services, ni PALUCHE ni CORON. Bon, au début je me suis dit que c'était par inadvertance, que le filtre avait mal fait son boulot, et qu'on avait à l'occasion confondu le québécois avec le pas-québécois. Mais j'ai dû déchanter! Tenez, dans les toutes premières pages consacrées à la lettre S, je suis tombé sur une série d'abominations laides à faire peur! Par exemple:

SABIR
SACCACOMI
SACHEM
SAGAMITÉ
SAINT-GLINGLIN
SALMIGONDIS
SALPINGITE
SAMPAN
SANIE

SARRACENIA
SCALAIRE et
SCISSIPARITÉ!

Moi qui me croyais québécois, c'est là que j'ai dû débarquer du podium! Des mots de même, moi, je connais pas, comme on dit, PANTOUTE! Et ma foi, jamais en un demi-siècle je ne les ai ni vus ni entendus. Alors là je me suis posé la question... à qui ça sert un dictionnaire québécois?

Remarquez, à la rigueur, un dictionnaire *français* pourrait nous être utile, étant donné que là-dedans on pourrait bien trouver du nouveau. Mais un dictionnaire *québécois* ne va quand même pas prétendre nous enseigner, ni même nous révéler comment nous autres les Québécois on parle le québécois? On ne va quand même pas non plus se donner tout ce mal pour apprendre aux Français comment on parle? Ça ne serait pas rentable trop trop. Il doit y avoir une poigne. Alors, juste pour voir, je me suis mis à passer la lettre S au peigne fin. J'ai demandé à mes élèves de me donner un coup de main. Ensemble on s'est mis sur la piste des mots qu'on utilise ici et qui commencent par un S et qui brillent par leur absence dans le *Robert québécois d'aujoud'hui*!

Au début, je donnais sa chance au coureur, faut pas croire, j'ai cru qu'on rassemblerait peut-être en étant généreux une centaine ou deux de mots inédits. Il a fallu rapidement changer d'avis! Les mots me tombaient dessus comme la pluie dans les Caraïbes quand il pleut, pardon, quand i mouille pas pour rire. Se limiter à la lettre S, il le fallait bien! On avait les mains pleines de S! On a quand même, pour la rigolade, exploré le champ particulièrement riche (on le comprit sans peine, ça fusait de partout, un vrai feu d'artifice!) des exclamations utilisées au Québec. Mettons, pour effacer un peu la limite du mot «exclamation», qu'il vaudrait mieux parler de nos «cris du cœur»!

Ce qui peut nous amener à réfléchir sur le caractère idéologique d'un dictionnaire, évidemment: car enfin, s'il résulte d'un triage, celui-ci n'a pas été opéré n'importe comment, au petit bonheur. Et j'en ai eu comme une confirmation vraiment inattendue ces derniers jours. Je travaillais justement à mon fichier d'exclamations, ce qui m'a amené à recourir aux trois ou quatre dictionnaires américains qui sont à ma disposition. Or l'un de ceux-ci, le *Tormont-Webster's Illustrated Encyclopedic Dictionary*, dont l'édition que je possède paraît être issue de Montréal même, rue Saint-Antoine, est un très beau et très surprenant ouvrage. De la taille d'un *Larousse en couleurs* grand format, au moins, il surabonde, fait rarissime sinon unique en langue anglaise, d'illustrations, de schémas, de cartes, etc., le tout en couleurs de belle qualité. Il contient 180 000 entrées, 2 300 illustrations, 175 cartes. On se dit au départ qu'on y trouvera forcément tout ce qu'on peut être amené à y chercher, à l'exception bien sûr des vocabulaires spécialisés très pointus. Voire! J'ai voulu y consulter ce qu'on y avait rangé à l'article FUCK. Il le fallait, ce terme étant on ne peut plus populaire en «français» québécois. J'ai eu la chance d'y faire une prodigieuse régression lexicographique: FUCK n'y étant pas rangé à la place qu'il aurait dû légitimement occuper! Absent! Introuvable! Cela se passait tout à fait ainsi, il n'y a pas si longtemps, dans le domaine français. Plus maintenant. Le *Robert-Collins* vous fournira aujourd'hui tous les dérivés de FUCK imaginables. Le *Tormont-Webster* a bel et bien fait les frais d'un tripotage idéologique. Or à 90 $ il n'est pas exactement le genre d'ouvrage que l'on trouve entre les mains des écoliers, ni susceptible d'être commandé en grand nombre par des œuvres charitables scrupuleuses.

Or le *Robert québécois* n'y va pas par quatre chemins en matière de prétentions à l'exhaustivité! Sa reliure illustrée en bleu, blanc et rouge le proclame expressément: «*Toute* la richesse de la langue française au Québec». Dans une préface délirante, Gilles Vigneault nous livre son amour (délirant itou) des mots «les plus beaux, les plus rares, les plus enracinés», ce qui me laisse croire que, pour lui, plus c'est rare plus c'est beau, et que les mots qui le font jouir sont ceux-là qui se cachent comme les racines des végétaux. Enfin. Dans ce *Robert* qu'on nous donne pour comporter de 35 000 à 40 000 mots, mais où l'on a déraciné judicieusement les «corbigeau, renclos, grâlée, bouillée de bois et héloïsse» qui font se déglinguer en pâmoison le petit cœur moyenâgeux du sieur Vigneault, on a voulu rassembler un matériel proprement didactique destiné tout spécialement aux élèves du secondaire, à ceux du collégial, comme aux étudiants de nos universités. Sans oublier les anglophones et les allophones désireux d'apprendre quelque chose de notre langue, dont on nous assure qu'elle est «d'une richesse, d'une clarté, d'une maturité et d'une authenticité admirables». Qu'est-ce qu'une langue en effet? Voici: «le plus extraordinaire trésor héréditaire d'un peuple...». Où l'idéologie la plus grinçante nous ricane ses bêtises datées à peu près du XIXe siècle. Bref le *Robert québécois*, visiblement, aspire à devenir un ouvrage scolaire: à jouer le rôle du *Petit Larousse* en somme, qu'il imite volontairement.

Qu'il reflète «toute la richesse» du québécois, pourquoi pas? Mais voilà, elle n'y est pas. Or si elle ne s'y trouve pas, ce ne peut être que pour deux raisons. Ou bien le format l'interdisait, ou bien le désir des lexicographes l'interdisait. Dans le premier cas on ne prétend pas à *toute* la richesse du québécois; dans le second on doit dire pourquoi tel terme a été accueilli, les autres non. Car enfin «toute la richesse» cela suppose que les lexicographes ont cette idée qu'un dictionnaire est un miroir et qu'il reflète de la façon la plus neutre qui soit *tout* ce qui vient s'y reproduire. Notre petite enquête a pourtant son petit intérêt, qui est de vous prouver qu'il n'en a rien été. Or tous ces écartés l'ont été pour des raisons obscures, étant tous linguistiquement d'une extrême banalité. L'absence de leurs équivalents, dans tout autre dictionnaire, suffirait à en couvrir les auteurs de ridicule.

On n'y pourra guère non plus soutenir qu'on a manqué de place car, c'est l'envers du miroir, l'ouvrage est alourdi par des milliers de vocables ridicules, inutiles, déplacés dans un recueil qui à l'origine portait le titre suggestif de *MICRO ROBERT*. Micro, cela veut dire: le plus petit imaginable. Qu'on en juge sur pièces. J'y ai repéré les «beautés» qui suivent, sans mal, en cinq minutes:

    SACCACOMI
    SAGAMITÉ
    SARIGUE
    SCRIBOUILLARD
    SCROFULEUX
    SÉBUM
    SÉCANT
    SÉRAC
    SESTERCE
    SINAPISME
    SOLÉNOÏDE
    SORGHO
    SPATH
    STIPE
    SUPERPHOSPHATE
    SYNODIQUE (aucun rapport avec un synode!)

et puis, tenez-vous bien, ces perles: substantifique moelle, épanchement de synovie et polygone de sustentation!

Des farceurs de cette force, on les dénombre par milliers. Ils occupent vraiment une place folle. On aurait peut-être pu l'utiliser pour y jouer du miroir à la mode locale? Tous ces termes provenant de la lettre S, allez jeter un rapide coup d'œil à la mienne et dites-vous bien que ces mots-là n'ont pas eu droit à la moindre petite place dans le *Robert québécois*...

Cela a réactivé ma question névralgique: à qui, à quoi sert un dictionnaire? Ma foi, ça vaut ce que ça vaut, mais à mon avis un dictionnaire est un miroir dont la fonction est de refléter non tant l'usage du peuple que l'idéologie qui l'a commandité. Elle lui demande, l'idéologie, toujours le même compliment: «Miroir! Miroir!... Dis-moi, ne suis-je pas la plus belle?...»

Du langage de tous les jours le dictionnaire n'a rien à nous apprendre: par définition, en cas de trou de mémoire, nous dépannera le premier quidam venu. Non: le dictionnaire est un instrument de propagande pour tout le reste! Et le reste, ça fait du monde à la messe! À ce chapitre, incontestablement, le *Petit Robert* dame facilement le pion, tous les pions du *Petit Larousse*... Mais il tombe sous le sens qu'en matière de langue française utile l'un ne peut pas, sauf oubli rarissime, prétendre offrir davantage que l'autre. On affirme en effet qu'un sujet *cultivé*, minoritaire par conséquent, dispose d'un vocabulaire effectif d'à peu près dix, douze mille mots. Or le *Petit Robert* se vante d'en avoir répertorié soixante-dix mille! D'où vient *le reste*?

Eh bien cela est tout simple: de tous les secteurs valorisés par l'idéologie. D'où que l'on y jargonne ferme! Et dans l'obscurité la plus scrupuleuse. Pour qui? Les physiciens, chimistes, médecins et comptables n'ont-ils donc pas à leur disposition des répertoires spécialisés autrement plus pratiques? Ont-ils vraiment recours, pour leur métier ou profession, au *Petit Robert*? Bien sûr que non. Mais alors, à quoi bon? À quoi bon les termes qui suivent, repérés en cinq minutes, dans un dictionnaire censé adapté aux besoins de tout un chacun?

SURJALER
SURSOUFFLAGE
SUS-DOMINANTE
COLLOÏDES SUSPENSOÏDES...
SYÉNITE
SYCOSIS
SYLLEPSE
SYLVINITE
SYMPATHICOTONIE
SYMPLECTIQUE
SYNALLAGMATIQUE
SYNCHROCYCLOTRON
SYNCHROTRON
SYNCYTIUM
SYNOSTOSE
SYNTHÉTASE, qui est une «enzyme catalysant la réunion de deux molécules avec hydrolyse concomitante d'A.T.P. ou de pyrophosphate...», sans oublier
SYSTYLE, qui est cette indispensable «ordonnance où les entrecolonnements sont de deux diamètres de colonnes ou de quatre modules...»

Ce qui s'appelle, dans un PETIT dictionnaire, se gargariser de mots, faire la roue, le pédant, le cuistre, se moquer du monde, tout ce que vous voudrez. Inutile. Et ruineux! On doit en effet payer ce gargarisme-là. Et en plus n'y retrouver rien du tout des milliers de mots qu'utilisent quotidiennement les six millions de locuteurs francophones du Canada... de belles poires en vérité! Sous prétexte, tout bonnement, que le filtre idéologique qui laisse passer SORITE d'une gratuité qui frise l'insolence, stoppe net ACHALER, ADONNER, GARROCHER et COQUERELLE. Vous constaterez par ailleurs que ma petite liste est comprise tout entière entre un SUR- et un SYN-... Ce sont, de même acabit, des *dizaines de milliers* de mots qui encombrent et alourdissent toujours davantage le *Petit Robert*.

Qu'y faire?

Protester, bien sûr. Et espérer! Qu'un jour nous disposerons (je fais un vœu...) d'un *Petit québécois* qui nous offre l'ensemble des mots qui ont cours au Québec dans la langue que tout le monde parle. Autant SINUSITE que FUCK YOU! Les deux étant courants. Un ouvrage qui fasse correctement son boulot de miroir. Allégé de tous ces termes des jargons qui font les jars, enrichi de tous ces mots qui courent les rues et les ruelles. Un ouvrage où l'idéologie sera ramenée à la case départ et réduite au silence. Cela est possible. Cela est honteux, qu'il faille l'appeler de nos vœux!

Je rêve d'un dictionnaire qui me fournisse les fréquences, les niveaux de langue, et aussi, parce que je suis québécois, la mention *anglicismes*, sans tricher jamais, comme le fait sans cesse le *Robert québécois*. Qui me signale mes archaïsmes, régionalismes et ajouts. Qui me donne chaque fois, pour tout québécisme, les équivalents du français d'Europe. Un ouvrage utile. Un outil de travail, pour nous qui avons besoin, étant donné la matière contenue dans le livre que vous lisez en ce moment, d'un coup de main. Un ouvrage adapté à nos besoins. Non pas masturbatoire, délirant, suicidaire. Mais objectif et donc correctif. Pour l'offrir à nos élèves et étudiants, qui y trouveraient à la fois le code québécois *et* le code français. Étant donné que je vois mal qu'un jour on en arrive à écrire comme on est arrivé à parler. Un véritable *petit dictionnaire*, mais utile, utile! À mettre entre toutes les mains, et le plus tôt possible. Des milliers d'anglicismes corrigés! Des milliers de régionalismes, comparés à l'usage normalisé de la francophonie. Des expressions rangées à leur place parmi les entrées, non perdues dans des articles démesurément longs. Non des exemples tirés des «bons écrivains», car qui décide de leur «bonté exemplaire», sinon l'idéologie dont ils sont les mille et un reflets, mais tirés de la bouche même des Québécois et des Français, des Belges et des Suisses.

Non que j'aie quoi que ce soit contre les écrivains! Ni contre les physiciens, chimistes, etc. Mais leur place, celle que légitimement ils occupent, n'est pas compatible avec le propos d'un *petit dictionnaire* de la langue usuelle. Qu'ils restent chez eux! Le monde des dictionnaires saura bien les accueillir à bras ouverts et les disséminer à tous vents. On peut lui faire confiance. Et en profiter jusqu'à plus faim. Mais devant pareille abondance, qui existe déjà! comment donc expliquer cette carence incroyable qui nous prive de cette chose si simple: un *Petit québécois*, un répertoire fidèle de TOUT ce qui circule au Québec, en dehors des jargons, de bouche en bouche et de bouche à oreille?

C'est l'idéologie bien sûr qui n'en veut rien savoir. Qui combat l'évidence, qui cache ce qui blesse son amour-propre, qui répand l'accessoire, l'inutile, l'embarrassant au détriment de l'essentiel, de l'oxygène et de l'incontournable. La sélection d'absents illustres qui suit a pour propos, dans les bornes de la lettre S, de corriger cette situation: ou plutôt d'illustrer les reproches qui précèdent et d'indiquer dans quelle direction toute ambition de répondre au besoin que nous éprouvons d'un *Petit québécois* se doit d'aller. En élaguant à tour de bras. En remeublant à tour de mots. Facile! Il suffit pour ce faire de s'écouter parler...

LA LETTRE

S

Ce répertoire vous propose
un certain nombre de mots
dont l'absence, dans un
dictionnaire québécois,
à la lettre S,
serait injustifiable.

À tous de l'enrichir!

ANNÉE **SABBATIQUE**	**SABLEUSE**	**SAC DE THÉ**
	ponceuse	sachet de thé infusette
SABBATICAL YEAR	SANDER	TEA BAG
CONGÉ **SABBATIQUE**	**SAC**	**SACOCHE**
	trousse musette (à bandoulière)	sac à main
SABBATICAL LEAVE		
SÂBE	**SAC À EAU CHAUDE**	AU PLUS **SACRANT**
sabre	bouillotte	plus vite que ça! et que ça saute! au plus vite!
PAPIER SABLÉ	**SACCAGE**	**SACRARD**
1. papier de verre 2. papier émeri	grand nombre, foule	jureur
SANDPAPER		
SABLER	**SAC D'ÉCOLE**	**SACRÉFICE**
poncer	cartable (*sic*) (ne pas confondre cartable et classeur!)	sacrifice
TO SAND	SCHOOLBAG	

SACRER QUELQU'UN DEHORS	SAFE ou SAFRE ou SARFE	SAILBOAT ou SAILEBÔTE
ficher, foutre quelqu'un dehors	1. avare 2. glouton, gourmand SAILBOAT	voilier SAILBOAT
SACRER SON CAMP déguerpir, se barrer, se tirer	UN **SAFE** 1. coffre-fort 2. préservatif (rien à voir avec le «preservative» de l'anglais, l'«agent de conservation» culinaire du français…) 3. condom 4. capote SAFE	**SAILOR** marin matelot navigateur SAILOR
SACRER UN COUP DE POING flanquer un coup de poing	**SAFE** (prononcé à l'anglaise) 1. hors de danger, en sécurité, sain et sauf, à l'abri du danger, en lieu sûr 2. sans danger, sûr, sans risque, solide, prudent, en bon état, en mains sûres, entre bonnes mains, ne court aucun risque SAFETY	**SAINER** «écornifler» «sentir»
SE SACRER DE QUELQUE CHOSE s'en ficher s'en foutre	**SAFETY** 1. rasoir de sûreté 2. sûreté d'une arme à feu (ou cran de sûreté) SAFETY	**SAINT-CIBOIRE!**

SAINT-CICROCHE!	UN **SAINT-THOMAS** incrédule sceptique douteur	BILLET DE **SAISON** abonnement SEASON TICKET
SAINT-SACRAMENT!	**SAINTE-BÉNITE!**	**SALAD DRESSING** vinaigrette SALAD DRESSING
SAINT-SACRILÉGE!	**SAINTE-HOSTIE!**	**SALADE ITALIENNE** laitue romaine ou romaine ITALIAN SALAD
SAINT-SIMONAC!	TOUTE LA **SAINTE** JOURNÉE à longueur de journée «à cœur de journée»	BAR À **SALADES** «table à salades» SALAD BAR

SALAIRE	SALESMAN	SALLE À MANGER
1. salaire (en général) 2. gages (domestiques) 3. traitement (fonctionnaires, cadres, etc.) 4. appointements (fonctionnaires, cadres, etc.) 5. indemnité (députés) 6. salaire (ouvrier) SALARY	représentant commis vendeur SALESMAN	restaurant (opposé à café, bistrot) DINING ROOM
SALAMI	SALESROOM	SALLE DE DANSE
saucisson (générique) le salami est un saucisson en particulier SALAMI	salle des ventes «salle de montre» SALESROOM	dancing (vieilli) bal boîte discothèque DANCE HALL
SALBARBE	SALEUX	SALLE DE POOL
épuisette	(qui sale abondamment sa nourriture)	salon de billard académie de billard POOL ROOM
UNE SALE (prononcé à l'anglaise)	SALLE À DÎNER	SALLE DE REPOS
1. des soldes 2. une promotion 3. une vente de soldes A SALE	salle à manger DINING ROOM	toilettes lavabos RESTROOM

SALLE DE TÉLÉVISION	SALON	SALOON
sous-sol (?) («family rooms» et «T.V. rooms» se trouvant d'habitude dans les sous-sols des maisons) T.V. ROOM	séjour salle de séjour «vivoir» le salon est une pièce de réception, le séjour une pièce où l'on se tient habituellement. Il n'y a pas de salon dans les appartements de nos immeubles SALOON	 SALOON
SALLE DE TOILETTES	UN SALON-BAR	SALOPERIE (DANS L'ŒIL)
toilettes lavabos WASHROOM, RESTROOM, MEN'S ROOM, ETC.	bar SALOON BAR	poussière
SALLE D'URGENCE	SALON FUNÉRAIRE	SALOPIN
salle des urgences EMERGENCY ROOM	l'exposition d'un mort se fait en Europe à domicile et non dans un établissement commercial! FUNERAL HOME ou PARLOR	petit sagouin
SALLE FAMILIALE	SALON MORTUAIRE	SAMPLE
sous-sol (?) voir «salle de télévision» FAMILY ROOM	voir salon funéraire MORTUARY	échantillon échantillonnage SAMPLE

SAMPLER	SANDWICH (PRONONCÉ À L'ANGLAISE)	SANS BON SENS
échantillonnage nuancier (présentoir de coloris) échantillonneur SAMPLER	 SANDWICH	
SANCTUAIRE D'OISEAUX refuge d'oiseaux réserve d'oiseaux BIRD SANCTUARY	PAIN SANDWICH pain de mie tranché SANDWICH LOAF	SANS DESSEIN crétin, idiot
BOIS DE SANDAL santal SANDALWOOD	SANDWICH À LA CRÈME GLACÉE ICE CREAM SANDWICH	MONTER SANS SELLE monter un cheval à cru
SANDBLAST sablage SANDBLAST	SANFORIZÉ irrétrécissable ne rétrécit pas au lavage «prérétréci» SANFORIZED	ÊTRE SANS TRAVAIL être en chômage TO BE OUT OF WORK
SANDBLASTER sabler TO SANDBLAST	UN SANS-ALLURE crétin, idiot	SANTA CLAUS Père Noël SANTA CLAUS

SAPER laper sa nourriture (en faisant beaucoup de bruit)	**SAPRER LE CAMP** ou **SACRER LE CAMP** ficher le camp débarrasser le plancher lever les pieds jouer la fille de l'air	**SARVIETTE** serviette
SAPIN épicéa	**S.A.Q.** (Société des alcools du Québec) l'alcool est en vente libre en France "QUEBEC LIQUOR BOARD"	**SE FAIRE SASSER** se faire passer un savon
SAPINAGE	**SARAN, PAPIER SARAN, OU SARANWRAP** papier cellophane SARAN WRAP	**SATCHEL** ou **SNATCHEL** sac de sport sac de voyage SATCHEL
SAPRÉ (POUR SACRÉ)	**SARGENT** sergent	**SAUCE À SALADE** sorte de mayonnaise... SALAD SAUCE
SAPRER ou **SACRER** ... à terre: démolir ... dehors: chasser	**SARRAU** blouse (de laboratoire)	**SAUCE AUX POMMES** purée de pommes APPLE SAUCE

SAUCE SOYA sauce au soya, au soja SOYA SAUCE	**SAUDIT!** merde!	**SAUTER SUR UN PIED** sauter, aller à cloche-pied
VEUX-TU TE **SAUCER**? (DANS LA PISCINE)	**SAUDITEMENT**	**SAUTEUSE** danseuse nue
SAUCER UN PINCEAU tremper un pinceau	**SAUT MORISSETTE** saut périlleux SOMERSAULT	**SAUTEUX** (ANIMAUX) (sauteux de clôtures)
FAIRE UNE PETITE **SAUCETTE** faire un petit tour chez quelqu'un	UN GARS **SAUTÉ** tout un numéro, drôle de numéro un original un phénomène un spécimen	**SAUVAGEON** arbre non cultivé
SAUCISSE À HOT-DOG saucisse de Francfort	**SAUTER** LES RAPIDES franchir	LES **SAUVAGES** les Amérindiens

SAUVER DE L'ARGENT	SAVANE	SAVON DE CASTILLE
économiser	marais marécages	savon de Marseille «savon jaune»
TO SAVE MONEY	peut-être un lointain dérivé de SWAMP	CASTILE SOAP
SAUVER DE L'ESPACE	QU'IL SAVE	SAVON DE TOILETTE
gagner	qu'il sache	savonnette
TO SAVE SPACE		TOILET SOAP
SAUVER DU TEMPS	SAVER (PRONONCÉ SÉVÉ)	SAVON DU PAYS
gagner du temps	1. sauvegarder (informatique) 2. économiser, gagner des sous	pain de savon
TO SAVE TIME	TO SAVE (TIME, MONEY, DATA, ETC.)	
SAUVETEUR	SAVEUR DE LA CRÈME GLACÉE	SAVON JAUNE
1. maître nageur (piscine) 2. gardien de plage (lac, mer, etc.)	parfum d'une glace (*sic*) Crème glacée est un anglicisme. En français le sorbet est à l'eau, la glace au lait, le parfait à la crème. La crème glacée ne contient pas davantage de crème au Québec qu'en France!	savon de Marseille
LIFEGUARD	ICE CREAM FLAVOR	

SAVONNETTE	SCABS	SCARF
blaireau	1. jaunes renards 2. briseurs de grèves le jaune était la couleur des syndicats créés pour lutter contre les syndicats ouvriers	écharpe
	SCABS	SCARF
SAVONNIER	SCALOPE DE VEAU	SCELLER
porte-savon	escalope de veau	cacheter (une enveloppe)
	VEAL SCALLOP	TO SEAL
SAVONNURE	SCALPER, SCALPEUR	SCELLER UNE CANNE
savonnage	vente ou revendeur à la sauvette de billets de spectacles ou d'événements sportifs	sertir une boîte de conserve
	TO SCALP, SCALPER	TO SEAL A CAN
SAX	SCANDALE (FEUILLE À)	SCÉNIQUE
saxo	1. presse à sensation 2. torchon	montagnes russes
SAX	SCANDAL SHEET	SCENIC RAILWAY

SCHEME PRONONCÉ SQUÎME	MOULIN À SCIE	SCOGNE
1. plan, projet 2. procédé SCHEME	scierie SAWMILL	mouffette sentir la scogne SKUNK
SCHNORKEL DE PLONGÉE SOUS-MARINE tuba SNORKEL	SCIE À CHAÎNE tronçonneuse (*sic*) CHAINSAW	SCOOP À CRÈME À GLACE portionneur ou portionneuse à glace (*sic*) voir «saveur» ICE CREAM SCOOP
VIEUX SCHNOUQUE! pauvre type! OLD SCHNOOK	SCIE RONDE scie circulaire	SCOPE (PRONONCÉ À L'ANGLAISE) lunette d'approche SCOPE
NE PAS VALOIR DE LA SCHNOUTE OU DE LA SENOUTTE ne rien valoir	SCIENTISTE scientifique SCIENTIST	SCORER marquer (des points, des buts) TO SCORE
BANC DE SCIE table à scier SAWBENCH	SCIOTTE 1 scie à bûches 2. scie universelle en français, sciotte désigne une scie utilisée pour découper la pierre et le marbre	SCOREUR marqueur SCORER

DU **SCOTCH BROTH**	C'EST D'LA **SCRAP** ÇA!	**SCRAPPER** SON CHAR
potage (de mouton, de légumes et d'orge...)	c'est sans valeur! ça ne vaut rien! dérivé de l'anglais	1. démolir bousiller 2. mettre à la ferraille mettre à la casse
SCOTCH BROTH	SCRAPS	TO SCRAP
SCOTCH TAPE	COUR À **SCRAP**	UNE **SCRATCH**
1. ruban gommé, collant; scotch 2. gommette (un morceau)	1. chantier de ferraille 2. ferrailleur	1. égratignure éraflure 2. rayure 3. coup de griffe, griffure
SCOTCH TAPE	SCRAPYARD	A SCRATCH
SCOUTS	**SCRAP-BOOK**	**SCRATCHER**
en France les *scouts* sont catholiques, contrairement aux *éclaireurs*, qui sont protestants, israélites ou laïques	album spicilège	1. égratigner, écorcher érafler 2. griffer, rayer 3. graver (son nom dans le bois)
	SCRAPBOOK	TO SCRATCH
SCRAM!	**SCRAPER**	**SCREEN**
barre-toi! tire-toi! file!	décapeuse	écran
SCRAM!	SCRAPER	SCREEN

SCREEN ou SCRIGNE	SCRÉPER	SCROU ou SCREW
une moustiquaire (*sic*) le grillage n'a pas pour fonction d'interdire le passage des mouches et moustiques! SCREEN	gratter racler TO SCRAPE	maton (gardien de prison) SCREW
SCREENER filtrer (les appels, etc.) TO SCREEN	**SCRÉPEUR** ou **SCRAPER** grattoir racloir SCRAPER	**SCULPTURE** (prononcé en accentuant le P) prononcé scul-ture
SCREENING monnaie menue monnaie petite monnaie mitraille sens inconnu de l'anglais SCREENING	**SCREW** vis (à bois, à métal) SCREW	**SEADOO** scooter des mers (?) le skidoo étant pour sa part un «scooter des neiges»...
SCRÉPE (AVOIR UNE SCRÉPE AVEC QUELQU'UN) querelle dispute chicane etc. A SCRAPE	BOIRE UN **SCREWDRIVER** (le coquetel) (vodka-orange) SCREWDRIVER	MANGER DU **SEAFOOD** des fruits de mer SEAFOOD

SEAL (FOURRURE)	**SEALER** ou **SEALEUR** ou **SEALEUX**	**SECOND**
manteau de phoque	1. enduit étanche 2. mastic 3. lut 4. poix (pitch, tar) SEALER, SEALING	deuxième (question de fréquence) on a recours à *second* quand il n'y a que deux choses
SEAL	COMPOUND	SECOND
SEAL	**SEAT BELT**	**ÉCOLE SECONDAIRE**
joint (d'étanchéité)	ceinture de sécurité	1. établissement d'enseignement secondaire 2. collège d'enseignement secondaire il n'existe, en dehors des grandes écoles, de niveau universitaire, que les écoles primaires ou élémentaires
SEAL	SEAT BELT	SECONDARY SCHOOL
SEALBEAM	**SÉCHEUSE**	**DE SECONDE MAIN**
une optique de phare	sèche-linge la sécheuse est un appareil industriel, le séchoir est d'abord un dispositif à tringles sur lesquelles on étend le linge	1. acheté d'occasion 2. une occasion (l'objet lui-même)
SEALBEAM	DRIER ou DRYER	SECOND-HAND
SEALER (V.)	**SÉCHOUÈRE**	**SECONDER** (UNE MOTION)
sertir une boîte de conserve (*sic*) et non une «canne»!	séchoir	appuyer une proposition (*sic*)
TO SEAL		TO SECOND A MOTION

SECONDEUR a appuyé... aucun substantif ne correspond en français à l'anglais «seconder» SECONDER	UNE BONNE **SECOUSSE** ou **ESCOUSSE** un bon moment	**SÉCURITAIRE** 1. sûr 2. solide 3. sans danger sans risque(s) 4. inoffensif 5. de tout repos 6. lieu sûr VOIR SAFE
SECONDS articles de second choix SECONDS	**SECRÉTAIRE EXÉCUTIVE** secrétaire de direction EXECUTIVE SECRETARY	**SEDAN** berline SEDAN ou FOUR-DOOR SEDAN
SECOUMENT DE TÊTE hochement de tête	**SECRÉTAIRE PRIVÉE** secrétaire particulière PRIVATE SECRETARY	**SEESAW** bascule tape-cul SEESAW
SECOUPE, SECOUPÉE soucoupe, soucoupée	**SÉCURE** 1. solide, sûr 2. en sécurité 3. tranquille, sans inquiétude voir «safe» SECURE	**SEINER** taper voir «sainer»

SELF DEFENSE 1. légitime défense 2. autodéfense SELF-DEFENSE ou DEFENCE	**SEMENCES** ou **SUMENCES** semailles	**SEMI-FINALE(S)** demi-finale(s) SEMI-FINALS
SELF MADE MAN self-made man fils de ses œuvres SELF-MADE MAN	**SEMEUSE** semoir	**SEMI-MEUBLÉ**
SELF-SERVE libre-service SELF-SERVE	**SEMI-** le français a plutôt recours à demi- SEMI-	**SEMI-TRAILER** semi-remorque SEMITRAILER
SELKY sulky SELKY	**SEMI-ANNUEL** semestriel SEMIANNUAL	**SÉNAT D'UNIVERSITÉ** conseil d'université UNIVERSITY SENATE
DANS LA **SEMAINE DES TROIS JEUDIS** à la saint-glinglin	MAISON **SEMI-DÉTACHÉE** maison jumelée où il s'agit de deux maisons réunies par un mur de refend SEMI-DETACHED	**SENELLIER** aubépine

PAUL CLOUTIER SR. (SÉNIOR) Paul Cloutier père s'oppose à Paul Cloutier fils, et non junior! SAM SMITH SR.	SECRÉTAIRE **SÉNIOR** secrétaire principale SENIOR SECRETARY	C'EST PAS DE LA **SENOUTTE** ou **SCHNOUTTE!** c'est quelque chose, ça! c'est pas du toc! c'est pas de la camelote!
ASSOCIÉ **SÉNIOR** associé principal SENIOR PARTNER	TECHNICIEN **SÉNIOR** technicien supérieur SENIOR TECHNICIAN	**SENTENCE** jugement la sentence est l'affaire du jury, le jugement celle du juge SENTENCE
COMMIS **SÉNIOR** commis principal premier commis SENIOR CLERK	**SENIOR PARTNER** associé principal SENIOR PARTNER	**SENTENCE SUSPENDUE** condamnation avec sursis SUSPENDED SENTENCE
CONTREMAÎTRE **SÉNIOR** contremaître en chef SENIOR FOREMAN	**SÉNIORITÉ** ancienneté SENIORITY	**SENTEUX** curieux importun fureteur peut-être dérivé de TO NOSE
OFFICIER **SÉNIOR** officier supérieur officier commandant SENIOR OFFICER	ÇA VAUT PAS D'LA **SENOUTTE** ou **SCHNOUTTE!** c'est d'la merde! c'est du toc! c'est de la camelote!	UNE **SENTINELLE** lampadaire SENTINEL

S'EN VENIR	SÉPARATISME	SÉRIE TÉLÉVISÉE
venir	indépendantisme autonomisme	ne pas confondre avec le «feuilleton télévisé»
	SEPARATISM	TELEVISED SERIES
SÉPARATEUR	SÉPARURE	ES-TU **SÉRIEUX**?
écrémeuse	raie (des cheveux)	tu parles sérieusement? c'est sérieux?
SEPARATOR		ARE YOU SERIOUS?
SÉPARATEUR	BONHOMME SEPT HEURES	T'ES PAS **SÉRIEUX**?
un intercalaire (classeur, fichier, etc.)	croquemitaine ou croque-mitaine père Fouettard	tu ne parles pas sérieusement? ce n'est pas sérieux?
SEPARATOR	BONESETTER	YOU ARE NOT SERIOUS?
SÉPARATION	SÉRAPHIN	SERIN
raie (de cheveux)	Harpagon radin pingre grippe-sou	1. nigaud 2. homosexuel
PRIME DE **SÉPARATION**	SERGENT DE POLICE	**SERRE** (DANS UNE MAISON)
prime de départ ou de cessation d'emploi	brigadier tous les grades de la police québécoise relèvent d'une conception américaine	jardin d'hiver
	POLICE SERGEANT	

SERRER	**SERVICE-STATION**	**SERVIR** UNE PEINE
ranger	station-service	purger
	SERVICE-STATION	TO SERVE A SENTENCE
SERRURE	**SERVIETTE** DE BAIN	**SESSION** DU CONSEIL MUNICIPAL
fermeture le terme générique est «fermeture»: serrure est un terme spécifique Il n'est pas exclu que LOCK ait joué un rôle dans le recours à serrure	drap de bain BATH TOWEL	séance une «session» est composée de plusieurs séances SESSION
SERVANTE	**SERVIETTE** DE PLAGE	**SESSION** UNIVERSITAIRE
bonne domestique l'anglais utilise aussi SERVANT	drap de plage BEACH TOWEL	trimestre semestre (on dit une «session d'examens»)
SERVICE CIVIL	SERVIETTE **SANITAIRE**	ÊTRE **EN SESSION**
fonction publique CIVIL SERVICE	serviette hygiénique SANITARY NAPKIN	en séance siéger TO BE IN SESSION

SET (SPORT) manche (tennis, tennis de table) SET	**SET** D'AIGUILLES jeu d'aiguilles SET	**SET** DE CLÉS jeu de clés trousseau de clés dans les cas où il s'agit d'un ensemble hétéroclite et non d'une série d'objets semblables SET OF KEYS
SET scène (théâtre) plateau (cinéma) décor (théâtre) SET	**SET** D'AMIS groupe SET OF FRIENDS	**SET** DE CRAVATES jeu de cravates SET
SET À CAFÉ, À THÉ, À LIQUEUR service à café, etc. (et non service *de*...!) COFFEE SET, TEA SET, LIQUEUR SET	**SET** D'OUTILS jeu d'outils (divers) série d'outils (semblables: clés, tournevis, etc.) SET	**SET** DE CUISINE batterie de cuisine l'anglais a recours à: POTS AND PANS, et non à KITCHEN SET
SET CARRÉ N.B. danse à quatre (*Harrap's*) quadrille (*Robert-Collins*) pour SQUARE DANCE l'anglais «SQUARE SET» n'est pas attesté.	**SET** DE CASSEROLES, DE POÊLES, ETC. série de... dans les cas où il s'agit de choses semblables SET OF SAUCEPANS, FRYING PANS, etc.	**SET** DE DENTIERS dentiers SET OF DENTURES

SET DE DRUMS	UN **SET** DE TABLE	**SETTLER** QUELQUE CHOSE
batterie	un service de table (le linge de table) un assortiment de table	régler
SET OF DRUMS	SET	TO SETTLE
SET DE NOËL	**SET** DE TIRES	**SET UP**
guirlande lumineuse (de Noël)	train de pneus (où il s'agit des quatre pneus à la fois)	installation
SET OF LIGHTS	SET OF TIRES	SETUP
SET DE PATIO	**SET** DE TV	**SEURPLUS**
salon de jardin (*sic*) Le patio étant la cour intérieure à ciel ouvert des maisons espagnoles, il est évident que les maisons québécoises en sont dépourvues... Par contre elles possèdent un jardin et souvent une terrasse. Notre patio, c'est cette terrasse.	téléviseur	surplus
de l'américain PATIO	T.V. SET	
SET DE SALON	UN **SET** DE VAISSELLE	**SEVEN UP**
mobilier (et non ameublement) *ameublement* concerne l'ensemble des meubles d'une maison	un service de porcelaine	en France, correspond à la limonade
LIVING ROOM SET	SET OF CHINAWARE	SEVEN UP

QU'IL **SEYE**, QU'IL **SOYE**	**SHAFT**	**SHAKER** (V.)
qu'il soit	1. arbre (de transmission) 2. fût (colonne, objet long)	1. trembler 2. trembloter avoir la tremblote
	SHAFT	TO SHAKE
SGT.	**SHAFT**	AVOIR LES **SHAKES**
abréviation anglaise de sergent, sans équivalence en français	pénis, pine, bite, queue	avoir la frousse avoir les jetons
SGT.	SHAFT	TO HAVE THE SHAKES
SHACK	**SHAFTER** QUELQU'UN	**SHAME ON YOU!**
cabane refuge	1. branler 2. quitter	quelle honte! c'est honteux!
SHACK	TO SHAFT	SHAME ON YOU!
SHADOW BOXING	**SHAG**	**SHAMPOO**
boxe simulée (*Harrap's*) boxe à vide (*Robert-Collins*)	tapis à longues mèches	shampooing
SHADOW BOXING	SHAG	SHAMPOO

SHAMROCK	TOP SHAPE!	SE SHAVER (V.)
trèfle	en pleine forme! en grande forme!	se raser (la barbe)
SHAMROCK	TOP SHAPE!	TO SHAVE
SHAWINIGAN ou SHAWINIGAN FALLS	être BEN SHAPÉE	SHEARS
le SH est anglais (voir le *Petit Robert*) le W est anglais (même référence) le AN en français est illustré dans Carignan, Mingan, ou Manicouagan, ce qui n'est pas le son que rendent Matane ou banane. Faudrait-il donc écrire CHAOUINIGANE? Pourquoi pas?	voir SHAPE	cisailles
	WELL-SHAPED	SHEARS
ÊTRE EN SHAPE	SHARP	SHED
être en forme être au mieux de sa forme (et non au «meilleur» de sa forme)	intelligent, vif, éveillé	hangar, abri, cabane, remise, resserre
TO BE IN GOOD SHAPE	SHARP	SHED
ELLE A UNE BELLE SHAPE!	SHARP SHOOTER	SHEER et SHEERER (V.)
elle a une belle caisse! elle est taillée au couteau! elle est bien roulée!	tireur d'élite	voir SHIRE et SHIRER
SHE HAS A NICE SHAPE!	SHARPSHOOTER	

SHELLAC ou **SHALLAC** laque SHELLAC	TRAVAILLER SUR LES **SHIFTS** faire les trois-huit faire du travail posté travailler par roulement, par équipe, en équipes (*chiffre* est une déformation de shift) TO WORK IN SHIFTS	**ÇA SHINE!** ça reluit! IT SHINES!
TOUTE LA **SHIBANG** tout le bataclan tout le tremblement THE WHOLE SHEBANG	**SHIM** 1. masselotte (pour équilibrer une roue) 2. cale 3. coin SHIM	**DONNER UN SHINE** cirer (sa voiture, ses chaussures) briquer TO GIVE SOMETHING A SHINE
LE **SHIFT** DE NUIT le poste de nuit (la période de travail) l'équipe de nuit (ceux qui y travaillent) Le QUART ne concerne que l'équipage d'un navire. Sa durée est de quatre heures.	**SHIMMER** caler équilibrer une roue (à l'aide de masselottes), et non la «balancer» TO SHIM	**SHINER** astiquer faire briller polir briquer cirer TO SHINE
SHIFTER 1. changer de rapport 2. doubler rapidement une voiture TO SHIFT	**SHIN** le tibia anglicisme dérivé de SHINBONE	**SHIPMENT** (PRONONCÉ À LA FRANÇAISE) 1. arrivage 2. expédition SHIPMENT

SHIPPER (V.) 1. expédier (de la marchandise) 2. chasser (un garnement) TO SHIP	faire une **SHIRE** faire une embardée SHEER	**SHIRER** faire une embardée TO SHEER
SHIPPING expédition SHIPPING	PARTIR SUR UNE **SHIRE** enfourcher son dada avoir une idée fixe... se mettre dans la tête que... ne pas démordre de quelque chose... anglicisme dérivé de SHEER	DES **SHIRES** SUR L'ASPHALTE des traces de pneus anglicisme dérivé de SHEER
SHIPSHAPE! tout est à sa place tout est en bon ordre tout est bien tenu, bien rangé SHIPSHARE	LE CHAR A **SHIRÉ** DANS LA CURVE les pneus ont crissé dans le virage anglicisme dérivé de TO SHEER	**SHISHKEBAB** brochette SHISH KEBAB
SHIPYARD chantier maritime ou naval SHIPYARD	LES PNEUS ONT **SHIRÉ** ont décoré la chaussée de bandes noires... TO SHEER	**SHOCK ABSORBER** ou «TCHOCS» amortisseur SHOCK ABSORBER

SHOCK PROOF	SHOOT	BODY SHOP
antichoc	tir (au hockey)	1. carrosserie (l'établissement commercial) 2. tôlerie (l'atelier lui-même)
SHOCK PROOF	SHOOT	BODY SHOP
SHOECLAQUES	SHOOTER (V.)	MACHINE SHOP
1. tennis 2. baskets voir «snicks» anglicisme dérivé de SHOE et de CLAQUES	tirer avec force (au hockey)	atelier d'usinage
	TO SHOOT	MACHINE SHOP
SHOECLAQUES	UN SHOOTER DE FORT	PAINT SHOP
«caoutchoucs» ne pas confondre avec les *claques* ou *chaloupes*! anglicisme dérivé de SHOE et de CLAQUES	un petit verre	atelier de peinture (dans une carrosserie)
	SHOOTER	PAINT SHOP
SHOE-SHINE	À LA SHOP	SHOPPER (V.)
1. cirage de chaussures 2. cireur de chaussures 3. coin du cireur de chaussures	1. atelier 2. au sens figuré: au travail	1. faire ses courses 2. faire du lèche-vitrines
SHOESHINE	SHOP	TO SHOP

SHOPPING BAG	SHORT AND SWEET	SHORTSTOP
sac	en deux temps trois mouvements en cinq sec ça n'a pas traîné	«arrêt court» au baseball ce joueur a pour fonction d'«intercepter» la balle
SHOPPING BAG	SHORT AND SWEET	SHORTSTOP
SHOPPING CENTER	**SHORTCAKE** AUX FRAISES	**SHOT!**
centre commercial (*sic*) et non «d'achats»	tarte sablée aux fraises	zut!
SHOPPING CENTER	STRAWBERRY SHORTCAKE	SHOT n'est pas une exclamation anglaise
ARRIVER **SHORT**	**SHORTCUT**	UNE **SHOT** DE PÉNICILLINE
il nous manque tant	raccourci	une injection
TO BE SHORT	SHORTCUT	SHOT
ARRIVER **SHORT**	**SHORTENING**	**BIG SHOT**
de justesse à la dernière minute	matière grasse (pas fameux...) «graisse végétale» «graisse alimentaire»	huile, grosse légume, gros bonnet
anglicisme dérivé de SHORT	SHORTENING	BIG SHOT
ÊTRE UN PEU **SHORT** CES TEMPS-CI	**SHORTER** (V.)	UNE GROSSE **SHOT** DE...
être un peu fauché, serré, gêné, à court	1. court-circuiter 2. se mettre en court-circuit	grande quantité de...
TO BE SHORT	TO SHORT	anglicisme dérivé de SHOT, qui n'a pas ce sens en anglais

UNE PETITE **SHOT**	ABATTRE UN LAPIN **D'UNE SHOT**	**SHOWCASE**
un petit verre de	d'un seul coup	vitrine montre
SHOT	AT THE FIRST SHOT	SHOWCASE
UNE MAUDITE **SHOT!**	AVALER UN VERRE **D'UNE SHOT**	**SHOWDOWN**
très longtemps	d'un trait faire cul sec	épreuve de force (entre le bon shérif et le mauvais garçon...)
SHOT n'a pas ce sens en anglais	SHOT n'a pas ce sens en anglais	SHOWDOWN
LANCER UNE **SHOT** À QUELQU'UN	**SHOTGUN**	**SHOWER**
lancer une pique à quelqu'un	fusil de chasse	(la soirée des cadeaux!)
SHOT n'a pas ce sens en anglais	SHOTGUN	SHOWER
PRENDRE UNE **SHOT**	**SHOTTER**	**SHOWMAN**
un coup	tirer	m'as-tu-vu frimeur
SHOT	TO SHOOT	SHOWMAN
RIRE UNE **SHOT**	**SHOW-BOY**	**SHOW-OFF**
un bon coup	aide-cuisinier dans un chantier forestier	m'as-tu-vu frimeur
SHOT n'a pas ce sens en anglais	SHOWBOY	SHOW-OFF

SHOWROOM salle d'exposition «salle de montre» SHOWROOM	**SIAU** seau (cf. l'article *seau* du *Littré*)	**SIÈGE** DE PREMIÈRE CLASSE place de première classe FRIST-CLASS SEAT
SHREDDER déchiqueteuse SHREDDER	**SIDEBOARD** buffet SIDEBOARD	**SIÈGE PLIANT** strapontin (dans un véhicule, au théâtre, etc.) FOLDING SEAT
SHUFFLE (SUR UN LECTEUR DE DISQUES COMPACTS) (mode) aléatoire SHUFFLE	**SIDEBURNS** favoris SIDEBURNS	LÂCHER UN **SIFFLE** 1. siffler (pour attirer l'attention) 2. appeler à l'aide
SHUNT dérivation SHUNT	**SIDEKICK** inséparable alter ego SIDEKICK	**SIFFLEUX** marmotte
SHYLOCK usurier SHYLOCK	**SIDELINE** un à-côté SIDELINE	FAIRE DU **SIGHTSEEING** faire le touriste visiter la ville TO DO SOME SIGHTSEEING

UN TOUR DE **SIGHTSEEING**	LES OREILLES ME **SILENT**	**SIMONIZER** SON CHAR
un tour de ville (en car, accompagné, etc.)	me tintent me sifflent	lustrer, polir sa voiture
A SIGHTSEEING TOUR		TO SIMONIZE
SIGN	**(STERLING) SILVER**	**SIMP'**
1. enseigne 2. écriteau 3. panneau (de signalisation routière)	argent fin, de bon aloi	simple
SIGN, SIGNBOARD	STERLING SILVER	
SIGNALER UN NUMÉRO	**SILVO**	LIT **SIMPLE**
composer faire	(liquide laiteux utilisé pour l'astiquage de l'argenterie, des ors, etc.)	lit à une place, pour une personne
	SILVO	SINGLE BED
SIGNER UN JOUEUR	**SIMILARITÉ**	**SINGLE-BREAST**
engager accorder un contrat	ressemblance similitude	veston droit
TO SIGN UP	SIMILARITY	SINGLE-BREASTED
SIGNMAN	ÊTRE **EN SIMONAC**	**SINK**
(enseigne mobile)	1. en colère 2. très, beaucoup, grandement	évier (et non lavabo, s'il s'agit d'une cuisine)
SIGNMAN		SINK

SI NON RÉCLAMÉ...	YES, SIR!	SIT!
en cas de non-livraison...	et comment! ah ça oui!	assis! (ordre donné à un chien)
IF NOT CLAIMED...	YES, SIR!	TO SIT
SIPAILLE	SE FAIRE **SIRER**	**SIT DOWN!**
(tourte de poisson) on le dit dérivé de SEA-PIE, mais ce terme existe-t-il vraiment?	(obtenir le titre de SIR!) anglicisme dérivé de SIR	peut être soit: 1. menaçant, impératif, ou 2. poli, accueillant à l'extrême
SIPHONNER UNE COUPLE DE BIÈRES	**SIRLOIN**	**SITE**
avaler, vider, siffler	bifteck d'ALOYAU (et non surlonge)	1. emplacement (en général) 2. site (archéologique) 3. chantier (de construction, etc.) 4. terrain de camping
	SIRLOIN	SITE
SI QUE TU PARTAIS EN VOYAGE...	SIROP DE BLÉ D'INDE	SUR LE SITE
si tu partais... admettons que...		à pied d'œuvre
	CORN SYRUP	ON SITE
SIROP D'ÉRABLE	**SISSY BAR**	**SIT-IN**
	(arceau d'appui du passager, sur une motocyclette)	(occupation des locaux)
MAPLE SYRUP	SISSY BAR	SIT-IN

BABY-SITTER	SIX-PÂTES	SKATE
«gardien, gardienne»	(tourte à plusieurs niveaux)	«rouli-roulant» planche à roulettes
BABY SITTER	serait-il dérivé de SIPAILLE?	SKATEBOARD
SIT-UP	UN GRAND **SIX-PIEDS**	**SKIBOARD** ou **SNOWBOARD**
redressement assis	un colosse un géant un hercule	1. «planche à neige» 2. surf des neiges, sur neige
SIT-UP	A TALL SIX-FOOTER	SKIBOARD
SI VOUS PLAÎT ou **SI OU PLAÎT**	**SIZE**	**SKIDER**
s'il vous plaît	taille format pointure grosseur dimension etc.	1. déraper, faire un dérapage 2. glisser (une personne, une voiture)
	SIZE	TO SKID
SIX-PACK	**SIZER** QUELQU'UN	**SKIDOO**
caisse de six	1. juger quelqu'un 2. jauger quelqu'un	«motoneige» scooter des neiges
SIX-PACK	TO SIZE UP SOMEONE	SKIDOO

SKILIFT ou **CHAIRLIFT**	**SKINNY**	**SKITOW**
télésiège remonte-pente	maigrichon	remonte-pente tire-fesses téléski
SKI LIFT	SKINNY	SKI TOW
SKIL SAW scie circulaire	**ÊTRE SKIN** SU'L STOCK être radin être pingre être avare être grippe-sou expression anglicisée dérivée de SKINFLINT et de STOCK	**SKY-HIGH!** 1. jusqu'aux cieux (se dit de quelque chose qui a sauté) 2. astronomiques, exorbitants (s'il s'agit de prix)
SKIL SAW		SKY HIGH
ÊTRE SKIN pingre radin avare grippe-sou	**SKIPPER** (V.) sécher (un cours)	**SKYLIGHT** 1. «puits de lumière» 2. tabatière
to be a SKINFLINT	TO SKIP	SKYLIGHT
SKINNER lésiner anglicisme dérivé de SKINFLINT	**SKIPPER** capitaine	**SKYLINE** le profil, la silhouette d'une ville
	SKIPPER	SKYLINE

SLAB DE CIMENT	**SLACK**	UN GRAND **SLACK**
dalle de béton (flottante)	la vis, le boulon, l'écrou est desserré, a du jeu	une grande perche un échalas un garçon tout dégingandé
CEMENT SLAB	SLACK	SLACK
SLACK	**SLACK** UN PEU, LÀ!	**SLACKER**

la corde, le câble, la courroie a du mou	1. ralentis un peu!
	  souffle un peu!
	  mollo!
	2. donne-moi du mou!
	  (ne tends pas tant la corde!)
		donner du mou à une corde, etc.
		détendre quelque chose, relâcher

SLACK	TO SLACK UP	TO SLACKEN
SLACK	DONNE-MOI DU **SLACK!**	**SLACKER**
le nœud est desserré	donne-moi du mou!	ralentir prendre du retard
SLACK	TO SLACK UP	TO SLACK UP
SLACK	UN **SLACK**	**SLACKER** QUELQU'UN
un pantalon trop large	1. période creuse moments creux 2. saison creuse (de l'année) 3. heures creuses (de la journée)	sacquer quelqu'un virer chasser congédier
	SLACK	TO SACK

SLAG scories SLAG	**SLAMMER** (V.) (caractéristique d'une sorte de danse à carambolages multiples...) synonyme: thrasher... anglicisme dérivé de TO SLAM (INTO)	**SLASH** une oblique («barre» est sous-entendu) SLASH
SLAG DUMP terril crassier (de haut fourneau) SLAG DUMP	**SLANG** argot SLANG	**SLASHER** (V.) biffer TO SLASH
UNE PORTE QUI **SLAILLE** une porte coulissante A SLIDING DOOR	**SLAPPER** (V.) LE PUCK «frapper» la «rondelle» avec force (la «rondelle» est un palet) TO SLAP	**SLEEPING** 1. sac de couchage (sans duvet) 2. duvet (avec!) SLEEPING BAG
DESCENDRE EN FAISANT DU **SLALOM** descendre en godillant le slalom est une épreuve de descente, non le simple fait de dévaler une pente en godillant	**SLAP-SHOT** «lancer frappé» voir *slapper* SLAPSHOT	**SLEIGH** traîneau (*sic*) la «carriole» est une charrette, elle possède deux roues, et n'a donc rien à voir avec la neige et le traîneau SLEIGH

SLED	**SLIDE**	**SLINGSHOT**
1. traîneau 2. «suisse», voir ce mot	1. lame (de microscope) 2. diapositive, diapo, dia 3. glissoir (pour les bois abattus) 4. toboggan (pour marchandises diverses) 5. toboggan (d'évacuation)	fronde lance-pierres
SLED	SLIDE	SLING SHOT
SLEIGH RIDE	**SLIDER** (V.)	**SLINKY**
promenade en traîneau (et non en carriole, voir *sleigh*)	descendre en glissant	(le ressort qui descend les marches tout seul...)
SLEIGH RIDE	TO SLIDE	SLINKY
SLICER	**SLIGNE**	**SLIP**
trancheuse (de viande)	1. fronde, lance-pierres 2. ceinture de pantalon 3. bandoulière, bretelle 4. écharpe (le bandage de l'avant-bras)	1. facture 2. bordereau de livraison
SLICER	SLING	SLIP
SLICER (V.)	**SLIM**	**SLIP-INS**
1. couper la balle (au tennis) 2. trancher (de la viande)	mince svelte	slips (sous-vêtement féminin, à ne pas confondre avec la culotte, plus couvrante)
TO SLICE	SLIM	SLIP-IN

SLIPPERS	SLOT	SLOW
mules (pantoufles ou chaussures d'intérieur en forme de babouches, donc sans quartier ni talon, et qui glissent (to slip) sur le sol)	fente (distributeur, vis, tirelire) rainure encoche entaille	1. lent 2. paresseux 3. qui retarde (une montre) 4. qui a l'esprit lourd 5. ralentissement (en affaire)
SLIPPERS	SLOT	SLOW
SLOE GIN	**SLOT-MACHINE**	**SLOW BINNE**
prunelle (alcool de)	1. gobe-sous, machine à sous, appareil à sous 2. distributeur (billets, cigarettes, etc.)	lambin, traînard

anglicisme dérivé de SLOWPOKE |
SLOE GIN	SLOT MACHINE	
SLOGUER	**SLOUNES**	**EN SLOW MOTION**
tirer sur, descendre quelqu'un	«gougounes» (sandalettes de plage en caoutchouc)	au ralenti
TO SLUG		IN SLOW MOTION
SLOPPY	**L'HORLOGE EST SLOW**	**SLUG**
1. sans soin, bâclé, saboté 2. débraillé(e)	la pendule retarde l'*horloge* doit reposer sur le parquet ou se trouver à l'extérieur, dans un clocher par exemple	balle, plomb
SLOPPY	SLOW	SLUG

SLUGGER (V.) 1. rosser, casser la figure de quelqu'un 2. virer quelqu'un, se faire virer 3. se faire avoir TO SLUG	**SU'A SLY** en douce en cachette mine de rien sournoisement ON THE SLY	**UN GROS SMACK** un gros baiser A BIG SMACK
SLUMS 1. taudis 2. bidonville SLUMS	**ÊTRE PAYÉ SU'A SLY** sous la table ON THE SLY	**SMALL** 1. de petite taille 2. petite (pizza) SMALL
SLUSH gadoue le mot *soupe* n'est pas mal non plus! SLUSH	**TRAVAILLER SU'A SLY** au noir ON THE SLY	**AVOIR L'AIR SMART** ou **SMATT** être chic être sur son trente et un (*sic*) TO LOOK SMART

SLUT
 	
1. prostituée
   rouleuse
   fille
2. garce
   salope
 	
SLUT
	SLYER ou **SLAILLER**
	
	glisser, descendre en glissant
	riper, faire riper un objet lourd
	
	TO SLIDE
		ÊTRE SMART ou **SMATT**
		
		gentil, serviable
		
		anglicisme dérivé de SMART qui n'a pas ce sens

FAIRE LE **SMART** ou **SMATT**	DES **SMELTS**	**SMOCK**
faire le malin faire le faraud faire le mariol	des éperlans «les petits poissons des chenaux»	blouse (de laboratoire)
TO TRY TO BE SMART	SMELTS	SMOCK
SMARTIES	**SMELTER**	**SMOGLER**
(friandises)	fonderie	pratiquer la contrebande
SMARTIES	SMELTER	TO SMUGGLE
UN GROS **SMASH**	**SMILE**	**SMOGLEUR**
un énorme succès un triomphe faire un malheur	sourire	contrebandier
SMASH	SMILE	SMUGGLER
SMASHER	**SMOCK**	UNE **SMOKE**
assener au sens figuré: donner un coup violent de quelque chose sur quelque autre chose	sarrau (des peintres, des écoliers)	une cigarette une clope
	SMOCK	A SMOKE

SMOKED MEAT	DU SNAP	SNIFFER DE LA DROGUE
	«nettoie-mains»	
SMOKED MEAT	SNAP	TO SNIFF
SMOOTH	**SNAPSHOT**	**SNIPER**
1. lisse (surface) 2. doux (personne) 3. sans anicroches (atterrissage) 4. moelleux (vin, alcool)	instantané	tireur embusqué (*Harrap's*) tireur isolé (*Robert-Collins*)
SMOOTH	SNAPSHOT	SNIPER
TOUT UN **SNACK!**	**SNEAKER** ou **SNEAKEUX**	**SNOOZE**
gueuleton bouffe repas d'anniversaire régal	rôdeur	(sur un réveille-matin)
SNACK	SNEAKER	SNOOZE
UN PETIT **SNACK**	**SNEAKEUX**	**SNOREAU**
collation casse-croûte un petit quelque chose	«écornifleur» «renifleur» «senteux»	espiègle taquin
SNACK	SNEAKER	
SNAP	**SNICKS**	**SNOWBOARD**
fermoir bouton-pression	tennis	«planche à neige» surf des neiges, sur neige (le sport)
SNAP	SNEAKERS	SNOWBOARD

SNUFF	SOCCER	SOCKET ou SOQUETTE
tabac à priser	football foot	douille (de lampe, etc.)
SNUFF	SOCCER	SOCKET
SOAKÉ	**CLUB SOCIAL**	**SODA!**
détrempé	cercle	mince!
SOAKED	SOCIAL CLUB	
SOAKER (GUN)	**ÊTRE SOCIAL** (PRONONCÉ SÔCHUL)	**SODA À PÂTE**
trempeur (?)	être sociable aimer les mondanités, les obligations mondaines	bicarbonate de soude
SOAKER	SOCIAL	BAKING SODA
SOAP	**TRAVAILLEUR SOCIAL**	**SODA WATER**
feuilleton mélo, à l'eau de rose	assistant(e) social(e)	eau de Seltz
SOAP OPERA	SOCIAL WORKER	SODA WATER
SOBRE	**SOCIÉTÉ DE LA COURONNE**	**SOÈFFE** ou **SOUEFFE**
à jeun (et non sobre)	société d'État	soif
SOBER	CROWN CORPORATION	

SOFA	UNE SOINCE	HEURE SOLAIRE
canapé	correction réprimande	heure normale
SOFA		SUN TIME
SOFA DE CUIR CAPITONNÉ	SE FAIRE SOINCER	SOLARIUM
chesterfield (à la mode britannique); en anglais canadien, chesterfield désigne le simple canapé, en français, non	châtier réprimander	véranda le solarium expose au soleil: la véranda abrite du soleil
		SOLARIUM
SOFA-LIT	SE FAIRE SOINCER	UN SOLDE
canapé-lit	se faire pincer par la police	des soldes (soldes, ayant le sens de «restes», doit logiquement prendre la marque du pluriel)
SOFA BED		A SALE
SOFTBALL	SOIRÉE CANADIENNE	SOLIDE
«balle molle»		or, argent massif chêne, érable massif
SOFTBALL		SOLID
SOFTWARE	SOLAGE	SOLIDES DU LAIT
logiciel	solin soubassement (à ne pas confondre avec le sous-sol, par exemple celui d'une église)	extrait sec du lait (dans le fromage)
SOFTWARE		MILK SOLIDS

SOLLICITEUR	SON OF A BITCH!	LE MONDE SONT
placier démarcheur SOLICITOR	salaud! enfant de putain! fils de garce! SON OF A BITCH!	les gens sont le monde est
SOLLICITEUR GÉNÉRAL	**SON OF A GUN!**	**ILS SONTAIENT**
(cette fonction n'a pas d'équivalent dans l'organisation politique de France) SOLICITOR GENERAL	vieille fripouille! vieux coquin! SON OF A GUN!	ils étaient
SO LONG!	SE FAIRE **SONNER**	**SORCIER**
tchao! SO LONG!	battre rosser	diable
SOME CADEAU QUE T'AS REÇU LÀ!...	**SONNETTE** DE MACHINE À ÉCRIRE	ÊTRE EN BEAU **SORCIER**
tout un cadeau... quel cadeau! l'expression est ironique SOME	timbre de machine à écrire	être furieux être en pétard être en rogne
SON HONNEUR LE MAIRE	**SONNEUX** (DE CLOCHE)	**SORORITÉ**
Monsieur le maire HIS HONOR THE MAYOR	bedeau	(club d'étudiantes) réalité caractéristique des universités américaines, où les étudiants se regroupent de leur côté en *fraternités* SORORITY

SORRY! désolé! SORRY!	**SORTIE** prise (de courant) OUTLET	**SORTIR** UNE ÉCOLE LORS D'UN INCENDIE évacuer, vider une école lors d'un incendie
SORTEUX noceur fêtard viveur	**SORTIE** D'AUTOROUTE bretelle (il s'agit de synonymes) EXIT	**SO SO...** comme ci comme ça couci-couça SO-SO
ON N'EST PAS **SORTEUX!** on est casanier! on est pantouflard!	**SORTIE D'URGENCE** 1. dans un autobus, un car: issue de secours 2. dans un immeuble: sortie de secours EMERGENCY EXIT	**SOU** un cent
T'ES PAS **SORTI DU BOIS!** t'es pas sorti de l'auberge! t'es pas tiré d'affaire! YOU'RE NOT OUT OF THE WOOD(S) YET!	**SORTIR STEADY** avoir une petite amie, un petit ami TO GO OUT STEADY	**SOUBASSEMENT** D'ÉGLISE sous-sol (le soubassement est, au-dessus du sol, ce sur quoi la maison repose; voir *solage*) BASEMENT
IL M'A **SORTI DU TROU** il m'a tiré d'embarras il m'a tiré d'un mauvais pas HE GOT ME OUT OF A HOLE	**SORTIR** D'UNE FILE DE VOITURES déboîter	**SOUCISSE** saucisse

SOUDAGE	SOUHAITS DE LA SAISON	SOULIERS DE DANSE
soudure	Avec tous nos vœux de bonne et heureuse année Joyeux Noël et Bonne Année Meilleurs vœux pour l'année nouvelle SEASON'S GREETINGS	chaussons de danse DANCE SHOES
SOUFFLER UN BALLON, UN PNEU gonfler TO RAISE A POINT OF ORDER	SOULEVER UN POINT D'ORDRE invoquer le règlement faire appel au règlement TO RAISE A POINT OF ORDER	JE NE VOUDRAIS PAS ÊTRE DANS SES SOULIERS je n'aimerais pas être à sa place je n'aimerais pas être dans sa peau I WOULD'NT WANT TO BE IN HIS SHOES
SOUFFLEUSE (ce terme désigne le chasse-neige qui est muni de ce type de soufflerie) SNOW BLOWER	SOULIERS chaussures (le terme générique est chaussures, souliers est spécifique)	SOÛLON soûlard soiffard ivrogne poivrot pochard
C'EST SOUFFRANT c'est douloureux une personne est souffrante: une blessure est *douloureuse*	SOULIERS CHINOIS ballerines CHINESE SLIPPERS	SOUMISSIONNER POUR... soumissionner des... TO TENDER FOR...

SOUPANE 1. bouillie d'avoine, de maïs, etc. 2. porridge	**SOUR LA TABLE** sous la table	**SOUS** CERTAINES CIRCONSTANCES dans certaines situations UNDER CERTAIN CIRCUMSTANCES
SOUPE potage (là où le bouillon est plus abondant que les solides) SOUP	**SOURD ET MUET** sourd-muet DEAF-AND-DUMB	UN INCENDIE **SOUS** CONTRÔLE circonscrit maîtrisé UNDER CONTROL
SOUPER dîner (le souper étant aujourd'hui en Europe le repas que l'on prend tard le soir, par exemple à la sortie du cinéma, ou d'un spectacle) SUPPER (à titre d'influence seulement)	**PETITE SOURIS** souriceau	**SOUS** DISCUSSION en discussion UNDER DISCUSSION
SOUPOUDRER saupoudrer	**SOURS** ou **SIOURS** égouts SEWERS	**SOUS** ÉTUDE à l'étude UNDER STUDY
SOUQUE À LA CORDE	ÊTRE **SOUS** ARRÊT en état d'arrestation TO BE UNDER ARREST	**SOUS** EXAMEN à l'étude pris en considération UNDER EXAMINATION

COURSES **SOUS** HARNAIS	**SOUS-CONTRACTEUR**	**SOUS-TAPIS**
de trotteurs attelées anglicisme dérivé de HARNESS RACE	sous-traitant SUBCONTRACTOR	thibaude
ÊTRE **SOUS** L'IMPRESSION	**SOUS-CONTRAT**	**SOUS-TOTAL**
avoir l'impression TO BE UNDER THE IMPRESSION	sous-traitance SUBCONTRACT	total total partiel SUBTOTAL
ÊTRE **SOUS** L'INFLUENCE DE L'ALCOOL sous l'emprise de la boisson en état d'ébriété UNDER THE INFLUENCE OF ALCOOL	**SOUS-GRADUÉ** étudiant de premier cycle UNDERGRADUATE	**SOUTIENDRE** soutenir
CE MALADE EST **SOUS** OBSERVATION ce malade est en observation UNDER OBSERVATION	**SOUS-MINISTRE** secrétaire général du ministère DEPUTY MINISTER	**SOUVERAINISTE** autonomiste indépendantiste
SOUS-BRAS (désigne une pochette portée sous un bras par les dames)	**SOUS-PLAT** dessous-de-plat	**SE SOUVIENDRE** se souvenir

SO WHAT? et alors? SO WHAT?	**ARRÊTE TES SPARAGES!** arrête ton char! arrête ton cinéma! pas de salades! SPARING	**SPARE PARTS** pièces de rechange pièces détachées
SOYA soja soja est plus fréquent que soya en français, or il est inexistant au Québec SOYA	**PRENDRE UN SPARE** souffler un peu faire une pause s'arrêter cinq minutes SPARE	**SPARERIBS** «côtes plates» «côtes levées» «côtes découvertes» l'expression semble inconnue des lexicographes de France SPARERIBS
SPACE (PRONONCÉ À L'ANGLAISE) bizarroïde (très spécial dans sa façon de penser) SPACE	**DE SPARE** de rechange de réserve de trop en trop dont tu ne te sers pas dont tu n'as pas besoin disponible	PENDANT SON **SPARE TIME** 1. pendant les heures perdues, les moments de loisir 2. à temps perdu SPARE TIME
SPAN 1. attelage paire de chevaux 2. couple (d'amis, de collaborateurs, d'amoureux) SPAN	UN TIRE DE **SPARE** 1. une roue de secours 2. un pneu de rechange A SPARE TIRE	**SPARK** étincelle (d'une bougie d'allumage) SPARK

SPARKER (V.)	**SPEAKER** DE LA CHAMBRE	UN ARTICLE **EN SPÉCIAL**
produire une étincelle, pour une bougie d'allumage	«orateur» le speaker «parle» au nom de la Chambre au souverain qui n'y a pas accès: il en est le porte-parole; «orateur» ne convient évidemment pas!	en promotion (à tout moment) en solde (à la fin de la saison) soldé (idem) le mot *soldes* est synonyme de *restes*. Il faut donc en respecter la logique!
TO SPARK	SPEAKER OF THE HOUSE	ON SPECIAL
SPARK PLUGS	**SPEAKERS**	SE PERMETTRE UN **PETIT SPÉCIAL**
bougies d'allumage	enceintes (acoustiques) haut-parleurs (par métonymie)	une petite gâterie faire un p'tit extra
SPARK PLUG	SPEAKERS	
SPATULE	UN **SPÉCIAL**	SÉANCE **SPÉCIALE** DU CONSEIL
pelle (à cuisiner) la spatule est ovale et creuse: la pelle est oblongue et plate	article en promotion bonne affaire occasion article-réclame (tout sauf une aubaine!) le mot *aubaine* ne désigne jamais un objet; on ne peut jamais en faire l'achat!	séance extraordinaire
SPATULA	A SPECIAL	SPECIAL SESSION
SPCA	**SPÉCIAL** DU JOUR	LIVRAISON **SPÉCIALE**
SPA (Société protectrice des animaux)	menu du jour plat du jour	livraison par exprès
SPCA (Society for the Prevention of Cruelty to Animals)	TODAY'S SPECIAL	SPECIAL DELIVERY

SPÉCIFICATIONS	SPEECH	SPICK AND SPAN
1. stipulations (d'un contrat); prescription 2. devis, cahier des charges (construction) 3. caractéristiques (techniques)	1. laïus 2. semonce	1. nickel (un métal qui reluit...) 2. impeccable 3. reluisant de propreté
SPECIFICATIONS (SPECS)	SPEECH	SPICK-AND-SPAN
SPÉCIFIER préciser	**SPEED** (DROGUE) amphétamines amphés (familier)	**SPIDOMÈTRE** ou **SPIDO** indicateur de vitesse compteur de vitesse
TO SPECIFY	SPEED	SPEEDOMETER
SPÉCIFIQUE précis particulier	**SPEEDÉ** camé (mais ce terme ne suppose aucun stupéfiant en particulier)	**SPIKES** chaussures à pointes, crampons
SPECIFIC		SPIKES
SPECTACLE CONTINUEL cinéma permanent	**SPEEDER** (V.) excès de vitesse	**SPLASH!** plouf!
CONTINUOUS PROGRAMME	SPEEDING	SPLASH!
SPÉCULER SUR LES MOTIVATIONS... s'interroger sur...	**SPEEDWAY** piste de vitesse	SE FAIRE **SPLASHER** se faire arroser se faire éclabousser se faire asperger
TO SPECULATE	SPEEDWAY	TO BE SPLASHED

FAIRE **SPINNER** SES ROUES	**SPLIFF**	**SPOILER**
faire patiner ses roues	(cigarette contenant un mélange de mari et de tabac)	becquet
TO SPIN	SPLIFF	SPOILER
SPIT AND POLISH	FAIRE LA **SPLIT**	UN GARS BEN **SPORT** (PRONONCÉ SPÔRT')
briquage astiquage (l'expression est propre à l'armée)	faire le grand écart	chic serviable SPORT
SPIT AND POLISH	SPLIT	SPORT
SPITOUNE	**SPLIT-LEVEL**	**SPORT JACKET**
crachoir	(modèle de maison inconnu en France, et que l'on ne peut que décrire, sans pouvoir le nommer en français)	veste sport
SPITTOON	SPLIT-LEVEL	SPORTS JACKET
SPLICER UN CÂBLE	**SPLITTER**	**SPORTS CAR**
épisser	partager	voiture de sport
TO SPLICE	TO SPLIT	SPORTS CAR

SPORTS TRUCK	SPOTLESS!	SPRAY
camionnette de sport	sans tache immaculé d'une propreté irréprochable reluisant de propreté nickel	bombe (peinture, désodorisant, mousse à raser, laque pour les cheveux) aérosol ou en aérosol atomiseur (parfum, lotion) nébuliseur (parfum, médicament) vaporisateur (terme générique)
SPORTS TRUCK	SPOTLESS	
UN SPOT	SPOTLIGHT	SPRAY NET

1. tache
   éclaboussure
2. tache, tavelure (fruit)
3. point (dé, domino)
4. tache de son (visage)
5. pois (vêtement)
	1. projecteur
	2. être sous les feux des projecteurs
	   en vedette
	3. phare auxiliaire orientable (voiture)
		laque (pour les cheveux)
		(fixatif est un canadianisme)

SPOT	SPOTLIGHT	SPRAY NET
UN BEAU SPOT	SPOTTER	SPREAD
endroit emplacement place coin	repérer quelque chose ou quelqu'un	«tartinade» pâte (à tartiner) fromage à tartiner
SPOT	TO SPOT	SPREAD
SPOT CHECK	SPOTTEUR	AVOIR DU SPRIGNE
contrôle-surprise (de la circulation) contrôle intermittent	1. mouchard 2. mouton (en prison)	avoir du ressort (reprendre vite ses forces) vite retomber sur ses pieds
SPOT CHECK	SPOTTER	SPRING

SPRIGNER (V.)	SPRINKLER	UN SQUARE

1. avoir du ressort (reprendre vite ses forces)
2. rebondir
	gicleurs, extincteurs d'incendie
	arroseur
		1. vieux jeu
		    rétro
		    ringard
		2. un Anglais

TO SPRING	SPRINKLER	SQUARE, SQUARE HEAD
SPRING	**SPRITE**	**SQUASH**
ressort	(sorte de limonade au sens français du terme) voir *Seven Up*	courage
SPRING	SPRITE	SQUASH
SPRINGBED	**SPROCKET**	**SQUAW**
sommier	pignon (d'une roue de vélo, de moto; d'un mécanisme) La plus petite des roues dentées d'un engrenage. Sur un vélo, une chaîne s'y adapte, pour transmettre le mouvement du pédalier à la roue motrice arrière.	Amérindienne
BEDSPRING	SPROCKET	SQUAW
SPRINGBOARD	**SQUÂ**	**SQUEAKER** (V.)
tremplin, plongeoir (et non plongeon) le plongeon est l'action même de se jeter dans l'eau, non le tremplin ou la plate-forme d'où s'effectue ce plongeon	forte averse de neige	1. crier, grincer (machine) 2. craquer, couiner (chaussures)
SPRINGBOARD	SQUALL	TO SQUEAK

SQUEEZER	LA VILLE DE **ST-GEORGES DE BEAUCE**	STAGE (PRONONCÉ STÉDGE)
coincer presser serrer	Saint-Georges de Beauce on n'abrège pas SAINT dans les noms de lieu	scène (au théâtre) plateau (au cinéma)
TO SQUEEZE	ST. LOUIS (MISSOURI)	STAGE
ST-JACQUES, YVON	**STADIUM**	**STAGE BAND**
Saint-Jacques, Yvon dans les patronymes, SAINT n'est jamais abrégé en français. Il l'est toujours, suivi d'un point, en anglais	stade	orchestre de jazz, de danse
ST. IVES, GARY	STADIUM	STAGE BAND
ST. ROCH	**STAG**	**STAGECOACH**
St-Roch (l'église, par exemple) l'abréviation de SAINT comporte un trait d'union, jamais un point comme en anglais	1. cerf 2. enterrement de vie de garçon 3. homme non accompagné 4. soirée entre hommes	diligence
ST. JAMES	STAG	STAGECOACH
LA RUE **STE-CATHERINE**	**STAGE**	**STAINLESS STEEL**
la rue Sainte-Catherine on n'abrège pas SAINT dans les noms de rue	étape stade phase moment	acier inoxydable inox
ST. CATHERINE STREET	STAGE	STAINLESS STEEL

'STAL-LÀ!	STAMPEDE	STANDARDISER
celle-là!	débandade	1. normaliser 2. uniformiser le monopole du verbe standardiser au Québec est attribuable à l'anglais «to standardize»
	STAMPEDE	TO STANDARDIZE
STÂLER	**STAND**	**STANDARDS** DE PRODUCTION
1. caler (le moteur cale, caler son moteur) tomber en panne 2. lambiner, flâner	1. kiosque de journaux 2. béquille de vélo, etc. 3. râtelier à vélos; garde-cycles 4. friterie 5. pied (d'arbre de Noël) 6. plate-forme 7. présentoir	normes
TO STALL	STAND	STANDARDS
STALLE D'ÉCURIE	**STAND** DE TAXIS	VOYAGER EN **STAND-BY**
box (la stalle est ouverte; le *box* est fermé, le cheval y est libre)	station de taxis	en liste d'attente
	STAND	STAND-BY
STAMP	**STANDARD** (PRONONCÉ À L'ANGLAISE)	NE PAS POUVOIR **STANDER** QUELQU'UN
timbre-poste	une boîte de vitesse classique opposée à automatique en français, c'est la boîte qui peut être automatique, non la transmission	blairer pifer sentir supporter souffrir endurer
STAMP	STANDARD	

CORN STARCH amidon de maïs CORN STARCH	les **STATES** les États-Unis the STATES	**STATION DE GAZ** poste d'essence GAS STATION
STARTER (V.) lancer un moteur TO START	**STATION** (DANS LES NOMS DE LOCALITÉS) Coteau-Station Hébertville-Station Portneuf-Station Leeds-Station le mot STATION, qui est ici anglais, indique la présence d'une GARE ferroviaire	**STATION** DE POLICE poste de police POLICE STATION
STARTER démarreur (voiture) bouton de démarrage (machine, appareil) STARTER	**STATION** DE CHEMIN DE FER gare ferroviaire RAILWAY STATION	**STATION** DE POMPIERS caserne de pompiers FIRE STATION
STATE-OF-THE-ART dernier cri STATE-OF-THE-ART	**STATION DE FEU** caserne de pompiers FIRE STATION	**STATION POSTALE** bureau de poste POSTAL STATION

STATIONNER SON CHAR	STATUT CIVIL	STEAKHOUSE
garer sa voiture (verbe transitif) parquer sa voiture (verbe transitif) on GARE sa voiture, une voiture STATIONNE quelque part; d'où: interdiction de STATIONNER et parc de STATIONNEMENT	état civil CIVIL STATUS	rôtisserie STEAKHOUSE
STATION-SERVICE	STATUT MARITAL	STEAK SPENCER
poste d'essence MARITAL STATUS	situation de famille	la boucherie québécoise a recours aux coupes américaines, souvent sans équivalence dans la boucherie française SPENCER STEAK
STATION-WAGON	STATUT SOCIAL	UN STEAK SUISSE
break canadienne familiale STATION WAGON	rang social SOCIAL STATUS	steak fariné et braisé aux tomates et aux oignons... (Robert-Collins) voir *steak Spencer* a SWISS STEAK
STATIQUE	SORTIR STEADY	STEAMBOAT
parasites (transmission) friture (téléphone) STATIC	avoir un petit ami, une petite amie fréquenter quelqu'un TO GO OUT STEADY	vapeur désigne un bateau utilisé sur un réseau fluvial et non le *steamship*, navire de haute mer STEAMBOAT

STEERING	STÉPINES	STERLING (SILVER)
volant la «roue» n'étant que la «traduction» de wheel STEERING WHEEL	slip (de femme) à ne pas confondre avec la culotte STEP-IN	argent fin, de bon aloi STERLING SILVER
STENCIL	STEPPER	STETSON
stencil STENCIL	danser la gigue simple... anglicisme dérivé de STEP	 STETSON HAT
LE STEP DE QUELQU'UN	STEPPER	STEW
reconnaître quelqu'un à son PAS STEP	trépigner de joie ou de colère sautiller anglicisme dérivé de STEP	1. ragoût 2. ragoût de mouton (à l'irlandaise) (Irish Stew) STEW, IRISH STEW
FAIRE UN STEP	FAIRE DES STEPPETTES	STEWARD (PRONONCÉ À L'ANGLAISE)
faire un saut sursauter anglicisme dérivé de STEP	faire des pas de gigue (?) sautiller anglicisme dérivé de STEP	 STEWARD
FAIRE FAIRE UN STEP	STEPPEUR	ÊTRE STICKÉ SUR QUELQU'UN
faire faire un saut à quelqu'un faire bondir quelqu'un faire sursauter quelqu'un anglicisme dérivé de STEP	gigueur anglicisme dérivé de STEP	toqué de fou de entiché de TO BE STUCK ON SOMEONE

un **STICKER**	HOT-DOG **STIMÉ**	**STOCK EXCHANGE**
autocollant	hot-dog vapeur Cuire à la vapeur, en cuisine française, se dit *à l'étuvée, à l'étouffée*. Il s'agit ici évidemment non d'un pain cuit à l'étouffée mais réchauffé à la vapeur.	Bourse
STICKER	STEAMED HOT DOG	STOCK EXCHANGE
STICKEUX	DU **STOCK**	**STOCKROOM**
collant pot de colle	de la drogue, de la camelote de la came	magasin réserve
TO STICK	STOCK	STOCKROOM
ÊTRE **STIFF**	DU BEAU **STOCK**	DES **STOCKS**
être à cheval sur les règlements être à cheval sur le service être service-service être raide, rigide	aux sens propre (marchandise) et figuré (du beau monde)	des actions
STIFF	STOCK	STOCKS
DE LA **STIME**, À LA **STIME**	**STOCK CAR**	**STOFF**
de la vapeur, à la vapeur, à vapeur par exemple: pelle à stime, pour excavateur, excavatrice		produit (n'importe lequel) matière première, matériau étoffe
STEAM	STOCK CAR	STUFF

STOFFÉ AVEC	**STOP DE PORTE**	**STOUT**
rembourré avec	butoir	(bière brune anglaise très forte)
STUFFED WITH	DOOR STOPPER	STOUT
STONE	**STOP LIGHTS**	**STRAIGHT**
«gelé» défoncé raide	feux de stop, de freinage	pour une durée quelconque: de suite, consécutifs
STONE	STOP LIGHTS	STRAIGHT
STOOL et **STOOLER**	**STORAGE**	**STRAIGHT**
1. mouchard 2. mouton (en prison) 1. moucharder 2. rapporter 3. cafter	garde-meubles (mettre au) entreposage entrepôt (mettre en) entreposer	pour une personne: vieux jeu, ringard
STOOL-PIGEON	STORAGE	STRAIGHT
STOOL	**STORER**	UN BAR **STRAIGHT**
tabouret	1. mettre au garde-meuble(s) 2. entreposer, mettre en entrepôt	hétérosexuel opposé à «gay»
STOOL	TO STORE AWAY	STRAIGHT
METTRE UN **STOP**	**STOUQUES**	UN GARS **STRAIGHT**
mettre un terme à mettre fin à	moyettes, veillottes «vailloches»	réglo régulier
TO PUT A STOP TO	STOOKS	STRAIGHT

UN WHISKY STRAIGHT sec, pur STRAIGHT	**STRAIGHT FLUSH** séquence flush (*Harrap's*) quinte flush (*Robert-Collins*) STRAIGHT FLUSH	**LA STRAP DE LA FAN** la courroie du ventilateur STRAP
UNE FILLE STRAIGHT réglo régulière STRAIGHT	**STRAIGHT THROUGH!** d'un bout à l'autre jusqu'au bout tout droit STRAIGHT THROUGH!	**STRAPLESS** sans bretelles (vêtement féminin) (par exemple le bustier) STRAPLESS
UNE LIGNE STRAIGHT droite STRAIGHT	**STRAP** bretelle les épaulettes d'un vêtement cf. *strapless* STRAP	**STRAPPER** QUELQUE CHOSE sangler TO STRAP
UNE VIE STRAIGHT honnête, rangée STRAIGHT	**STRAP** 1. courroie 2. sangle 3. cuir à rasoir STRAP	**S'A STREET** à la rue dans la rue ON THE STREET
STRAIGHTAWAY! sur-le-champ tout de suite sans tarder illico STRAIGHTAWAY!	MANGER TROIS COUPS DE **STRAP** de fouet (il s'agit en fait d'une lanière de cuir) STRAP	**STRETCHÉ** extensible STRETCHY

STRIKE!	STRIPPER	STUCCO
au baseball: prise! (par exemple: strike out!)	s'effeuiller	crépi (et non stuc!) le stuc est une imitation de marbre sans rapport avec le crépi
STRIKE	TO STRIP	STUCCO
STRIP	**STRIP POKER**	ÊTRE **STUCKÉ**
1. une bande, une bandelette (de tissu, de papier) 2. une lame, une lamelle (de métal)		être pris être enlisé (dans le sable) être embourbé (dans la boue) et par extension, dans la neige
STRIP	STRIP-POKER	TO BE STUCK
FAIRE UN **STRIP**	**STRUGGLE FOR LIFE**	**STUCK-UP**
faire un effeuillage s'effeuiller	la lutte pour la vie	snob «frais chié» hautain méprisant
TO STRIP	STRUGGLE FOR LIFE	STUCK-UP
STRIPES (PRONONCÉ À L'ANGLAISE) rayures peintes sur une carrosserie	**STUB** 1. talon souche 2. mégot	**STUD** 1. au pluriel, boutons de manchettes 2. cabochons des blousons de cuir 3. étalon 4. mec bien monté 5. tombeur 6. goujon, tourillon 7. crampons (chaussures) 8. clous (chaussée)
STRIPES	STUB	STUD

STUNT MAN cascadeur STUNT MAN	C'EST PAS SON **STYLE** (PRONONCÉ À L'ANGLAISE) STYLE	**SUB PŒNA** 1. assignation à comparaître 2. citation à comparaître l'*assignation* concerne l'adversaire du demandeur; la *citation*, un témoin ou le défendeur SUBPOENA
J'IRAI TE VOIR, **STYLE**... VERS 3 HEURES! disons...	**STYROFOAM** 1. polystyrène 2. panneau de polystyrène (isolation thermique) STYROFOAM	**SUBSÉQUEMMENT** ultérieurement *subséquemment* appartient au langage du droit, non à la langue courante SUBSEQUENTLY
DE LA CUISINE CHINOISE **DE STYLE** AMÉRICAINE de la cuisine chinoise à l'américaine AMERICAN-STYLE CHINESE FOOD	SU' 'A TABLE sur la table	**SUBSÉQUENT** ultérieur *subséquent* n'est pas d'usage courant en français voir *subséquemment* SUBSEQUENT
UNE ROBE **DE STYLE** INDIEN une robe à l'indienne AN INDIAN-STYLE DRESS	**SUB JUDICE** devant les tribunaux SUB JUDICE	COMPAGNIE **SUBSIDIAIRE** filiale SUBSIDIARY COMPANY
UNE BROCHETTE **DE STYLE** MAROCAINE une brochette à la marocaine A MOROCCAN-STYLE SHISH KEBAB	**SUBMARINE** «sous-marin» il s'agit évidemment du sandwich! SUBMARINE	**SUBSTITUT** succédané ersatz le substitut est une personne, non une chose SUBSTITUTE

SUBURBS 1. la banlieue 2. les villes de banlieue SUBURBS	**SUCKER!** gogo! poire! jobard! SUCKER!	SUCRE **BLANC** sucre semoule sucre cristallisé
SUBWAY métro SUBWAY	**SUCKER** suçon (le bleu sur la peau) SUCKER	SUCRE **BRUN** cassonade sucre roux BROWN SUGAR
SUCE 1. tétine (à l'extrémité du biberon) 2. sucette (indépendante du biberon)	**SUÇON** sucette (c'est le bonbon que l'on suçote)	**SUCRE DU PAYS** sucre d'érable
SUCE-LA-CENNE radin	MANGER TROP DE **SUCRAGES** de sucreries	DU **SUCRE** EN CUBES des sucres SUGAR CUBES
SUCETTE suçon (c'est le bleu sur la peau)	FAIRE UNE PARTIE DE **SUCRE**	SUCRE **EN POUDRE** sucre glace POWDER SUGAR

SUCRERIE	SUISSE	SUIVANT, SUIVANTE
érablière à sucre	traîneau attelé de travail	garçon d'honneur fille d'honneur
ALLER **AUX SUCRES**	**SUIT** tenue (de ski, de tennis, etc.) combinaison (de plongée, de ski, etc.) SUIT	UN **SUIVEUX** un suiviste un suiveur
SUGAR DADDY papa gâteau SUGAR DADDY	**SUIT CASE** valise SUITCASE	**SUJET À CHANGEMENT** sous toutes réserves SUBJECT TO CHANGE WITHOUT PRIOR NOTICE
SUIRE suivre	**SUIT** DE NEIGE esquimau (pour les enfants) combinaison de neige SNOWSUIT	**SUMER** semer
SUISSE tamia	**SUITE** appartement (dans un hôtel) bureau SUITE	**SUNDAE** 1. sundae 2. coupe glacée Chantilly SUNDAE

255

SUNDAY DRIVER	SUNTAN	SUPERMAN
chauffeur du dimanche	lait solaire lotion solaire huile solaire	surhomme
SUNDAY DRIVER	SUNTAN	SUPERMAN
SUNDECK solarium (à ne pas confondre avec la véranda!) toit-terrasse le solarium sert à s'exposer au soleil: la véranda, à s'en protéger	**SUPARBE!** superbe!	**SUPERVISOR** ou **SUPERVISEUR** surveillant contremaître agent de maîtrise
SUNDECK		SUPERVISOR
SUNNY-SIDE UP des œufs au miroir	COUR **SUPÉRIEURE** la justice québécoise étant issue des traditions britanniques, ses tribunaux n'auront souvent pas de vis-à-vis dans la justice issue des traditions françaises	**SUPPORT** cintre portemanteau
SUNNY-SIDE UP	SUPERIOR COURT	
SUN POMPE vide-cave	**SUPERINTENDANT** un concierge (l'immeuble sera vieillot)	**SUPPORT** À BICYCLES porte-vélos
SUMP PUMP		
SUNROOF toit ouvrant (d'une voiture)	**SUPERINTENDANT** un gardien (l'immeuble sera moderne)	**SUPPORT** À SKIS barres à skis porte-skis
SUNROOF		

SUPPORTER 1. appuyer, soutenir, financer; 2. subvenir aux besoins de TO SUPPORT	**SUR** L'AUTOBUS, LE TRAIN, L'AVION à bord de... dans... ON THE BUS, TRAIN, PLANE	ÊTRE **SUR** L'OUVRAGE être à l'ouvrage être au travail ON THE JOB
ÊTRE **SUPPOSÉ** SAVOIR TELLE CHOSE être censé savoir telle chose qu'il s'agisse d'un anglicisme attribuable à TO BE SUPPOSED TO n'est pas d'une évidence aveuglante...	**SUR** L'ÉMISSION à l'émission ON THE PROGRAM	**SUR LA BASE DE** en se basant sur... ON THE BASIS OF
COUR **SUPRÊME** voir *cour supérieure* SUPREME COURT	**SUR** L'ÉQUIPE être membre de l'équipe faire partie de l'équipe TO BE ON THE TEAM	ÊTRE **SUR** LA DROGUE se droguer se camer TO BE ON DRUGS
SUR CET ÉTAGE à cet étage ON THIS FLOOR	**SUR** L'HORAIRE à l'horaire ON THE SCHEDULE	**SUR** LA LUMIÈRE ROUGE au feu rouge brûler un feu rouge ON THE RED LIGHT
SUR EXAMEN APRÈS EXAMEN	TRAVAILLER **SUR** L'ORDINATEUR travailler à l'ordinateur TO WORK ON THE COMPUTER	ÊTRE **SUR** LA PILULE prendre la pilule TO BE ON THE PILL

IL Y A UN MONDE FOU **SUR LA RUE** il y a un monde fou dans la rue ON THE STREET	**SUR** LE BIEN-ÊTRE vivre de l'aide sociale jadis: vivre aux crochets de la société vivre de la charité publique ON WELFARE	ÊTRE **SUR** LES ANTIBIOTIQUES prendre des antibiotiques mettre un patient sous antibiotiques mettre un patient aux antibiotiques TO BE ON ANTIBIOTICS
UN BLOC **SUR LA RUE DES PINS** un immeuble de la rue des Pins un immeuble dans la rue des Pins *sur la rue* veut dire: qui donne sur la rue; par exemple: une chambre sur la rue A BLOCK ON PINE STREET	**SUR** LE JURY être membre du jury faire partie du jury être un des jurés TO BE ON THE JURY	VOUS ÊTES **SUR LES ONDES** vous êtes en direct YOU'RE ON THE AIR
RESTER **SUR** LA RUE DU PONT habiter rue du Pont TO LIVE ON BRIDGE STREET	**SUR** LE TÉLÉPHONE au téléphone à l'appareil ON THE PHONE	VOUS SEREZ **SUR LES ONDES** DANS 5 MINUTES c'est à vous dans 5 minutes (c'est à vous maintenant!) YOU'LL BE ON IN 5 MINUTES
IL Y A UNE PROPOSITION **SUR** LA TABLE sur le tapis où il s'agit bien sûr du tapis de la table! ON THE STREET	**SUR LE TEMPS** DE LA COMPAGNIE aux frais de la compagnie aux dépens de la compagnie ON THE COMPANY'S TIME	VIVRE **SUR** SA PENSION DE VIEILLESSE vivre de sa pension de vieillesse TO LIVE ON ONE'S OLD AGE PENSION

SUR SEMAINE	SOYEZ SÛR DE...!	SURF
en semaine	assurez-vous de...! ne manquez pas de...! n'allez pas oublier de...!	
ON WEEKDAYS	BE SURE TO...!	SURF
SUR UN COMITÉ	SURCHARGER	SURFBOARD
être membre d'un comité faire partie d'un comité siéger à un comité être d'un comité	1. faire payer, vendre trop cher 2. estamper, escroquer, rouler, voler	planche de surf
TO SIT, TO BE ON A COMMITTEE	TO OVERCHARGE	SURFBOARD
ÊTRE SUR UNE DIÈTE	SÛRE ET SUCRÉE	SURPLUS (DE GUERRE)
suivre un régime la diète est médicale: le régime est narcissique...	aigre-douce	excédents (de guerre) à l'origine, il s'agissait de fournitures militaires mises en vente par les Américains, surtout des vêtements
TO BE ON A DIET	SWEET AND SOUR	(WAR) SURPLUS (STORE)
FAIRE SÛR QUE...	UN PETIT GOÛT DE SURETTE	SURPRISE!
s'assurer que...	un peu sur aigrelet acidulé	coucou!
TO MAKE SURE THAT...		SURPRISE!

PRENDRE QUELQU'UN **PAR SURPRISE**	**SWAMP**	**SWEATPANTS**
surprendre; prendre à l'improviste	marais marécage(s) ou marécageux tourbière (la swamp et le bog ont des airs de famille!)	«pantalon en coton ouaté» pantalon de survêtement; de survêt
TO TAKE SOMEONE BY SURPRISE	SWAMP	SWEATPANTS
SURTEMPS	**SWAMPEUX**	**SWEATSHIRT**
1. heures supplémentaires (au travail) 2. un temps supplémentaire (dans les sports) (ce temps correspond à la *period* de l'anglais) 3. familier: de rabiot	marécageux	«coton ouaté» sweat-shirt chandail de survêtement; de survêt
OVERTIME	SWAMPY	SWEATSHIRT
SURVOLTER UNE BATTERIE	**SWÂPER**	**SWEATSUIT**
pour traduire *booster* une batterie	troquer échanger	survêtement survêt
	TO SWAP	SWEAT SUIT
'SUYER 'A TABE	**SWEATER**	**SWEEPSTAKE**
essuyer la table	chandail pull-over tricot	sweepstake
	SWEATER	SWEEPSTAKE

... EST **SWEET!**	SENTIR LE **SWILL**	**SWINGER**

mignonne
gentille
charmante
	puer, sentir mauvais	1. fêter fort!
		    faire la fête
		2. partouzer (ici, la connotation
		    sexuelle domine)

TO BE SWEET	SWILL	TO SWING
SWEET AND SOUR	**SWIMMING POOL**	UN **SWINGER**

aigre-doux	piscine	1. noceur
		    tombeur
		2. partouzard
		    viveur (ce terme a vieilli)

SWEET-AND-SOUR	SWIMMING POOL	SWINGER
SWELL	**SWING**	UN **SWISS ROLL**
chic (de ta part, de...) chic (dans sa mise)	balançoire *balancigne* relève des termes de la marine, *escarpolette* a vieilli	un roulé (et non un gâteau roulé!)
SWELL	SWING	A SWISS ROLL
DU **SWIFT**	DONNER UNE **SWING**	**SWITCH**

de la graisse (alimentaire)
(à ne pas confondre avec le
«shortening»)
voir *shortening*
	donner un élan	1. interrupteur
		    commutateur
		    bouton
		    touche
		2. contact
		    commande

SWIFT	SWING	SWITCH

ENLEVER LA **SWITCH**	**SWITCHBLADE**	OFFRIR SES **SYMPATHIES**
éteindre (l'électricité) mettre l'interrupteur / le bouton / le commutateur à *arrêt* ou à *fermé* TO SWITCH OFF	couteau à cran d'arrêt SWITCHBLADE	ses condoléances PLEASE ACCEPT MY SYMPATHIES
METTRE LA **SWITCH**	**SWITCHBOARD**	**SYROP**
allumer (l'électricité) mettre l'interrupteur / le bouton / le commutateur à *marche* ou à *ouvert* TO SWITCH ON	1. tableau de distribution (électricité) 2. standard (télécommunications) SWITCHBOARD	sirop SYRUP
LA **SWITCH** ÉTAIT À OFF	**SWITCHER**	TOMBER SUR LE **SYSTÈME** DE QUELQU'UN
le bouton était à *arrêt* (opposé à *marche*) le bouton était à *fermé* (opposé à *ouvert*) THE SWITCH WAS IN THE OFF POSITION	1. aiguiller (un train) 2. passer d'un sujet à un autre 3. se débarrasser de quelque chose TO SWITCH	sur les nerfs
LA **SWITCH** EST À ON	**SYLLABUS**	**SYSTÈME DE SON**
le bouton est à *ouvert* (opposé à *fermé*) le bouton est à *marche* (opposé à *arrêt*) la touche est à *ouvert* la touche est à *marche* THE SWITCH IS IN THE ON POSITION	sommaire (d'un cours) SYLLABUS	chaîne stéréo ou chaîne SOUND SYSTEM

AVIS

La brève section qui suit rassemble quelques signifiants
si courants en français actuel
qu'il faudrait dans un dictionnaire usuel
attirer l'attention du lecteur québécois sur leur existence,
celle-ci lui étant en général inconnue.
Les équivalents québécois figurent entre parenthèses.

UN **SAC KANGOUROU**	UN **SANDOW** ou **TENDEUR**	UN **SANS-FAUTE**
un porte-bébé	(un élastique) A LUGGAGE ELASTIC	(parcours effectué sans perdre un seul point)
UNE **SALLE D'EAU**	UNE **SANGLE**	LES **SANS-GRADE**
(salle de bain sans baignoire)	(une strap) A STRAP	(le monde ordinaire; les p'tits trous de cul; Jos Binne)
UN **SALUTISTE**	LE **SANITAIRE**	DES **SANTIAGS**
(un membre de l'Armée du Salut)	(la plomberie des toilettes et de la salle de bain)	(des bottes de cow-boy) COWBOY BOOTS

UN **SAS** (passoire)	LA **SAUVAGINE** (les canards, les oies sauvages)	UNE **SCIERIE** (moulin à scie) l'anglais dit de même A SAWMILL
UN **SAUT-DE-LIT** (un négligé, un déshabillé)	LA **SAVANE** D'AFRIQUE ce terme désigne les marais, les marécages, au Québec il existe un air de famille entre «savane» et SWAMP	DES **SCORIES** (de la slag) SLAG
UN **SAUT-DE-MOUTON** (un VIADUC qui enjambe une route quelconque, ou une autoroute)	UNE **SAVONNETTE** (un savon de toilette) l'anglais dit de même A TOILET SOAP	UN **SÈCHE-LINGE** (une sécheuse) A DRIER
UNE **SAUTEUSE** (sorte de casserole basse)	UN **SEAU** (un siau, une chaudière)	UN **SECRÉTAIRE À CYLINDRE** (un bureau avec un panneau qui glisse, qu'on ferme, etc.)
UN **SAUTOIR** (longue chaîne portée autour du cou; long collier)	DESCENDRE, PIQUER **SCHUSS** (downhill) DOWNHILL	UNE **SEMI-REMORQUE** (un trailer avec pas de roues su'l devant) A SEMITRAILER

DE LA **SEMOULE DE BLÉ**	UN **SERRE-TÊTE**	DE LA **SAUCE AU SOJA**
(farine, poudre)	(bandeau)	(de la sauce soya) SOYA SAUCE
SÉQUOIA (du bois rouge) REDWOOD	LE **SERTISSAGE, SERTIR** UNE BOÎTE DE CONSERVE (sceller) TO SEAL	UNE **SOLDERIE** (un magasin d'aubaines) A BARGAIN STORE ou SHOP
LE **SEREIN** (la rosée du soir) l'anglais dit de même EVENING DEW	UNE **SERVOCOMMANDE** (power...) POWER BRAKE, POWER STEERING	LA **SONO** (les haut-parleurs)
UNE **SERFOUETTE**	LE **SOC** D'UNE CHARRUE (la lame, le fer)	LE **SOT-L'Y-LAISSE** D'UNE VOLAILLE juste au-dessus du croupion, il y en a deux... quel dommage de les jeter à la poubelle!
SERRE-JOINT	DES **SOCQUETTES** (des p'tits bas courts courts)	UNE **SOUPENTE** (un coqueron {vieilli}; un locker)

UN **SOURICEAU**	UN **SOUS-PIED**	UNE **STATION-MÉTÉO**
(une p'tite souris)	(un élastique de jambe de pantalon)	(un thermomètre avec l'humidité, pis un baromètre)
UNE **SOURICIÈRE** (une trappe à souris) A MOUSETRAP	UN **SOUS-TRAITANT** (un sous-contracteur) A SUBCONTRACTOR	UN **STRAPONTIN** (un siège qui se plie)
UN **SOUS-MAIN** (un buvard)	LA **SPA** (la SPCA) THE SPCA	**SURCHOIX** (ADJECTIF) première qualité (A1, première classe) A1, FIRST CLASS
REPRENDRE EN **SOUS-ŒUVRE** (soulever la maison pour refaire les fondations)	DE LA **SPARTERIE** (des affaires tressées)	UN **SURLIGNEUR** (marqueur, marker) A MARKER

EXCLAMATIONS

Voici maintenant le tableau de nos exclamations les plus usuelles. Leur liste est forcément partielle, car elles sont innombrables! Il m'a paru intéressant d'en signaler l'extrême diversité, ainsi que leur caractère proprement idiotique, celles de la francophonie en général conservant toujours quelque chose d'exotique pour nous.

On constatera le grand nombre d'emprunts à l'anglais. Et la présence des exclamations que nous partageons avec les autres francophones. «Exclamation», on le verra, étant à entendre ici au sens le plus large du terme.

AAAYOÏE!... ça alors! mince, alors!	**ADIDOU!** salut! HOW-DE-DO?	**AÏE!** exprime une douleur vive et soudaine, le plus souvent suivie de -ioïe!
A1 PRONONCÉ É ONE 1. de première bourre! de première force! 2. parfait! 3. champion! 4. impeccable!	**AH BEN...** eh bien...	**AÏ... AÏ... AÏE!** ah là là!

AÏE BÉBÉ! hé! ho! beauté! HEY! BABY!	**AÏE WÔ LÀ!** tout doux! doucement!	**ALL RIGHT!** génial! super! merveilleux! ALL RIGHT!
AÏE! JOS. BINNE! hep! vous là-bas! dites donc, vous, là-bas!	**ALL ABOARD!** en voiture! ALL ABOARD!	**ALL SET?** ça y est? où y va? vous êtes prêts? ALL SET?
AÏE LÀ! ohé! holà! hé! ho!	**ANYWAY! ou ANYWAYS!** bon, enfin... de toute manière... bref... quoi qu'il en soit... ANYWAY! ou ANYWAYS!	**ANYWAY..** en tout cas de toute façon bref... ANYWAY...
AÏE LÀ, WÔ! tout de même! comme vous y allez!	**ALL RIGHT!** d'ac! d'accord! entendu! bon, ça va! bien! ALL RIGHT!	**AOUAÏE!... AOUAÏE!** allez! allez!

AOUTCH! ouille! aïe! OUCH!	**ATCHOU!** atchoum! ATCHOO!	**AYOÏ!** (de douleur) ouille! aïe!
APINOUILLÈRE! bonne année! HAPPY NEW YEAR!	**ATTABOY!** bravo! à la bonne heure! ATTABOY!	**AYOÏ DONC!** ouille! ouille! aïe! aïe!
ARRÊTE DE BRAILLER! sèche tes pleurs!	**AWAÏE! AWAÏE!** allez! allez!	**AYOÏDONSTIE!** merde!
J'EN AI ASSEZ! j'en ai ras le bol! j'en ai ma claque! j'en ai plein le dos! j'en ai plein les bottes!	**AWAÏE LÀ!** allez!	**BADABOUM!**
CT'ASSEZ, LÀ, C'T'ASSEZ!	**AYOÏ!** (admiratif) ouf! ciel! oh!... ça alors! mince, alors!	**BADING BADANG!**

BADANG! boum!	MON **BÂTARD**, TOÉ... salaud! salopard! saligaud! fils de pute! YOU BASTARD!	BEN VOYONS DONC... (attristé...) sans blague... merde...
BAH!	**BEDING! BEDANG!** pif! paf! boum!	**BÈQUOPPE!** recule! BACK UP!
BANG! 1. pan! (détonation) 2. vlan! (coup) 3. boum! (chute) BANG!	BEN LÀ... eh bien...	**BIENVENUE!** 1. je vous en prie! 2. il n'y a pas de quoi! 3. de rien! 4. tout le plaisir est pour moi! 5. à votre service! (dans un commerce, en réponse à: «Je vous remercie») YOU ARE WELCOME!
BÂTARD! putain! merde!	**BEN VOYONS DONC!** (joyeux) ça alors!	**BING!** (BING n'est pas attesté en anglais)

BING! BANG! BOUM! pif! paf! pouf! seul BANG! est attesté en anglais	**BON SANG!**	**BOUARK!** pouah! berk!
BITCH (MAUDITE...)! garce (sale...)! salope! BITCH	**BONG!** (le bruit d'un coup, spécialement un coup sur la tête) BONK!	**AU BOUTT'!** formidable! terrible!
BOF!	BON BEN, **BONJOUR** LÀ! (au moment de quitter quelqu'un) allez, au revoir! à la revoyure! au plaisir! à la prochaine! tchao! HAVE A GOOD DAY!	**LE BOUT' DU BOUT'** la fin de tout la fin des haricots
BOÏNG... BOÏNG...!	**BOU!** (pour chahuter quelqu'un) hou! BOO!	**BOY OH BOY...** oh là là! ah non, merde!
BON, O.K.! bon, d'accord! bon bon, entendu! WELL, OK!	**BOTTOM UP!** cul sec! BOTTOMS UP!	ESPÈCE DE **BOZO** espèce de zozo

BRAKE! stop! BRAKE!	**BYE!** tchao! salut! au revoir! BYE!	**CALVÉNISSE!**
BROUM! BROUM! (le bruit d'un moteur) vroum! BRUM! BRUM!	**BYE BYE!** tchao! salut! au revoir! BYE BYE!	**ÇA VA FAIRE!** ça suffit comme ça! THAT WILL DO!
BRRR!... IL FAIT FROID!	**CABOOM!** boum! dérivé de BOOM	**CERTAIN!** (prononcé çortain)
BULL'S EYE! mouche! (au tir) dans le mille! (au jeu de fléchettes) BULL'S EYE!	**ÇA FERA!** ça suffit comme ça! THAT WILL DO!	**C'EST ASSEZ, LÀ!** en voilà assez! basta! ça suffit comme ça!
BULLSHIT! foutaise! connerie! BULLSHIT!	**CALVAIRE!**	**CHANCEUX!** (admiratif) veinard!

MAUDIT CHANCEUX... (envieux) sacré veinard, va...	**CHIN UP!** courage! du cran! CHIN UP!	**COME IN!** (neutre) entrez! COME IN!
CHAROGNE!	**CHRIST!** zut! merde! putain! JURON OMNIPRÉSENT EN ANGLAIS	**COME IN! COME IN!** (accueillant) entrez! entrez! COME IN!
CHECK! vise un peu!... dis, t'as vu?... dérivé de TO CHECK, peut-être de LET'S CHECK!	**CHRISTOPHE COLOMB!**	**COME ON!** 1. allez... viens! (encourageant) 2. en avant! (commandement) 3. arrivez, à la fin! (impatient) 4. viens-y donc! (menaçant) 5. allons donc! (sceptique) COME ON!
CHEERS! santé! tchin-tchin! prosit! CHEERS!	**CIBOIRE!**	**COME ON, MOVE!** allez, grouille-toi un peu! COME ON, MOVE!
CHICKEN! poule mouillée! on se dégonfle? froussard! CHICKEN!	**CLISSE!**	C'EST **CON!**

DES **CONNERIES!**	**CRIMEPOF!**	C'EST-Y ASSEZ **CUTE!** (ironique)
	sapristi! flûte! mince!	admirable! admirable, vraiment!
	CREAM PUFF n'est pas une exclamation	
COOL!	**CRIMESODA!**	**DAD!**
cool, Raoul! du calme!	cf. *crimepof*	papa!
KEEP COOL, NOW!	CREAM SODA n'est pas une exclamation	DAD!
MAUDIT **CRACKPOT!**	**CROSSE-TOÉ**	**IT'S A DEAL?**
tordu! cinglé!	va te faire foutre! va te faire enculer!	tope-là! d'accord?... d'accord!
CRACKPOT!		IT'S A DEAL?
CRAMPE! CRAMPE!	**CROUSSE!**	**DÉFINITIVEMENT!**
braque!		absolument! bien sûr! sûr et certain!
CRAMP (YOUR WHEELS)!		DEFINITELY!
CRÉYÉ ou **CRÉGUÉ!**	**MON CUL, 'STIE!**	**DÉGUEU!**
	je t'emmerde!	

DÉSESPOIR! (étonnement)	DOUX JÉSUS!	ÉCŒURANT! (admiratif)
mince! ciel! sapristi!		superbe! admiratif! incroyable!
TU M'DIS PAS! sans blague! pas possible! vraiment? ça alors! YOU DON'T SAY!	**DRING!** drelin! DRING!	**MON ÉCŒURANT!** dégueulasse! petite crapule! salaud!
DONNES-Y 'A CLAQUE! montre-lui un peu!... allez, cogne dessus!... GIVE IT TO HIM!	**DRING DRING POW POW TIKITCHIC ET WOW WOW...** sont désignés ici, selon Karl-Philippe (7 ans), successivement les oreilles, les pistolets, le sexe (pénis) et les seins! génial non? aux Cousins d'en faire autant!	**ÉCRASE!** bas les pattes! la ferme! on te cause?
ON THE DOUBLE! et que ça saute! et plus vite que ça! ON THE DOUBLE!	**EASY!** bas les pattes! du calme! tout doux! mollo! TAKE IT EASY!	**EILLE LES GARS!** dites, les copains! hé! les copains hé! les amis hé! les mecs holà!

ENCORE!	EUH!...	FAIS-Y MAL!
1. bis! (au concert) 2. plus fort! (musique populaire) ENCORE!		allez, cogne! SOCK IT TO HIM! GIVE IT TO HIM!
ENFANT DE CHIENNE! fils de pute! enfant de salaud! salaud! salopard! SON OF A BITCH!	C'EST PAS FAIR! ce n'est pas juste! IT'S UNFAIR! THAT'S NOT FAIR!	FLAILLEBINE! FLYBANE
ENOUGH IS ENOUGH! ça suffit comme ça! en voilà assez! ça va comme ça! ENOUGH IS ENOUGH!	FAIR ENOUGH! bon, ça va! bon, d'accord! bon, ça me botte! FAIR ENOUGH!	FLIC! FLAC!
ENVOUAÏE! allez!	FINE! très bien! entendu! d'accord! FINE!	C'EST DE LA FLUKE! 1. c'était un pur hasard! 2. veinard! FLUKE
EXTRA!	FIOU! pouah! (dégoût) ouf! (soulagement) pfff! (chaleur) PHEW!	FLYÉ! tout un numéro! tout un phénomène! un drôle d'oiseau! dérivé de TO FLY

FORE! (au golf) gare! attention! FORE!	**FAIS PAS L'FRAIS!** arrête tes conneries! fais pas le mariolle! DON'T GET FRESH WITH ME!	**FUCK ALL!** et puis, merde! que dalle! FUCK ALL!
C'EST-I ASSEZ FORT?	**GRAND FRAIS!** frimeur fanfaron crâneur	**FUCK LA MARDE!** merde! putain de merde! dérivé de FUCK
FOUL BALL! (au baseball) utilisé au sens figuré: raté! FOUL BALL!	**MAUDIT FRAIS CHIÉ!** snob frimeur crâneur	**FUCK OFF!** va te faire foutre! FUCK OFF!
D'LA FOUTAISE!	**FRU?** fâché agacé irrité FRUSTRATED?	**FUCK YOU!** va te faire foutre! FUCK YOU!
VA TE FAIRE FOUTRE!	**FUCK!** merde! putain! bordel! FUCK!	**FUCKER LE CHIEN** se donner un mal de chien TO FUCK THE DOG existe, mais n'a pas ce sens

FUCKING RIGHT!	FUNNY!... (ironique)	UN... DEUX... TROIS... GO!
absolument! ah ça, oui!	très drôle!	... partez!
FUCKING RIGHT!	VERY FUNNY!	ONE... TWO... THREE... GO!
FULL!	ES-TU GAME?	GOD DAM IT!
complet! plein!	chiche? (tu oserais?...)	nom de Dieu! bon sang!
FULL!	ARE YOU GAME?	GODDAMMIT!
FULL PIN!	GEE WHIZ!	GO HABS GO!
à pleins tubes! à plein régime! dérivé de FULL et de PIN	ciel! mince! ça alors! GEE WHIZ!	1. allez! 2. allez, France, allez! (football) GO HABS GO!
FULL SPEED	GET OUT! dehors!	GOD KNOWS!
à toute vitesse à toutes jambes	oust! décampe! fiche le camp! barre-toi! etc.	Dieu sait!
AT FULL SPEED	GET OUT!	GOD KNOWS!
C'EST L'FUN! c'est marrant c'est rigolo c'est drôle c'est amusant	GET UP! debout!	GOOD! bien!
THAT'S FUN!	GET UP!	GOOD!

GOOD LUCK!	GUÉDÉOP! (à un cheval)	HEY MAN!
bonne chance!	hue!	hé, l'ami! holà, l'ami! mec!
GOOD LUCK!	GIDDYAP ou GIDDAP	HEY MAN!
AH... GOSH!	GUIDIOP! (à un cheval)	HI!
zut!	hue!	salut!
GOSH!	GIDDYAP ou GIDDAP	HI!
GROS BÉBÉ LA LA!	HANDS UP!	HI THERE!
	haut les mains!	salut!
	HANDS UP!	HI THERE!
GROS BÊTA!	HELLO! (au téléphone)	HIP HIP HOURRÉ!
	allô	hip hip hip hourra! (*Robert-Collins*)
	HELLO!	HIP HIP HURRAH!
GROSSE PÂTE MOLLE!	HEY!	HOSTIE!
	hé! ho! holà!	
	HEY!	

C'EST **HOT!**	**C'T' UNE JOKE?**	**LAST CALL!**
terrible!	tu rigoles?	
sensationnel!	tu plaisantes?	
fantastique!	c'est une plaisanterie?	
	ça n'est pas sérieux?	
	vous voulez rire?	
	sans blague!	
HOT	THAT'S A JOKE!	LAST CALL!
HURRÉ!	**JOUALVERT!**	**LET'S GO!**
		1. allez, viens!
hourra!		allons-y!
		allez, on y va!
		2. à l'attaque!
HURRAH!		LET'S GO!
HURRÉ POUR UNTEL!	**JUST TOO BAD!**	**LET'S GO LES BOYS!**
		en avant!
vive Untel!	tant pis!	allons-y!
un ban pour Untel		à l'abordage!
		à l'attaque!
HURRAH FOR X!	JUST TOO BAD!	LET'S GO, BOYS!
IT'S NOW OR NEVER!	**LÂCHE PAS!**	**LIFE MUST GO ON!**
c'est le moment ou jamais!	tiens bon!	ainsi va la vie!
	attends!	
IT'S NOW OR NEVER!	HOLD ON!	LIFE MUST GO ON!
IT'S UP TO YOU!	**LAST BUT NOT LEAST!**	**LONG TIME NO SEEN!**
c'est comme tu veux!		voilà un revenant!
comme tu voudras!		
c'est à vous de décider!		
IT'S UP TO YOU!	LAST BUT NOT LEAST!	LONG TIME NO SEEN!

LOSER! LOSER!	**EN MASSE!...**	**MAUDITE MARDE!** merde! putain de merde! SHIT!
D'LA LUCK! quel veinard! tu es verni! quelle chance! quelle veine! LUCKY DEVIL!	**MAUDIT!** merde! zut! DAMN IT!	**MENOUM MENOUM!** miam-miam!
LUCKY! veinard! chanceux! LUCKY DEVIL!	**MAUDIT CHIEN SALE!**	**METS-EN!...** à qui le dis-tu!
MAN! oh la la! dis donc! mon vieux! MAN!	**MAUDIT ENFANT DE CHIENNE!** GODDAMNED SON OF A BITCH!	**MISÈRE!**
D'LA MARDE, 'STIE! et puis, merde, là! et puis, j'en ai marre, moi! j'en ai ras le bol, moi!	**BON EN MAUDIT!** excellent! extra! délicieux! DAMN GOOD!	**MISÈRE NOIRE!**

MOM! ou MUM!	MON DOU JÉSUS!	MOVE! ou MOUVE!
maman! MOM! ou MUM!		grouille un peu! avance un peu! de l'anglais TO MOVE ou du français MOUVER
MÔMAN!	MON HOSTIE D'SALE!	MY EYE! mon cul! mes fesses! mon œil! MY EYE!
MON DIEU!	MON SALE! YOU DIRTY BASTARD, BUGGER	MY GOD! mon Dieu! MY GOD!
MON DIEU SEIGNEUR!	MOSUSSE! (HOLY) MOSES!	MY! MY! ça par exemple! MY! MY! MY!
MON DOU!	MOUMOUNE! 1. dégonflé! 2. lâche, grouille un peu!	NEVER MIND! 1. t'occupe pas! 2. peu importe! 3. ne t'en fais pas! ne t'inquiète pas! NEVER MIND!

NEXT! au suivant! NEXT!	**NO SIR!** certainement pas! pas question! ça non! NO SIR!	**OH BOY!** oh là là! oh mon Dieu! OH BOY!
MAUDIT NIAISEUX! petit crétin! andouille!	**NO SWEAT!** facile! pas de problème! NO SWEAT!	**OH YEAH?...** et puis quoi encore? (*Robert-Collins*: vraiment? *Harrap's*: tu rigoles!) OH YEAH?...
NO COMMENT! sans commentaire! NO COMMENT!	**NO WAY!** pas question! la réponse est non! non, c'est non! jamais de la vie! NO WAY!	**O.K.!** d'ac! d'accord! entendu! ça va! bien! OK!
NO MONEY, NO CANDY! pas d'argent, pas de suisse!	**NO WONDER!** pas étonnant! NO WONDER!	**O.K. D'ABORD!** bon, d'accord! bon bon! si tu veux! c'est comme tu voudras! OK THEN!
NO PROBLEM! **NO PROBLEM, MAN!** 1. pas de problème! 2. rien de cassé! NO PROBLEM! NO PROBLEM, MAN!	**NON MAIS, HEIN?**	**O.K. DOKE!** bien d'accord! ça me va! ça me botte! OK DOKE!

O.K.?... O.K.! on est d'accord?... on est d'accord! d'accord?... tope-là! OK?... OK!	**OOPS!** 1. oh là là 2. hop là! 3. oup! OOPS!	**OUAIS!** (surprise) sans blague!
O.K.!... O.K.!... O.K.!... **FÂCHE-TOÉ PAS!** bon, bon, bon, bon, t'emballe pas! OK!... OK!... OK!...	**OUACH!** pouah! berk!	**OUCH!** (prononcé à l'anglaise: AOUTCH!) ouille! aïe! oyoï! ayoï! OUCH!
ON THE DOUBLE! et que ça saute! ON THE DOUBLE!	**OUAH!...** oh là là! WOW!	**OUF!**
ON SAIT BEN! il fallait s'y attendre! évidemment!	**OUAH OUAH!** ouais ouais!	**OUI!** présent! (lors d'un appel nominal) YES!
ONCE AND FOR ALL une fois pour toutes une bonne fois définitivement ONCE AND FOR ALL	**OUAIS!...** exprime une déception à ne pas confondre avec *ouaille*!	**OUIN!... OUIN!...** (pour imiter quelqu'un qui pleure)

OUIN!... OUIN!... (pour: oui oui!) ouais ouais!	**OW!** aïe! ouille! OW!	**PING... PANG... POW!** ...POW!
OUOF! bof!	**OYOÏ!** ouille! aïe!	**À 'PLANCHE!**
OU...OUPS! ou...oup! OO...OOPS!	**MAUDIT PAS DE TÊTE!** écervelé! tête de linotte! hurluberlu! BRAINLESS (?)	**JE SUIS POSITIF! ES-TU POSITIF?** j'en suis certain! je n'ai aucun doute à ce sujet! tu en es sûr? I'M POSITIVE!
OUT! (au tennis) OUT!	**PATAOU!** pan! (arme de poing, carabine, fusil) boum! (canon)	**POUAH!**
OUT! sortez! dehors! hors d'ici! OUT!	**PISSOUS!** froussard! peureux! poltron! trouillard! sans rapport avec PEASOUPER	**POUSSE ÉGAL!**

POW!	PUTAIN!	RIGHT NOW!
pan!	merde!	tout de suite!
POW!		RIGHT NOW!
PREMIÈRE CLASSE!	**NON, QUÉCA!**	**RIGHT THRU!**
première bourre! première qualité! extra! super!	pas touche, caca!	de part en part à travers
FIRST CLASS!		RIGHT THRU!
PRENDS ÇA FRETTE!	**RELAX!** (PRONONCÉ RILAX)	**SACRIFICE!**
mollo! cool, Raoul! on se calme!	tout doux! bas les pattes! mollo!	
	RELAX!	
PSCHITT!	**RIGHT!**	**SACRISTIE!**
pour un liquide qui fuse	exact! c'est ça! c'est juste! voilà!	
	RIGHT!	
PSITT!	**RIGHT AWAY**	**SAFE!**
pour appeler quelqu'un	tout de suite	au baseball
	RIGHT AWAY	SAFE!

SAINCIBOL!	SAINTE-VIARGE!	SEE YOU!
		à la r'voyure! tchao! allez, au revoir! SEE YOU!
SAINT-SIAQUE!	SALUTAS!	T'ES PAS SÉRIEUX? tu ne parles pas sérieusement? ce n'est pas sérieux? YOU ARE NOT SERIOUS?
SAINT-SIMONAC!	SAY WHEN! (avant de verser à boire) vous m'arrêtez! SAY WHEN!	SHAME ON YOU! quelle honte! honte à toi! tu n'as pas honte? c'est honteux! SHAME ON YOU!
SAINTE-BÉNITE!	SAYS WHO?... ah oui?... SAYS WHO?...	ÇA C'ÉTAIT **SHARP**! chic! sympa! THAT WAS SHARP!
SAINTE-MISÈRE!	SCRAM! ouste! file! fous l'camp! dehors! déguerpis! SCRAM!	C'EST **SHARP** ICITTE! impeccable nickel SHARP

IL EST **SHARP!**	**SHOOT!**	**THE SHOW MUST GO ON!**
sur son trente et un chic	feu!	c'est la vie!
SHARP	SHOOT!	THE SHOW MUST GO ON!
SHIPSHAPE!	**ENVOUAÏE... SHOOT!**	**SHUT UP!**
tout bien rangé, dans un ordre parfait	vas-y! dis! dis ce que tu as à dire!	ta gueule! la ferme! boucle-la! ferme-la! tais-toi!
SHIPSHAPE!	SHOOT!	SHUT UP!
SHIT!	**SHORT AND SWEET**	**SIT DOWN!** (impératif ou accueillant)
merde!	en deux temps, trois mouvements ça ne va pas traîner! ça a été vite fait!	asseyez-vous! assieds-toi!
SHIT!	SHORT AND SWEET	SIT DOWN!
SHIT DE MARDE!	**AH... SHOT!** zut!	**SLOW!**
putain de merde!	mince! merde!	lentement!
	dérivé de SHOOT! maquillage de SHIT!	
cf. HOLY SHIT!		SLOW!
SHOO!	**BONNE SHOT!**	**SLOW DOWN!**
hou!	beau coup! bien joué! bravo!	ralentis!
SHOO!	NICE SHOT	SLOW DOWN!

SLOW POKE!	UN GROS **SMILE**	**SOME** (QUELQUE CHOSE)
lambin traînard SLOW POKE!	sourire SMILE	tout un cadeau! quel cadeau! SOME GIFT!
SMART GUY!	**SNIF!**	**SON OF A GUN!**
un malin, petit malin un finaud SMART GUY!		vieux coquin! vieille fripouille! SON OF A GUN!
AVOIR L'AIR **SMART**	**SODA!**	**SORRY!**
être chic SMART		désolé! SORRY!
ÇA C'EST **SMART!**	**SO FAR SO GOOD!**	**SO SO!**
gentil délicat prévenant SMART	jusqu'ici, ça va SO FAR SO GOOD!	comme ci comme ça! couci-couça SO-SO
SMASH!	**SO LONG, LÀ!**	**SO WHAT?**
vlan! SMASH!	au revoir! tchao! SO LONG THERE!	et alors? et après? bof... SO WHAT?

ARRÊTE TES **SPARAGES!**	**SUCE TON POUCE!**	**SURE!**
arrête tes conneries!		bien sûr!
arrête ton char!		mais oui!
arrête tes simagrées!		et comment!
dérivé de		
SPARING	SUCK YOUR THUMB!	SURE!
SPLASH!	**SUCKER!**	**SURE ENOUGH**
plouf!	jobard!	effectivement
	naïf!	en effet
	gogo!	comme de raison...
	poire!	comme il fallait s'y attendre...
SPLASH!	SUCKER!	SURE ENOUGH
'STIE!	**SUPER!**	**SURPRISE!**
		coucou! (me voilà!)
		coucou! (c'est nous!)
		SURPRISE! SURPRISE! IT'S US!
STOP!	**SUPERCUTE!**	ÇA C'EST **SWEET!**
	mignonne!	
halte!	très très jolie!	gentil!
	ravissante!	
STOP!	CUTE	HOW SWEET OF YOU!
STUCK-UP!	**TU PEUX ÊTRE SÛR!**	T'AS L'AIR **SWELL!**
snob!	cela est sûr et certain!	chic
prétentieux!	cela ne fait aucun doute!	élégant
bêcheur!		
STUCK-UP!	YOU CAN BE SURE OF THAT!	SWELL

TA TA!	TABARSLAC!	TCHIT!
au revoir! tchao! TA-TA!		chut!
FAIS **TA TA** À MA TANTE! VIENS DIRE **TA TA** À MA TANTE! fais au revoir à ta tante! viens dire au revoir à ta tante! dérivé de TA-TA!	TABOIRE!	TÊTE OU BITCH! pile ou face! dérivé de BITCH, usage inconnu de l'anglais
TA TA TA TA... allons, allons... (dédain)	TARATATA! allons, allons! (dédain)	THANK YOU! merci! THANK YOU!
TABARNAK!	MAUDIT TARLAN! cinglé	THANKS! merci! THANKS!
TABAROUETTE!	TAYE! ou TAÏE! ou TAILLE! chat! TAG	ET PUIS... **THAT'S IT!** et puis... voilà! THAT'S IT!

ÇA C'EST THE BEST! ça c'est parfait! ça c'est champion!	**TOU-DUL-OU!** au revoir! tchao! TOUDLE-OO!	**TOP SHAPE!** ça gaze! pleine forme! TOP SHAPE!

TI-GUI-DOU!
 	
1. tope!
   topez là!
2. entendu!
   convenu!
3. tchao!
	TOO LATE!
	
	trop tard!
	
	TOO LATE!
		TORDIEU!

TIME! pouce! on a recours à «pouce cassé» en français pour relancer le jeu TIME! ou TIME OUT!	**ÇA C'EST L'TOP!** c'est le bouquet! TOP	**TORVISSE!**
TOO BAD! tant pis! désolé! TOO BAD!	**TOP NOTCH!** de premier ordre! de première bourre! TOP NOTCH!	**C'EST TOUGH!** dur dur! pas facile, hein? c'est vache! TOUGH
TOO BAD SO SAD TOO BAD SO SAD	**TOP SECRET!** 1. ultra-secret! 2. motus et bouche cousue! TOP SECRET!	**TOUGH LUCK!** dur dur! pas de veine! manque de pot! TOUGH LUCK!

TOURLOU! au revoir! tchao! TOODLE-OO!	**TUT-TUT!** (non, non! on ne fait pas ça!)	**VIARGE!**
TOUTE LE KIT tout le tralala tout le tremblement THE WHOLE KIT	**MAUDITE VACHE!**	**WAITER!** garçon! WAITER!

TSSS-TSSS...
 	
allons, allons... (dédain)
	ÇA VAUT PAS D'LA MARDE!
	
	c'est de la merde!
		WATCH OUT!
		
		1. attention! (ici c'est un avertissement charitable)
		   fais gaffe!
		2. attention! (ici c'est une menace)
		   gare à toi!
		
		WATCH OUT!

TU M'DIS PAS!
1. pas possible!
   vraiment?
   ça alors!
2. sans blague!
 	
YOU DON'T SAY!
	ÇA VAUT PAS L'CUL!
	
	c'est de la merde!
		WATCH-TOÉ!
		
		1. prends garde... (menace)
		2. fais gaffe! (avertissement)
		
		WATCH OUT!

TUE-LÉ! (au stade) allez, cogne dessus!	**GROS VERRAT!**	**WEIRD!** bizarroïde WEIRD!

WELL...!	WHEW!	WHY NOT?
eh bien... ma foi... WELL...!	ouf! (soulagement) fichtre! (admiration) mince! WHEW!	pourquoi pas? et pourquoi non? WHY NOT?
WELL WELL WELL! tiens tiens tiens! WELL WELL WELL!	**WHICH IS WHICH?** lequel est lequel? WHICH IS WHICH?	**WOOPIE!** hourra!
WELL WHAT DO YOU KNOW! tiens tiens! ça par exemple! WELL WHAT DO YOU KNOW!	**WHO KNOWS?** qui sait? Dieu sait! WHO KNOWS?	**WOOSH!...** zoum! WHOOSH!
WHAM! vlan! WHAM!	**WHOA!** doucement! attendez! ho! holà! WHOA!	**WOUP!** oup! WHOOPS!
WHAT DO YOU MEAN, 'STIE? qu'est-ce que ça veut dire? WHAT DO YOU MEAN?	**WHOA BÈQUE!** minute, papillon! dérivé de WHOA, BACK UP!	**WOUP LÀ!** hop là! WHOOPS

WOOP-PE-L'AÏE!	OH YEAH?	YEURK!
hop-là!	et puis quoi encore? ah bon, tu crois ça, toi? OH YEAH?	pouah! berk! YUCK!
WOUP! WOUP! hé! ho! WHOOPS	**YAHOU!** hourra! YUM-YUM!	**YIPPI!** hourra! YIPPEE!

WOW!
 	
1. ouah!
   ouf!
   oh là là!
2. terrible!
WOW!
	YAM! YAM!
	
	miam-miam!
	
	YUM-YUM!
		YOK YOK YOK!

Y'A RIEN LÀ! c'est du gâteau!	**YES!...** (très appuyé!) extra! fameux! YES!...	**YOP!** ouais! YOP!
YEAH! oui! bravo! YEAH!	**YES, SIR!** eh oui, c'est comme ça! en effet! YES, SIR!	**YOU-HOU!** ohé! hou-hou! YOO-HOO!

YOUM! YOUM!	YOUPIE!	YURK!
miam-miam!	hourra!	pouah! berk!
YUM-YUM	YIPPEE!	YUCK!
YOUPELAÏE!	YUM! YUM!	ZINGO!
hop-là!	miam! miam!	zoum!
	YUM! YUM!	ZING (?)

De l'anglais

Des emprunts à la langue de l'autre

Y a-t-il, dans ce français que nous parlons au Québec, moyen de démontrer que l'anglais nous a envahis en même temps que l'armée britannique nous intégrait de force à l'Empire britannique? Une toute petite bataille de rien du tout, sur les plaines d'Abraham, un affrontement d'à peine quelques heures, et tout basculait. À partir de ce jour, nous avons dû répondre à des maîtres qui nous parlaient en anglais. Nous leur avons naturellement répondu en anglais, il n'y avait aucun moyen de faire autrement: et ce, à peu près durant deux cents ans.

Linguistiquement parlant, cela a été lourd de conséquences. C'est qu'un terme nouveau, et Dieu sait qu'en deux cents ans ceux-ci ont abondé, s'incruste forcément dans l'esprit de celui qui l'entend pour la première fois. Les chances de l'expulser au profit d'un équivalent français sont à peu près nulles. La langue parfaitement anglicisée de nos mécaniciens illustrerait admirablement mon propos. S'ils usent entre eux exclusivement du terme de *spark plug*, ce n'est certainement pas qu'ils ignorent celui de *bougie d'allumage*! Spark plug a tout bonnement pour lui l'avantage définitif d'être arrivé en premier lieu. Dès lors bougie fait figure d'intrus. Qu'on ne se fasse pas d'illusions! La batterie, le carburateur ne sont pas des termes français! Pas davantage que l'élévateur à grains du port de Montréal! Tout cela *est* de l'anglais. *Battery, carburetor* et *grain elevator* se profilent facilement à l'horizon de notre lexique spécialisé. Les Français parlent d'ailleurs toujours de leurs *accus*, et non de leur batterie.

Nos milliers d'emprunts à l'anglais sont donc, paradoxalement, naturels. De même qu'un terme nouveau, en France, est adopté sans coup férir, tout simplement parce qu'il est indispensable, le fait qu'il soit ou non français étant parfaitement secondaire, de même ici les hasards de la guerre ont voulu que ces mêmes termes soient uniformément anglais. Nous les avons par conséquent adoptés, non parce qu'ils étaient anglais, mais du fait qu'ils étaient indispensables. C'est ainsi qu'à l'usine Vickers de Montréal nos chaudronniers se qualifièrent logiquement de «boiler makers». Et nous dirions aujourd'hui HAYON, si seulement cet objet nous avait été présenté autrement que comme un HATCHBACK. Question de préséance! Et de même que la mécanique nous a autrefois été présentée en anglais par des Anglais, il tombe sous le sens qu'aujourd'hui l'informatique nous est présentée en américain par des manuels américains, le français contestable des «traductions» québécoises ne faisant qu'empirer le cas échéant les choses. Une langue doit-elle donc crever à plus ou moins longue échéance d'une surdose d'emprunts? Non. La réponse est non. Enfin, cela dépend.

S'il est possible de répondre de façon aussi péremptoire à ma question, c'est que la preuve de l'infinie capacité d'accueil des langues existe bel et bien, et que, comble du paradoxe, l'anglais lui-même nous la fournit. Celui-ci en effet, pour des raisons qui seront exposées plus loin, est l'exemple parfait d'une langue bâtarde. Mais attention! Ce que j'affirme n'est exact que pour le vocabulaire de l'anglais! Pas du tout pour sa syntaxe. Le français a en effet joué à l'égard de l'anglais le rôle d'un pourvoyeur de mots extrêmement prolifique. Depuis l'an 1066, au XIe siècle donc, à travers tout le moyen âge spécialement, mais sans discontinuer par la suite, il a exporté vers l'Angleterre des milliers de mots que celle-ci a entièrement absorbés, souvent au détriment des mots qu'elle possédait déjà. Le phénomène est d'autant plus frappant, et visible carrément à l'œil nu, que l'anglais est une langue germanique, tout comme l'allemand, et non une langue latine, comme le français et l'italien. Or il est assez facile, pour un œil exercé, de repérer un terme germanique. Ceci aurait dû constituer un barrage efficace contre l'importation de tous ces corps étrangers si facilement identifiables. Or il n'en a rien été. Si bien que de siècle en siècle le lexique de l'anglais s'est peu à peu francisé. Au point qu'il est maintenant possible de reconnaître un texte anglais du premier coup d'œil, au nombre extravagant de termes français qu'il exhibe! Le français peut cacher ses emprunts à l'italien: ce sont là deux langues sœurs. Difficilement ses emprunts à l'anglais! Il en va de même pour l'anglais.

Si bien que de feuilleter même négligemment un dictionnaire Webster illustre sans mal à quel point l'anglais a été pris d'assaut. Pas l'allemand! L'allemand demeure à l'évidence une langue germanique. Il faut l'apprendre pour le lire! Pas l'anglais! Il est à tel point francisé que fréquemment on peut le déchiffrer sans même s'être donné la peine de l'apprendre. Ce qu'attestent ces deux exemples: *The Department of National Revenue, The Privy Council*. Il ne faut pas absolument être malin pour en saisir le sens. Ou encore ceci que j'extrais d'une chanson de Neil Young: *A natural beauty should be preserved like a monument in nature...* À titre de repoussoir, je vous signale que cette citation donnerait en allemand la phrase suivante... à vous d'essayer d'y comprendre quelque chose! *Eine unverdorbene Schönheit sollte gleich wie ein Naturdenkmal geschützt werden...* n'est-ce pas là du chinois? Il faut pourtant se pénétrer de ceci que la formulation anglaise de cette phrase aurait avant 1066 donné quelque chose de très «allemand», nullement compréhensible par un Français!

L'anglais n'en est pas mort... au contraire! N'est-ce pas là un phénomène inattendu, et même carrément incompatible avec les mises en garde que l'on nous sert contre l'anglicisation de notre français québécois? Devrait-on donc prétendre à l'avenir que celui-ci est *enrichi* par ses emprunts à l'anglais? Et mettre l'ouvrage que vous avez entre les mains à la poubelle?... Eh bien... pas vraiment!

Signalons quand même que la syntaxe de l'anglais, que sa logique, sa grammaire sont demeurées pour l'essentiel fidèles à leur origine germanique. Cela importe! La syntaxe est comme le squelette d'une langue, son épine dorsale: le vocabulaire, sa chair, son épiderme. Tant et aussi longtemps que le squelette va, tout va. On peut, bref, changer de peau, subir greffe sur greffe, rien d'essentiel n'étant modifié. L'anglais a résisté au français parce qu'il est tout de même demeuré de l'anglais. Tout comme un ouvrier demeure lui-même quoiqu'il change d'outils. Ceux que notre anglicisation affole prétendent-ils donc que le noyau même de notre langue serait menacé de mort? Non, il me semble que non. Cependant il est vrai que notre situation actuelle ne ressemble pas tout à fait à celle des Anglais du moyen âge.

Il n'y avait en effet d'Anglais à cette époque, le fait paraîtra surprenant tant il diffère de ce à quoi ceux-ci nous ont accoutumés depuis le début du XVIIIᵉ siècle, qu'en Angleterre. Toute modification linguistique s'opérait par conséquent en vase clos, répercutée par ondes concentriques depuis Londres où siégeaient le roi et sa cour. Tant et si bien qu'à la longue on oublia une partie du vocabulaire germanique. On parla un mélange d'anglais et de français. Ce qui prévint toute forme d'affaiblissement de l'anglais, qui le cas échéant aurait dû céder sa place au français tout court, fut que tout le monde parla le même mélange (il n'y eut point de tour de Babel). La syntaxe anglaise résista victorieusement aux assauts du français. Et l'anglais mâtiné de français conquit tout de même l'univers entier!

Devant un précédent aussi glorieux, le français du Canada devrait-il se glorifier de sa part d'anglicismes? Pas vraiment... Et pourquoi non? Prétendra-t-on que sa syntaxe est menacée? Pas le moins du monde! Alors? Alors il y a cette différence de taille que les francophones du Canada ne représentent qu'une minuscule fraction des francophones dans leur totalité. C'est là que le bât blesse, et nulle part ailleurs. Rien en effet, linguistiquement parlant, ne s'oppose à ce qu'on remplace autant de vocables que l'on voudra, de vocables français j'entends, par autant de vocables anglais. Il est parfaitement indifférent de dire BÔTE et NOTTE plutôt que BOULON et ÉCROU. C'est kif-kif bourricot. Ce que vous assemblez à l'aide des dits petits outils tiendra debout quand même. Le problème réside en ceci qu'aujourd'hui les langues que parlent seulement six ou sept millions de locuteurs, dans le monde civilisé, industrialisé, informatisé, sont condamnées à la folklorisation, sinon à l'extinction. Surtout en Amérique du Nord! Où nous ne représentons que 2 % de la population... Or il est manifeste que l'anglicisation de notre langue nous a déjà fait dériver, par rapport au français de France. Et qu'on peut se demander combien de temps encore la tolérance de la langue permettra que soit malgré tout maintenu un contact bien vivant entre l'Europe et le Québec. La question n'est pas théorique: il suffit pour s'en convaincre de réfléchir à tout ce qui s'est anglicisé chez nous depuis un siècle à peine. Où en serons-nous dans un autre siècle? Or le jour où il nous sera plus facile de communiquer en anglais qu'en français, même dans un domaine relativement étroit de notre vie professionnelle, alors il me semble que ce jour-là signera une importante rupture. Peut-être s'est-elle même déjà produite à notre insu? Qu'on songe au grand nombre de manuels américains qui sont ceux de nos étudiants à l'heure qu'il est... et à l'extrême difficulté qu'éprouvent ceux-ci, leur remet-on un manuel importé de France... Qu'on songe aux Franco-Ontariens et aux Acadiens, chez qui cette rupture s'est *déjà* produite.

C'est en ayant tout ceci à l'esprit que je vous invite à une petite excursion dans le domaine linguistique anglais. Oh, tout à fait sans prétention! Du tourisme, où il ne sera pas question d'effectuer un tour complet des lieux, ni surtout d'adopter dans nos découvertes une attitude de chercheur bardé de grands mots grecs. Du tourisme. Pour découvrir en quoi l'anglais est demeuré une langue germanique, et de quelle manière s'est opéré le lent glissement qui a pour moitié francisé son visage. Voilà. Mettons-nous donc en marche!

Un peu d'histoire

Disons d'entrée de jeu ceci, que l'Angleterre n'est pas tombée du ciel! Qu'elle est une île, et qu'en tant que telle, à l'exemple de tant d'îles qu'elle a elle-même conquises, elle a suscité les convoitises des navigateurs qui aperçurent un jour ses côtes accueillantes. Elle fut donc conquise, et reconquise. Toute son histoire en est marquée. En voici les grandes lignes.

De ses premiers occupants nous ne savons rien et pour cause, l'écriture leur ayant été inconnue. Mais cela ne les a pas empêchés d'édifier des pierres monumentales, telles qu'on peut encore de nos jours les contempler à Stonehenge. On ignore pourquoi ils se sont donné cette peine. De ses seconds occupants nous savons quelque chose, ceux-ci, les Celtes, peuplant toujours partiellement l'Écosse, l'Irlande et le pays de Galles. Pour ne rien dire des Bretons de France, dont un million semble-t-il «bretonnent» toujours. Ces Celtes occupèrent l'Angleterre pendant un millénaire avant l'apparition de ceux qui les en délogeraient, les Germains.

Mentionnons toutefois l'épisode de la conquête et de l'occupation de ce qui alors était appelé *Britannia*, la Bretagne donc, par les Romains, qui y demeurèrent quatre cents ans, sans toutefois romaniser ni latiniser la population de leur colonie.

La vague suivante, celle des Germains, répartie sur cinq cents ans, du Ve au Xe siècles, allait produire de tout autres effets. D'où venaient-ils? Les premiers conquérants provenaient du Danemark actuel et du nord de l'Allemagne, d'une province de celle-ci, la Saxe. Les Jutes et les Angles, nos Danois donc, conquirent et colonisèrent la moitié nord de l'Angleterre actuelle. Les Saxons, la moitié sud. Les Celtes décampèrent, terrorisés semble-t-il par la violence de ces envahisseurs. Refoulés, ils occupèrent le littoral ouest de l'île, depuis l'Écosse, en passant par le pays de Galles, jusqu'en Cornouailles. Certains émigrèrent en Irlande, d'autres en Armorique, qui depuis porte le nom de Bretagne. D'où que la Bretagne des Romains porte maintenant le nom de *Grande*-Bretagne.

La jouissance de l'Angleterre fut tout de même contestée aux Anglo-Saxons par deux autres vagues de conquérants. Des cousins, en fait. Les uns, au nord, des Norvégiens, coloniseraient l'Islande, peupleraient le littoral du Groenland, piétineraient même longtemps avant Colomb le sol de l'Amérique. Les autres, au centre de l'île, qu'ils domineraient à moitié, étaient des Vikings du Danemark, ceux-là mêmes que les Français baptiseraient du nom de Normands: les hommes-du- nord. Quand tout fut stabilisé, les Anglo-Saxons, au sud, firent face aux Vikings, au nord. Et lentement ces derniers, les Vikings, durent céder du terrain aux Anglo-Saxons. Jusqu'en 1066. Après, ce fut une tout autre histoire. À partir de cette date, 1066, nous sommes concernés.

Résumons-nous. L'Angleterre (qui avait jusque-là porté le nom de Bretagne) comportait des populations diverses et ennemies: des Celtes sur le littoral ouest, des Norvégiens à l'extrême nord, des Danois au centre, des Anglo-Saxons au sud. Grosso modo, naturellement. C'est à proximité d'une agglomération sans importance, Hastings, sur la Manche, en quelques heures de bataille, que l'histoire de l'Angleterre allait changer de cap. Harold, le roi anglo-saxon, y avait rendez-vous avec Guillaume, dit le Bâtard, duc de Normandie. Guillaume y tua Harold, défit son armée, s'empara de l'Angleterre pour de bon. Or ce Guillaume parlait non anglais, mais français.

De la langue du vaincu

On pourrait bien voir en ces événements la répétition générale à rebours de ce qui se produirait sept cents ans plus tard sur nos plaines d'Abraham. Les conséquences en furent les mêmes. La noblesse guerrière anglo-saxonne et danoise perdit ses possessions et privilèges. Guillaume confisqua ses biens afin d'en faire cadeau à ses acolytes normands. Les paysans eurent dès lors des seigneurs qui parlèrent français. Une classe d'intermédiaires naquit, chargée d'établir le contact entre maîtres et serviteurs, grâce à la connaissance tant de la langue germanique locale que du français de Normandie. La même chose exactement se produisit au Québec. Il fallait bien que les représentants des francophones entrent en contact avec les administrateurs de la colonie! Plus tard, avec l'avènement de l'industrialisation, les contacts devinrent quasi universels et quotidiens. On fut bilingue, par la force des choses, et on l'est demeuré aujourd'hui, à partir de l'échelon des «foremen» des «shoppes».

Évidemment le «foreman» utilisait un langage composé pour moitié d'anglais, en Angleterre, et de français, au Québec: cette moitié-là lui servait à établir le contact et à transmettre les ordres. L'autre moitié, faite de français en Angleterre, et d'anglais au Québec, était composée des termes techniques propres au milieu dans lequel ce contremaître travaillait. L'armée britannique, ou anglaise, sous les Normands, se francisa. Les sous-officiers d'origine anglaise furent les courroies de transmission de cette francisation. De même les ouvriers québécois, tout comme les soldats québécois, s'anglicisèrent via leurs contremaîtres, en usine, via leurs sous-officiers, dans l'armée, l'aviation ou la marine (la Navy) de Sa Majesté.

La justice anglaise se francisa, la cour se francisa, tout comme la diplomatie et les loisirs de l'aristocratie. Comme au Québec où le code criminel est britannique, la diplomatie, fédérale, et les loisirs empruntés à l'Angleterre et aux États-Unis. Tous ces vocabulaires s'anglicisèrent ici, se francisèrent là. Normal et inévitable. Des liens de familiarité extrêmement étroits furent ainsi tissés, qui firent de l'Angleterre un pays pas comme les autres au sein des nations germaniques. Il était en effet hors de question de retourner en arrière, dès lors que l'occupation normande se fit définitive. L'Angleterre ressembla de moins en moins à l'Anglie et à la Saxe, de plus en plus à la Normandie et à l'Île-de-France. De même le Québec ne ressemble-t-il à la France que de très loin. Il a bien plus à voir avec l'Angleterre et les États-Unis. Ni Montréal ni Québec ne sont des villes françaises. Nous sommes dépaysés à Paris: non à Londres, non à New York. Nous sommes dépaysés quand le hasard nous plonge dans un groupe de Français qui causent métier: le nôtre même. Mais non dans un groupe d'Américains. Un voyage d'affaires à Paris est exotique; à New York pas du tout.

Et c'est ainsi que l'Angleterre parut tout à coup plus proche de la France que de l'Allemagne. Et que depuis toujours on étudie d'abord le français dans les écoles anglaises. 95 % des jeunes Britanniques optent en ce moment même pour le français comme première langue étrangère. Les jeunes Français leur rendant la politesse.

Comment donc l'anglais a-t-il pu survivre en Angleterre? Eh bien de la même manière que le français a survécu au Québec. Le peuple n'a pas suivi! Certes il a absorbé de prodigieuses doses de langue étrangère: mais il n'en a pas moins continué à parler sa langue. La syntaxe de l'anglais, là-bas; la syntaxe du français, ici, n'ont pas été atteintes. Le vocabulaire évolua, certainement. Non la langue, non le logiciel. Et comme tout le monde évolua au même rythme, personne n'en souffrit. Et comme le peuple composait la presque totalité de la population anglaise, il finit par rendre ses maîtres bilingues, avant de les angliciser complètement.

Le Québec n'aura jamais cette chance! Car ici la situation est exactement l'inverse. En Amérique, le peuple québécois est minoritaire à l'extrême: jamais il ne francisera ses maîtres. Jamais non plus l'anglicisation qui le caractérise, et dont cet ouvrage porte témoignage, ne sera partagée par les autres francophones. Car le destin des francophones du Canada est de ne représenter qu'un pourcentage dérisoire tant des anglophones qui les entourent que des francophones dont ils font partie. D'où la situation qui est la nôtre, dont l'issue, c'est le moins que l'on puisse en dire, n'est pas évidente.

Langues germaniques, langues romanes

Il importe maintenant de préciser que les langues en présence appartenaient à deux familles distinctes. L'une, la germanique, englobait tous les idiomes parlés par les Scandinaves, Vikings, Saxons. L'autre, la française, telle que les Normands la pratiquaient, faisait partie des langues dérivées du latin. Cela ne veut pas dire qu'elles n'avaient rien en commun: au contraire. Les langues germaniques et romanes appartenant toutes à la descendance de l'indo-européen, une langue qui aurait été parlée vers 3500 av. J.-C. du côté de l'Ukraine actuelle, et dont, par lente dérivation, toutes les langues européennes, à quelques exceptions près, seraient issues. Tant le russe que l'allemand ou le portugais. La langue anglaise et la langue française étaient par conséquent cousines. On peut, par analogie, voir dans l'allemand et l'anglais, par contre, des langues sœurs. L'histoire et le destin linguistique de l'anglais auraient certes été tout différents si l'Angleterre en 1066 avait été conquise par une armée allemande plutôt que normande. Le destin du français québécois aussi!

Comment cela? Eh bien il est d'autant plus difficile, pour un Québécois, de se défendre de l'influence de l'anglais que celui-ci se présente sous des dehors français en diable! Nous disons DÉTOUR pour DÉVIATION parce que l'anglais utilise *detour*! Nous n'aurions certes pas été bernés avec autant de facilité par l'allemand UMLEITUNG! Voilà. Je me dis souvent que l'anglais nous a à la fois perdus et sauvé la vie... Un conquérant chinois, au contraire, étant donné la simple impossibilité pour le français d'absorber des milliers de mots chinois (essayez, voir...), nous aurait enjoints de parler ou français ou chinois... C'est parce que l'anglais passait si souvent inaperçu qu'il a pu s'infiltrer chez nous. Une langue si étrangement familière... Comment donc s'en méfier? Tandis que le chinois n'aurait pu que nous mettre sur nos gardes! À son contact il nous aurait fallu opter soit pour une francisation intégrale, soit pour la sinisation définitive.

En quoi tout de même l'anglais diffère-t-il donc du français? Dans sa façon de structurer ses phrases. Dans l'espèce de logique linguistique qui, tel un logiciel vraiment, distribue les mots comme le français ne songerait pas à le faire. On dit de l'anglais qu'il est une langue de synthèse, pour l'opposer au français, qui serait une langue d'analyse. Cela revient à dire, d'une certaine manière, que l'anglais aime bien juxtaposer ses mots sans chercher à rendre explicites leurs rapports. Le français au contraire multiplie les mots-outils dont la fonction est de rendre ces rapports manifestes.

Prenons un exemple. Dans A HOCKEY PAD, quelque chose cloche, pour un esprit français. C'est que tant *hockey* que *pad* sont des noms, et qu'il répugne au français de déterminer un nom à l'aide d'un autre nom, par la simple juxtaposition de celui-ci. L'anglais n'a pas cette répugnance. Il sait que le dernier mot se trouve déterminé par celui qui le précède; donc ici tout pour lui est-il clair: il s'agit bien d'une jambière *de* hockey. Mais le français ajoute le *de*, toujours.

L'anglais ira toutefois bien au-delà de cette addition trop simple de deux noms. Il peut en effet à loisir ajouter à ce premier déterminant d'autres déterminants, par simple juxtaposition toujours. Il pourrait aboutir à ceci: A FOAM HOCKEY PAD. Là où le français ajouterait un deuxième *de,* en plus d'inverser l'ordre des termes. Pour lui, dans sa logique, le *déterminé* doit *précéder les déterminants* qui le qualifient. Il dirait par conséquent: une jambière de hockey de mousse. L'anglais peut multiplier les déterminants, cela est inscrit dans son âme germanique, et dire: A NATIONAL HOCKEY LEAGUE FOAM HOCKEY PAD, pour mettre les points sur les i! Nous devrons dire pour notre part: une jambière de hockey de mousse de la Ligue nationale de hockey. Où ce qui est sous-entendu en anglais se manifeste explicitement en français. La vie des traducteurs n'en sera pas toujours facilitée, croyez-moi.

Car à ces déterminants qui sont des noms peuvent se greffer des qualificatifs dont la fonction sera de les déterminer eux-mêmes. S'allonge alors la chaîne des déterminants, certains termes étant d'un côté des déterminants (du dernier mot de la phrase), de l'autre des déterminés de plein droit. Ma phrase pourrait ainsi se trouver modifiée par simple adjonction de qualificatifs. Par exemple: A BADLY DAMAGED FAKE NATIONAL HOCKEY LEAGUE FOAM HOCKEY PAD. Notons en passant qu'un Anglais, pour comprendre, attend patiemment l'arrivée du déterminé, donc la fin de la phrase. Au lieu de PAD, il aurait pu entendre le mot HELMET. En allemand la même logique impose la même patience.

On trouve facilement des exemples de ce type de construction sur les boîtes de céréales. Cela peut avec profit ensoleiller vos déjeuners. Ainsi cette affirmation encourageante: LOW SODIUM CRISPY BROWN RICE CEREAL. Voilà qui ne manque pas d'allure! Les traductions en français, pour réussies qu'elles soient, paraîtront forcément un peu lourdes. Votre appétit s'en ressentira. Aucun doute là-dessus: l'anglais est une langue à slogans spontanés. Écoutez celui-ci: TOASTED WHOLEGRAIN OAT AND WHEAT CEREAL. Ou encore: LOW-FAT WHEAT BRAN CEREAL. Un régal à n'en pas douter. La catastrophe n'en est pas pour autant hors de portée de l'anglais. Écoutez plutôt la triste musique de cette sentence: A DARK BROWN FOUR-WHEEL DRIVE STOLEN FORD PICK-UP TRUCK...

On y perdra parfois son latin. Pour aboutir à du charabia. Partons de cette autre boîte de céréales. J'y trouve une proposition sans doute irrésistible: OFFICIAL STAR TREK FAN CLUB OFFER. Où je crois comprendre qu'il s'agit d'adhérer au fan club «Star Trek» grâce, précisément, à cette boîte de céréales. Je crois aussi deviner, à partir des personnages qui figurent en toile de fond, que «Star Trek» est une série télévisée consacrée à la conquête de l'espace. Bon. Mais comment dire tout ça sans s'étendre ? Comment conserver son aspect de slogan? Emporter l'adhésion? Le traducteur s'y est cassé le nez. Voici ce qu'il a trouvé: OFFICIEL STAR TREK OFFRE DE FAN CLUB.

Évidemment, que de pièges! «Star Trek», que l'on ne peut traduire. Et «fan club», que l'on a renoncé à traduire... Mais un slogan moins compliqué ne va pas pour autant nous plonger dans le ravissement. Prenons celui-ci, bien dégriffé en apparence: CANADA'S NO.1 DEPARTMENT STORE CREDIT CARD. Où encore une fois il n'est pas hors de notre portée d'en comprendre le message. La difficulté résidant en sa formulation française. Allez-y, mettez-vous dans la peau du traducteur...

Ces interminables concaténations de substantifs sont bien compliquées à traduire, parfois même à comprendre. Et souvent on n'y arrive même pas! Question de logique. La nôtre n'est pas celle de l'anglais. On peut en faire à rebours la démonstration. Partons cette fois d'une phrase qui ne vous donnera aucun fil à retordre. L'AMI DU PROPRIÉTAIRE DE LA MAISON DU PÈRE DE GÉRALD. Tous les mots utilisés ici sont simples, quotidiens. On devrait donc pouvoir traduire cette phrase sans peine! Allez-y... essayez! Et si vous éprouvez quelque contrariété, dites-vous bien qu'elle émane de ce que vous devez non pas tant traduire des mots qu'effectuer le passage d'une logique latine à une logique germanique. Cela risque en effet de vous faire suer un tantinet...

Bon allez, consolons-nous. L'allemand irait encore plus loin que l'anglais. Il raffole en effet non de juxtaposer des mots, cela lui paraissant sans doute trop peu économique, mais de les souder! Si bien que pour lui cinq ou six mots distincts au départ finissent par n'en plus former qu'un! Il a d'ailleurs inventé mieux. Il repousse le participe passé de la proposition principale à la toute fin de la phrase, qu'importe le nombre de propositions subordonnées intercalées entre celui-ci et son verbe auxiliaire! Ce qui peut produire quelque chose comme: «J'ai ce matin Robert, dans la rue de la Paix, devant une épicerie, vers 9 h je crois, en revenant de la messe, au moment où il commençait à pleuvoir, *croisé*!» Jusqu'à la fin vous ne savez encore rien de l'essentiel. Le locuteur aurait tout aussi bien pu, ce Robert, le tuer, le saluer, le bousculer, l'embrasser ou l'éviter! C'est de la gymnastique linguistique germanique! On s'y habitue, mais à la longue. Elle nous cause de tout autres difficultés que le vocabulaire germanique, qui lui ne fait appel qu'à l'exercice élémentaire de notre mémoire.

Question de vocabulaire

Revenons à nos moutons anglais. Quelle attitude adopterons-nous devant ce qu'il y a en eux d'apparemment «intraduisible»? Ou bien nous renoncerons à la traduction proprement dite pour nous rabattre sur une périphrase descriptive, ou bien nous adopterons les expressions ou les mots anglais les plus résistants. Et souvent, carrément, il le faudra. Je ne vois pas qu'on ait la possibilité de «traduire» un *gentleman's agreement.* Il est même impossible de traduire *gentleman*, celui-ci n'étant certainement pas un «gentilhomme»! On ne traduit ni *Boxing Day,* ni *Halloween.* Sur *Ivy League University* on se casserait les dents. De même le ferait-on sur l'appartenance à ces sociétés de médecins ou de chirurgiens qui se donnent le nom de *fellows*, l'appartenance pour sa part portant celui de *fellowship.* Possible mais utopique de traduire *sistership*, ce terme désignant deux navires absolument identiques. Et il y a aussi *fox-trot, rock 'n' roll, black 'n' blues...*

Vous me direz avec raison qu'il s'agit ici d'emprunts proprement culturels, que ceux-ci sont a priori intraduisibles, et qu'il ne viendrait à l'esprit de personne de traduire *gemütlichkeit, dolce vita, corrida* ou même *fiesta.* Il est vrai. Et cela parut tout aussi vrai aux Anglais du XIe siècle.

Il est évident que bon nombre des coutumes importées par les Normands en Angleterre prirent les Anglais au dépourvu. De même qu'il est impossible pour un Québécois de traduire *coroner* ou *jury.* On peut penser que le monde matériel des Normands devait aussi se distinguer de celui des Anglais. Il suffit de si peu de chose pour qu'un changement de signifiant paraisse motivé. Il y eut donc partage au cœur même de l'anglais. Quelque chose demeura très stable, sur quoi le français n'eut aucun prise: la logique de l'anglais. Quelque chose d'autre céda, n'offrit aucune résistance: le vocabulaire. Et il en fut ainsi durant presque un millénaire.

Mais si le vocabulaire est parfois modifié à bon escient, cela n'est pas toujours le cas. Cela peut paraître incroyable, mais n'en demeure pas moins indéniable: la langue du vainqueur fascine le vaincu! Et un nombre considérable d'emprunts relèvera de cette drôle de «logique». La France est actuellement le jouet de cette fascination pour l'«Amérique». En témoignent *Compact Disc, Walkman* ou *container*, qu'on éprouve le plus grand mal à remplacer par disque compact, baladeur et conteneur. On peut penser à bon droit que le même phénomène a dû jouer pleinement au moyen âge en Angleterre, tout comme il pèse de tout son poids encore aujourd'hui sur le français du Canada.

Conclusion: l'histoire de l'anglais ressemble beaucoup à celle du français québécois. Dans les deux cas ce qui résiste est la syntaxe, ce qui cède est le vocabulaire. Mais là où l'anglais a changé d'un bloc, le français d'Amérique en changeant s'éloigne toujours plus de la grande majorité des francophones. Différence de taille!

Des gallicismes

Qu'est ce qu'un gallicisme? L'équivalent d'un anglicisme pour nous. Un emprunt au français opéré par l'anglais. Essayons d'en effectuer un repérage simple. Et pour ce faire, il n'est rien de plus instructif que de parcourir une carte géographique. Celle du Canada ou des États-Unis fera très bien l'affaire. Déployons-la sous nos yeux.

On y distinguera tout de suite, en très gros caractères, de formidables emprunts au français. Toutes ces *provinces*, divisées en *regions*, en *communities*. Notez au passage ces villes qui arborent le nom de «ville»: en Ontario, Belleville ou Brockville. Ces *municipalities* sont dirigées par des *mayors*, ceux-ci sont entourés de *city counselors*, dits également *aldermen*: voici donc, fait inusité! un mot d'origine germanique. Tout ceci dans un pays qui porte le nom de *country*, dirigé par un *parliament*, coiffé d'un *sovereign*, lui-même représenté par un *governor-general* ici, des *lieutenant-governors* là. Dans le parlement, du verbe *parler*, bien sûr, des *parties* se partagent le pouvoir, *power*, ces partis étant représentés par des *members* parfois appelés *deputies*. Ils siègent dans les *Commons*. Voilà donc ce qu'est un *government*! On pourrait multiplier sans peine les exemples. Il est manifeste que la pensée elle-même qui a présidé à l'élaboration de cette structure était pétrie de français. Il s'agit ici d'un phénomène éminemment culturel, la création d'institutions grâce auxquelles un peuple (*people*) s'organise politiquement, règle l'exercice du pouvoir, etc.

On peut par conséquent penser que cette pensée a vu le jour a une époque où la culture française exerçait une sorte d'hégémonie en Europe, et qu'elle lui a emprunté son vocabulaire comme par la force des choses. Il se peut. Cela serait même normal. Mais que penser d'un relief géographique, celui de l'Amérique, découverte et colonisée à partir du XVIIe siècle seulement, un relief qui curieusement nous offre des tas de vocables explicitement français? Qu'on suive un peu le littoral, on y verra d'innombrables *points*: West Point, par exemple. Une terre toute creusée de *bays*: la baie d'Hudson en est une, et de taille. Ou le *gulf* du Saint-Laurent dont les nombreux affluents portent le nom de *rivers*. Un fleuve qui d'autre part porte lui-même le nom de *river*, l'anglais ne disposant pas d'un terme qui lui permette de faire la différence entre le fleuve et la rivière, ce qui est très curieux. On dit en effet: the River Thames, the River Seine, the St. Lawrence River, etc. Ce fleuve s'élargissant parfois, s'arrondissant, on a cru bon de donner à ces débordements le curieux nom de lac: lake Ontario, lake Erie. D'où, aussi, les Grands Lacs, the Great Lakes, qui ne sont naturellement pas des lacs au sens strict du terme. Quand une subite dénivellation perturbe plus ou moins l'écoulement calme de l'eau, l'anglais parle de *rapids*, de *cascades,* de *cataracts* ou encore de *chutes*. Inutile ici de mettre les points sur les i. Un cours d'eau se rétrécit-il soudainement, on appelle ce passage un *straight*: il n'est pas facile d'y reconnaître le mot français *étroit*! Comme qui dirait: un *détroit*... Ce dont la ville américaine garde le souvenir. On connaît moins les *coulees* et *gullets*: les cow-boys du Far West en font pourtant leur pain quotidien. Par contre les *prairies*, tout le monde connaît! De même que les *valleys*: par exemple Valleyfield. Ou les *vale*: par exemple *Acton Vale*.

Qu'est-il donc arrivé au vocabulaire proprement anglais? Pour quelle raison y parle-t-on des *refuges* de montagne, pourquoi les montagnes y sont-elles des *mountains*, les caps des *capes*, comme dans Cape Cod, des îles parfois des *isles*? Les *prairies* sont des *plains,* des plaines: du *terrain* plan, où manquent les *forests*. Certains de ces lieux où pousse l'herbe portent le nom de *pastures*: les pâturages. C'est en fin de compte toute l'Amérique qui se couvre, en anglais remarquons-le bien, de termes français, dont parfois, mais non toujours, on modifie la graphie pour leur donner un air qui concorde à peu près avec leur prononciation. Mais je ne peux m'empêcher d'imaginer la stupeur avec laquelle nous contemplerons une carte de FRANCE où le relief serait, et ce en français, jalonné de *dales* et non de *vallées*, de *meadows* et non de prairies, de *falls* et non de chutes, ou encore de *brooks* plutôt que de ruisseaux! Curieuse sensation en effet que celle qu'éprouve un francophone devant cette *avalanche* de mots qui appartiennent à sa langue maternelle, et qu'il retrouve chez l'autre, et qui plus est en Amérique! Des *reservations* indiennes, des *parks* nationaux, des *reserves* fédérales, même des *reservoirs*! Dans les rues de ces villes étrangères, ne retrouve-t-il pas ses *boulevards* et ses *avenues*? Que penser du *port of* Montréal?... On aurait toutefois tort de croire qu'une tornade linguistique a fait place nette des termes anglais d'origine germanique: *brook* subsiste, concurrencé par *creek*; à côté des montagnes survivent les *hills*, à côté des lacs les *ponds*, à côté des *channels* d'origine française, les *sounds*, du vieil anglais *sund*. À côté de la cité prospère le *town*. On constate à l'évidence que les emprunts au français occupent tous les points stratégiques, concédant tout au plus à l'anglais des origines quelque chose comme un chapelet de *réserves* toponymiques. N'est-ce pas étonnant? Mais aucun anglophone ne le remarque! Pour lui, tout ce français, quelle que soit la netteté de ses traits latins, c'est de l'anglais très ordinaire.

Notre commune surprise serait toutefois bien plus grande si je disposais du temps et de l'espace que nécessiterait l'étalage du vocabulaire de l'armée britannique, complètement saturé d'emprunts au français. Ou de celui du gouvernement, de l'administration, de la justice. Ou de celui de la religion anglicane...

Or les anglophones n'y voient que du feu!

Du repérage des gallicismes

Il suffit le plus souvent non de tendre l'oreille, car alors cela nous échappe, à cause de la prononciation, du flux trop rapide des paroles et de notre trop grande exposition à l'anglais; il suffit de LIRE un texte anglais pour que l'influence du français nous saute aux yeux.

Un exemple suffira. Je le prends volontairement là où il est absolument incontournable, soit dans les mots qui traduisent les liens de parenté. On ne peut pas prétendre ici qu'il s'agit de termes recherchés et rares! Ils sont partout monnaie courante. Et même, vous allez voir, dans la langue populaire, qui se méfie tout de même un peu des recherches et du recherché. Prenons GRANDPA. On aura reconnu notre grand-père: il s'oppose au trop solennel *grandfather*, tout comme GRANDMA s'oppose à *grandmother*. Où il appert que le français fait moins peur que l'anglais... Car *father* est germanique, là où le *papa* est latin. On le retrouve dans le PA, pour papa, tout à fait à sa place dans la bouche d'un cow-boy, par exemple, un monsieur bien peu suspect de culture livresque. On entend couramment *pop*, dérivé de *papa*, tout comme MA ou *mom*, ou *mamma*, ou *mammy*. Mother faisant un tout petit peu solennel. Father et mother, en allemand, donnent VATER et MUTTER. Leurs équivalents caressants y étant VATI et MUTTI. Mais ce n'est pas tout: AUNT et UNCLE sont français et à peine déguisés. COUSIN et NEPHEW et NIECE de même sont tout à fait transparents, pour un œil à peine averti. Or ce sont là les liens de parenté les plus étroits qui soient! Pour une raison qui m'échappe, *brother* et *sister* se dérobent à la règle, de même que *son* et *daughter*.

Mais on n'a pas toujours la partie aussi facile. Dans le PATTY par exemple, comme dans *hamburger patty*, on ne reconnaît pas si facilement notre «pâté»... Ni dans la CUE dont on se sert pour jouer au *billiards* notre propre «queue», à laquelle on renonce hélas au profit d'un «bâton» décidément surexploité! Avouons que si les Anglais jouent au *billiards*, nous leur rendons la politesse en jouant au *pool*... Mais qui sait y reconnaître notre «poule»?

Le PREACHER est bien sûr un bon vieux prêcheur, et s'il évoque à Noël *an infant in a manger*, c'est bel et bien d'un *enfant* dans une *mangeoire* qu'il parle... Il n'est pas si facile de reconnaître dans les SCOUTS le verbe «escouter», tel qu'on l'écrivait avant d'en transformer le S en accent aigu! On devrait tout de même «voir» dans FARMER un bien simple fermier! Ce sont là des gallicismes qui aiment bien nous pétrir un petit peu les méninges. D'ordinaire, tout de même, ils ne font pas tant de façons!

On peut, pour s'en convaincre, procéder de diverses manières. La plus simple est d'ouvrir n'importe quel dictionnaire anglais, qu'il soit britannique ou américain. Il est alors facile d'y repérer, grâce parfois à l'étymologie, les enfants que le français y a laissés. Des tas! Des milliers et des milliers de rejetons, si exubérants qu'il leur arrive fréquemment d'y figurer en plus grand nombre que leurs cousins d'origine, comme on dit, «anglo-saxonne». On peut aussi, quand on aime lire, ouvrir un roman. C'est ce que j'ai fait ces jours-ci avec un ouvrage de John le Carré: *The Honourable Schoolboy*. Mais n'importe quel autre roman aurait aussi bien fait l'affaire. Or il se trouve que l'auteur s'y exprime dans un anglais d'une extrême richesse. C'est qu'il est né dans la très bonne société britannique, a fréquenté un «public school» huppé, etc. Eh bien les gallicismes y pleuvent à chaque page, un vrai déluge. En faire le tour, scrupuleusement, dans les 533 pages que compte ce roman d'espionnage, nécessiterait un temps considérable ainsi que l'aide d'un bon ordinateur, à n'en pas douter. Aucun, mais alors aucun rapport, même de très loin, d'extrêmement loin, avec la recherche des anglicismes dans un roman québécois qui ferait sa part à la langue populaire sans la filtrer. On pourrait aussi, mais là il s'agirait tout de même d'un cas trop particulier, relever les expressions d'un domaine très précis, par exemple celui de l'escrime! Dont TOUT le jargon, de A à Z, en anglais, est volontairement français... Phénomène sans équivalent en français... mais non en français québécois!

Toutefois ce n'est pas cela qui importe. Il est autrement intéressant de relever les emprunts qu'a faits la langue quotidienne. C'est elle qui a modifié l'anglais au point de le distinguer radicalement de l'allemand. Je songe aux termes suivants, qui dissimulent parfaitement leur origine:

BALL comme dans BASEBALL, ou encore
BALL comme dans BALLROOM
FORTUNE comme dans WHEEL OF FORTUNE
AGE comme dans TEENAGE
CUSTOMER, celui qui a COUTUME d'acheter chez vous...
NURSE où l'on ne reconnaît plus la NOURRICE
PHYSICIAN, pour médecin
HOSPITAL, le S étant devenu un accent circonflexe
BARREL comme dans BEER BARREL POLKA
PLY, le pli, d'où le PLYWOOD
REASON
CARD
GRAVEL, comme dans GRAVEL ROAD, GRAVEL PIT
DEVIL
COMMONS
EXILE
DEFAULT
MEASURE
AMY, le prénom, où se cache AIMÉE!
SAFE ou SAUF, SAFETY ou SAUVETÉ...
BEAUTY ou encore
PANIC!

Je me retiens, il serait si facile d'allonger démesurément cette liste microscopique. Mais il me suffit d'illustrer mon point de vue, je n'en demande pas plus. Passons plutôt à quelques gallicismes explicites, de ceux où l'on cherche à imiter si peu que ce soit la prononciation d'origine.

ROLE avec l'accent, d'ailleurs, ou sans
GALLERY comme dans NATIONAL ART GALLERY (*sic, sic*, et re*sic*!)
RECONNAISSANCE AIRPLANE
DOSSIER
CACHE et TO CACHE
SOUVENIR PROGRAMME
DEMAND et TO DEMAND
BUREAU comme dans FEDERAL BUREAU OF INVESTIGATION (*sic, sic* et re*sic*!)
DÉBUTANTE évoque le *Bal des petits souliers...*
PROMENADE
VOYAGEUR et BON VOYAGE!
CAMARADERIE
ÉTIQUETTE
SOLITAIRE... ou PATIENCE!
LIAISON, dans LIAISON OFFICER, ou PERSONNEL!
TRAVAIL
EXTRAORDINAIRE
TROUBADOUR
POEM et
CAFÉ!

Restent d'innombrables gallicismes dont tout le monde, à y réfléchir, peut saisir l'origine, mais qu'on prononce sans du tout en tenir compte. Ils sont tout simplement parfaitement intégrés à l'anglais.

Prenons par exemple:
BANQUET
BANK
PLANK
EMBLEM
SIGNATURE
COLOUR
FACE
TRADITION
QUALITY
PEDAL
ENERGY

MERCY
BISCUIT
TALENT
MENU
COURIER
PAVEMENT ou
ARTIST...

Il se peut qu'ainsi isolés de tout contexte ces termes vous paraissent tout de même trahir un peu leur origine française: mais allez-y, ouvrez un roman, et livrez-vous à cinq minutes de repérage: vous verrez combien les mêmes mots y sont acclimatés, à peine discernables de leurs voisins «anglais».

Tous ces (innombrables) mots d'origine étrangère, contrairement à ce qu'un Québécois grand pourfendeur d'anglicismes, ces bêtes nuisibles, pourrait penser, ne vont pas du tout parasiter le tissu de la langue qui les accueille: au contraire! Les gallicismes enrichissent l'anglais, au sens où ils ajoutent à celui-ci des tas de mots qu'il n'aurait tout bonnement pas autrement, y engendrant à leur tour des myriades de sens. Il est naturellement indéniable que leur importation a eu pour conséquence que beaucoup de vocables anglais ont péri sous leur poids: cela va de soi, il s'agissait vraiment d'une invasion. N'allons pas oublier que le français s'est installé en Angleterre avec les Normands, et que ceux-ci ont occupé le pouvoir durant des siècles. Dans ces conditions, bien sûr l'anglais a dû céder du terrain pour de bon. Mais dans l'ensemble la présence des termes français a plutôt fait bon ménage avec celle des termes anglais, au sens où les uns n'ont pas occupé tout le champ sémantique, laissant aux autres de quoi survivre et même prospérer. Est ainsi né ce qui caractérise le lexique anglais et lui donne son ampleur démesurée, en tout cas par rapport au français. Ce qu'atteste tout dictionnaire bilingue, comme vous pouvez aisément le contester par l'épaisseur relative de ses sections. Ce qui caractérise l'anglais, donc, c'est l'abondance des DOUBLETS qu'on y trouve. Je ne parle pas des doublets qui se sont produits à l'intérieur du lexique anglais, non: je parle du partage du champ sémantique qui s'est opéré entre un mot d'origine anglaise et son vis-à-vis d'origine française.

On y verra plus clair en recourant à une série de vrais doublets, bien concrètement. Dressons d'abord une liste très très partielle de ceux-ci, nous en discuterons le contenu par la suite.

ORIGINE GERMANIQUE	*ORIGINE FRANÇAISE*
TOOL	INSTRUMENT
SHIP, BOAT	VESSEL

HARBOUR	PORT
MIGHT	POWER
LIFE	EXISTENCE
SHOP	STORE
FIDDLE	VIOLIN
TO SPLIT	TO DIVIDE
PAD	TABLET
LEAN, SCANTY	MEAGRE
TROUGH	MANGER
PIER	JETTY
MASH	PURÉE
CHILD	INFANT
FUN	ENJOYMENT
CHINAWARE	PORCELAIN
TRADE	COMMERCE
SHIRE	COUNTY
HAPPINESS	JOY
STUD	STALLION
PIG, SWINE	PORK
SHEEP	MUTTON
CALF	VEAL
SEAT	CHAIR
FIGHT	BATTLE, COMBAT
SHORT	BRIEF
WIFE	SPOUSE
WEDLOCK	MARRIAGE
HIGHWAY, ROAD	ROUTE
FREIGHT	CARGO
LOVELY	BEAUTIFUL
MISTAKE	ERROR
WORK (ER)	LABOR (ER)
SEA	OCEAN
I'M SORRY!	EXCUSE ME!
DEAD END	CUL-DE-SAC
WAY	PASSAGE
TAP	FAUCET
FALL	AUTOMN

LAND	COUNTRY
BOSS	MASTER
KITCHEN	CUISINE
PAD, FLAT	APARTMENT
TO KILL	TO MURDER
TRADECRAFT	PROFESSION
SMOKE	FUME
HELPER	ASSISTANT
EVENING	SOIRÉE

Il est temps de s'arrêter, on pourrait toujours continuer, il y en a bien d'autres! Et voyez-vous, il ne s'agit pas là de synonymes, les uns ne parasitent pas les autres: tous se complètent.

Première constatation: les mots anglais sont en général plus courts. On les appelle les *three-letter words*... Deuxième constatation: le côté anglais est le côté du peuple anglais, contrairement au côté français, celui de la culture, des acquisitions progressives. Le côté anglais est *premier*, le côté français, *second*.

Je viens d'en faire l'instructive constatation à la lecture d'un ouvrage consacré aux cowboys d'aujourd'hui: *The Cowboy Life*. Un excellent ouvrage, fort documenté, abondamment illustré. Michele MORRIS, son auteur, sait de naissance ce dont elle parle, et manipule un bagage de termes techniques impressionnant. Or ce qui, après John le Carré, est frappant, c'est la rareté relative des emprunts au français! Il est vrai que le milieu qu'elle décrit est près de la terre et aussi d'une culture qui n'est pas celle des classes instruites! Mais cela y est saisissant, je vous le souligne en passant. Bon, revenons à nos moutons.

Notons que les animaux portent des noms anglais, mais non leur viande! Que la *fight* est individuelle, primitive, non la *battle*, ni le *combat*. Que si *Happy New Year* passe bien, ce ne serait guère le cas de *Joyful New Year*. Que *mash* relève de la *kitchen*, là où *purée* appartient à la *French cuisine*. Que *lean* est un terme concret, mais non *meagre*, ce maigre-là étant figuré. Qu'on a recours au *fiddle* lors d'une *barn dance* et au *violin* à l'orchestre symphonique! Que si *Master of Arts* fait très sérieux, en revanche *Boss of Arts* ferait bien rigoler... Qu'un *killer* est autre chose qu'un *murderer*, et qu'on présente rarement sa femme comme sa *spouse*! Ou pourrait ici aussi continuer: je tenais toutefois seulement à mettre en évidence les nuances qui distinguent ces doublets, nuances immédiatement saisissables par un locuteur anglophone, et que tout traducteur doit impérativement apprendre à détecter! S'il ne veut pas écrire *a funny sort of English*...

Des britannicismes

Ce qui est intraduisible et qui passe complètement inaperçu tant dans le texte original anglais que, a fortiori, dans la meilleure de ses traductions, c'est ce qui en fait la saveur connotative: l'ACCENT par exemple, qui trahit la position du locuteur dans l'échelle sociale. Dans un roman britannique les membres de l'«upper class» parlent un anglais plein de clins d'œil: le peuple a ses propres tics, et jamais on ne les confond! Comment voulez-vous rendre en français le jargon né à Eton et que les «old boys» entretiennent comme la marque même de leur supériorité sociale? Les CONNOTATIONS, dont le rôle est immense, échappent à tout lecteur non averti. Qu'un personnage se prénomme Anthony indique déjà, en soi, qu'il appartient à un cercle social auquel tel autre, prénommé Keith, ne peut prétendre! Anthony est «noble», Keith, «roturier». Cela, comment le savoir? De même faut-il avoir appris qu'un double patronyme, par exemple Steed-Asprey, renforce à l'extrême l'affirmation de «noblesse» d'un quelconque Anthony. Le double patronyme constituant pour un Anglais l'équivalent de la noble particule pour un Français. Comment traduire ça? En bas de page?...

Les mots eux-mêmes sont parfois carrément rébarbatifs. Pour deux raisons. Ou bien ils sont inséparables des réalités culturelles les moins exportables de l'Angleterre ou des États-Unis, ou bien ils témoignent de réalités matérielles inconnues dans la langue d'arrivée. L'expression «old boy» du paragraphe précédent, à titre d'exemple, n'a pas de sens littéral saisissable. Elle ne désigne d'aucune façon un «vieux garçon»... ni même une «vieille branche»! Elle qualifie les anciens élèves des «public schools», ces écoles très *privées* qui sont la chasse gardée de l'«upper class» britannique. Intraduisibles expressions! De même, aux États-Unis, existe-t-il des «prep schools» de même fonction, dont les anciens élèves se retrouvent dans les Ivy League Universities... Je vous mets au défi de traduire ça!

Il est impossible de traduire au sens strict des «anglicismes» comme *gentleman's agreement, Boxing Day, yeaman, gentry* ou *squire*. Ou alors, de périphrase en périphrase, c'est le texte lui-même qui est dénaturé. Comment pourrait-on «traduire» un terme pourtant aussi simple que celui de *cowboy*? La réalité que recouvre celui-ci est pourtant saisissable sans peine: le cow-boy est un «vacher»! Mais qui oserait parler de «la musique nostalgique des vachers de l'Extrême-Occident»?... On ne traduit ni *coroner* ni *shérif*, ni *scout* ni Yankee, ni Horse Guard ni G.I. Ou alors on fait linguistiquement faillite. Comment traduire *homestead* ou *ranger*? Et en quoi résiderait l'intérêt d'une telle traduction?

Parfois cette impossibilité manifeste les limites du champ des expériences de la langue. On aura beau dire, les *pickles* ne seront jamais de prosaïques cornichons, ni un *pond* un lac ordinaire. Je renonce à franciser *tag day, redneck, Tin Pan Alley, lovers' lane, dude, fools rush in, sundries, notions* ou *varieties*. Devant un *Porterhouse Steak*, un *Spencer Steak*, un

Club Steak, un *T-Bone Steak* ou un *Sirloin Steak*, on a intérêt à ne pas trop se compliquer la digestion...

Et puis enfin, pour nous faire plaisir, ce trio vraiment désespérant. Tout le monde sait que les travailleurs postés font les trois-huit. Qu'ils travaillent tantôt de huit à quatre, tantôt de quatre à minuit, tantôt de minuit à huit heures du matin. L'anglais a trouvé moyen de «traduire» les postes de travail de façon imagée. Il dit, dans l'ordre: *Dawn Shift, Swing Shift* et *Graveyard Shift*... Vous ne trouvez pas que le métier de traducteur est plein de charmes?... Des charmes capables d'évoquer les tentacules de la pieuvre quand ce n'est pas l'étreinte du boa constrictor... Il existe aussi un *Split Shift*...

Prenons maintenant une autre caractéristique de l'anglais, soit son amour pour les expressions qui font image. Elles sont saisissables par le premier illettré venu. Le français, depuis qu'il a gagné la guerre contre Rabelais, leur a substitué d'innombrables expressions abstraites, quand il ne s'est pas tout bonnement abstenu de frayer avec ces filles de mauvaise vie.

Comment faire pour dire en français, sans périphrases descriptives interminables, *a bear hug, a one-night stand, a sit-in* ou *a tengallon hat*? Comment «traduire» facilement cette expression si simple qu'est *desk-top computer*, opposée à *lap-top computer*? On voit pourtant ce qu'elles recouvrent, et du premier coup d'œil! Que dire au lieu de *French kiss*, de *striptease* et de *peep show*? Ce n'est pas le moment ici de faire le procès des tendances à l'abstraction dont souffre le français, spécialement via le recours systématique au grec ou au latin, langues mortes que plus personne ne parle depuis des siècles, il faut bien le reconnaître. Je ne peux tout de même pas résister à vous en évoquer deux exemples susceptibles de faire de vous des convertis. Vous trouverez dans *Le Grand Larousse en 5 volumes* l'expression GERM-FREE... Elle désigne en anglais un milieu ou un organisme stérile, dépourvu de microbes. Facile à comprendre, simple. Pourquoi dès lors ce *germ free*, en français?... La réponse réside dans l'«explication» qu'en fournit le lexicographe (*sic*): «Se dit d'êtres vivants axéniques»... AXÉNIQUES! Ah! bon, c'était donc ça! Tout est clair, il fallait le dire!... Ce qui s'appelle bien entendu parler de manière à n'être compris de personne. D'où le recours à l'anglais... Vous saisissez? Mon second exemple est celui de PÉDILUVE. Vous ne voyez pas? Il n'a pourtant pas une application élitiste. Il désigne, dans les piscines publiques, un bac où l'on invite les baigneurs à se laver les pieds, avant de faire leur plongeon... *Pédiluve*, pour *lave-pieds*! Non, mais, c'est qu'il fallait y penser! Pas à portée de toutes les bourses...

L'anglais, c'est sa force, parce qu'il adore les expressions tricotées avec de l'anglais, peut souvent être saisi sans un détour par l'étymologie. J'en prends à témoin les expressions dont je dresse ici la liste:

a boy-meets-girl story

a jack-in-the-box

a stick-in-the-mud (un «encroûté», un «sclérosé»...)
a shoot'em-up movie
a saddle sore
a cash-and-carry store
a bunny hopper, et enfin
a wolf whistle ou wolf call, que
le *Robert-Collins* «traduit» ainsi: «Sifflement admiratif (à l'adresse d'une fille).»

Si ça vous chante, si vous disposez de beaucoup de loisirs, mettez-vous au travail et tentez donc de me «traduire» tout ça en bon français.

If you can't lick 'em, join 'em!

Il me semble donc qu'il y ait quelque excuse pour céder au charme irrésistible de l'anglicisme, et ce dans de nombreux cas. D'où les abondants anglicismes de France qui font tant enrager les Québécois! On voudrait tellement que le français de France soit résolument «germ-free», ou axénique! Mais ce serait bien sûr lui rendre un très mauvais service que de le stériliser ainsi.

La langue de l'autre, dans la mesure où elle se distingue de la nôtre, et non dans celle où elle lui est analogue, peut rendre de notables services. Il y a un immense profit à devenir bilingue, surtout quand on est québécois. Car alors on est mis au pied du mur: rien de moins disposé au compromis et aux demi-mesures qu'un paragraphe quelconque d'anglais à traduire... Une torture, souvent. Mais ce qu'on y apprend bien le français!

Je ne ferai pour vous illustrer ce que j'avance qu'attirer votre attention sur une autre particularité de l'anglais, d'origine germanique toujours, et qui concerne ses verbes. Il s'agit des particules, si déroutantes pour un francophone, qui modifient successivement le sens d'un verbe, lequel leur sert de point d'ancrage. Par exemple le verbe TO CHOP. Selon que vous lui ajoutez la particule OFF ou UP, vous modifiez tout à fait son sens. *To chop at*, en revanche, c'est donner des coups à, taillader. Quant à *to chop down*, c'est abattre, faire tomber.

Les verbes à particules ne causent pas de difficultés particulières à un locuteur dont la langue maternelle est l'allemand, il en a l'habitude au moins autant, je dirais même plus encore que son cousin anglais. Mais ces verbes-là constituent vraiment le talon d'Achille des locuteurs de langue latine, qui eux n'en ont aucune expérience. Il me semble même que leur savant et naturel maniement est la pierre de touche du vrai bilinguisme. Or voilà précisément ce qui fait défaut aux Québécois! Il faut dire que les doublets d'origine française leur permettent à peu près constamment de maquiller cette faiblesse. Mais alors ils parlent un anglais dont l'équilibre est rompu au profit d'une francisation abusive. Cela est parfaitement évident dans une page quelconque de roman: les verbes à particules y pullulant. Il est pour nous extrêmement malaisé de les utiliser à bon escient. D'où cette difficulté considérable et supplémentaire qu'il y a à apprendre l'allemand, celui-ci, pauvre en doublets, nous obligeant à recourir aux verbes à particules. Or ce qui complique d'autant plus notre progrès, dans cette langue, c'est qu'elle détache la particule de son verbe et la reporte à la fin de la phrase, parfois fort loin de son ancrage... C'est un des charmes de l'allemand. L'anglais procédant pour sa part plutôt rarement à ce divorce.

Compliquons comme à plaisir les choses... en ajoutant que ces particules ne sont pas du tout accolées aux verbes les plus rares de la langue: tout au contraire! Souvenez-vous d'une chanson de George Harrison: «*Ring IN the new, ring OUT the old...*» Que fait-on quand on raccroche le combiné à la fin d'une communication? *One rings OFF*! Le plus simple sera de vous dresser une petite liste de ces verbes surpris en pleine action sémantique:

to put ACROSS: faire comprendre
        ASIDE: mettre à part
        DOWN: déposer
        FORTH: avancer, exprimer
        FORWARD: proposer
        IN: faire escale
        OFF: ajourner, repousser
        ON: mettre, faire marcher
        OUT: prendre le large, éteindre
        UP: dresser, présenter
        UP WITH: supporter, tolérer

Ce n'est évidemment ici qu'un échantillonnage squelettique. Les sens, autour de chaque particule, pullulent tellement que le *Robert-Collins* leur consacre deux pages complètes... Je ne sais pas si vous vous rendez compte... deux pages! C'est énorme.

Donnons-nous un second exemple. Imaginons que le verbe TO RUN est un arbre, ou plus précisément le tronc bien vigoureux d'un chêne, et que les particules qui le couronnent constituent les branches dont les feuilles seront les sens. Et voyons ce que cela peut représenter:

to run ABOUT: courir çà et là
        ACROSS: traverser
        AFOUL OF: entrer en collision avec
        ALONG: se sauver, s'en aller
        AT: se jeter sur
        AWAY: se sauver

AWAY WITH: gagner facilement
BACK: revenir
DOWN: écraser, dénigrer
IN: entrer en courant
INTO: rencontrer par hasard
OFF: s'enfuir
ON: continuer de courir, ne pas s'arrêter
OUT: s'épuiser, venir à manquer
OUT ON: laisser tomber
OVER: déborder
THROUGH: traverser en courant, jeter un coup d'œil sur
UP: monter en courant, laisser s'accumuler

Vous conviendrez sans peine de la difficulté qu'il y a à jouer spontanément de toutes ces particules au fil d'une conversation, et même au fil de la plume. Elles représentent vraiment le fonds germanique de l'anglais. Un francophone cherchera donc par tous les moyens et sans même s'en rendre compte à contourner ces récifs dangereux: il le fera en ayant systématiquement recours à ce qu'il y a de proprement français dans les ressources verbales de l'anglais. Et c'est ainsi qu'il se fera repérer! C'est comme le maniement des ustensiles à table... pas facile, quand on a appris à manger à la française, tout à coup de le faire à l'anglaise. Le naturel reviendra au galop! Si la chose vous a intéressés, si vous désirez en savoir plus long, allez jeter un coup d'œil aux verbes TO CUT et TO COME. Vous en aurez, des particules, et plein les mains, juré craché. Ah oui, j'oubliais, ne manquez pas les verbes TO STEP et TO STICK! Un régal!

Idiotismes

Au nombre de ses particularités linguistiques, de celles qui font trébucher les néophytes et jurer les vieux de la vieille, l'anglais possède quelques traquenards bien germaniques. Il s'agit comme si souvent de la possibilité qui s'offre aux idiomes germaniques de fabriquer des signifiants en agglutinant des déterminants, en les collant tous ensemble, si bien que tel mot en particulier comportera trois ou quatre poignées par où le saisir. Prenons un exemple simple.

SEA, c'est la mer. MAN, c'est l'homme. Là où en français l'homme-de-la-mer est une énigme linguistique, soit un matelot ou un marin, mots qui de prime abord n'ont aucun sens, en anglais par contre tout s'éclairera du simple fait de l'accolement de *man* à *sea*: SEAMAN. On en saisit le sens immédiatement, pas besoin d'être allé à l'école. De même l'allemand dira SEEMANN. Allons plus avant. Comment exprimer l'expérience du marin, son degré de loup-de-mer-erie, si vous voyez ce que je veux dire? En anglais, passez-moi le jeu de mots, on n'a qu'à ajouter SHIP à SEAMAN: SEAMANSHIP. Il n'existe en français aucun moyen de traduire ce composé-là. Sans passer par une longue périphrase. On sait d'ailleurs de reste combien *leadership* et *membership* nous hantent et ont la vie dure.

Prenons un autre exemple. Il nous fournira quelque matière à réflexion, Comment traduire, d'abord, TOMBOY? Le français ne dispose d'aucun terme propre: il dit un *garçon manqué*. Ce qui est très insatisfaisant. Il s'agit d'une fille qui a du goût pour les activités qu'en général les garçons préfèrent: elle préfère le hockey à Barbie. L'anglais dit: TOM et BOY. Stricto sensu, cela veut dire: MÂLE et GARÇON! Une sorte de raccourci superlatif. Il ne concerne jamais un garçon, tout le monde sait bien qu'il s'agit là d'une fille. Bon. Veut-on alors parler de cette disposition, dans le concret, pas du tout dans l'abstrait, telle qu'on peut la repérer chez telle petite fille? L'anglais dira, en agglutinant une particule: *she's tomboyish*. Le français parlera, de son côté, de ses manières «garçonnières». Quant à «élever» cette disposition au niveau théorique, l'anglais le pourra sans peine grâce à un quatrième élément, ce qui produira: TOMBOYISHNESS. Bon allez, traduisez-moi ce mot-valise-là en français s'il vous plaît les amis...

Et si vous vous êtes lassés de vos jeux de société, vous pourrez affiler vos griffes avec les agglutinés qui suivent, de quoi vous donner tous de voluptueux cauchemars:

STATESMANSHIP
BRINKMANSHIP
COWBOYISHNESS
ROGUISHNESS
MANISHNESS
CHILDISHNESS et
WOLFISHNESS, pourquoi pas!

Tout ceci, mine de rien, pour expliquer la présence, en France, dans les textes par ailleurs les mieux venus, d'anglicismes qui nous font hurler et qu'il n'est pas si facile que ça de traduire, quand même cela pourrait se faire, ce qui n'est pas toujours le cas. Bref, la langue de l'autre c'est comme la rose si jolie, si parfumée: qui s'y frotte s'y pique!

Fabriquer du verbe!

Il y a des phénomènes linguistiques dont l'anglais est friand et qu'on ne peut que lui envier. Par exemple il lui est très possible de multiplier à l'infini ses réserves de verbes: il lui suffit d'en fabriquer à partir de ce que toute langue possède en surabondance, les noms communs eux-mêmes. En français les choses ne sont pas si simples, loin de là.

Prenez le mot HOUSE: la maison. Vous y introduisez autant de gens que vous voudrez en y ajoutant la particule verbale TO: TO HOUSE. On ne peut pas, de la même façon, en français, inventer le verbe MAISONNER! Personne n'a jamais pu «maisonner» cent invités! On les *loge*, on les *héberge*, on les *accueille*: mais c'est quand même plus compliqué!

On peut faire la même chose avec IRON, qui désigne le fer à repasser. Et ainsi «ferrer» une robe avant de s'en vêtir: TO IRON. En français c'est moins simple: on doit «donner un coup de fer à»: c'est plus long, on a moins envie de s'habiller. Comment, au plus court, rendre cette phrase-ci: *Let's STABLE the horses!* «Stable», c'est l'écurie. En français c'est plus long: on «met les chevaux dans l'écurie». On ne peut d'aucune façon les «écurer»! Quel dommage. De même ROOM donne naissance à TO ROOM: ou «partager une chambre avec quelqu'un»... Un peu longuet. Ce n'est pas du tout que le français soit incapable d'engendrer des verbes à partir de ses noms communs. Plutôt que le français sous haute surveillance qui s'écrit est une langue de bois que personne ne parle spontanément nulle part: une sorte de latin moderne. La vraie vie se passe ailleurs, dans la bouche du peuple, telle qu'on en retrouve des fragments dans ce que les lexicographes scrupuleux et puritains ont baptisé pudiquement le niveau de langue «familier», ou «populaire». Traduisez: «vivant», vous tomberez pile. Or le peuple de France, très proche par ailleurs du peuple du Québec (mais un arbre vous cache facilement la forêt...), a inventé à partir du mot *crèche* le verbe CRÉCHER, qui veut dire «habiter, loger», là où le peuple du Québec a accouché du verbe CHAMBRER. Et honni soit qui y verrait à tout prix un anglicisme! Cela est loin d'être sûr. Cela étant si naturel!

Il y a côté français des termes absolument indispensables qui n'en brillent pas moins par leur absence. Là par exemple où l'anglais possède le verbe TO FATHER, «engendrer» un enfant, ou «concevoir» quelque chose, le français ne peut compter sur PATERNER dans aucun cas! C'est qu'il n'«existe» pas, du moins pas dans nos dictionnaires. On se demande à ce régime pour quelle raison le verbe MATERNER existe bel et bien de son côté! Curieux déséquilibre, comme si les enfants n'avaient pas besoin d'être à la fois maternés *et* paternés!

Il n'est pas même nécessaire d'avoir recours à des exemples aussi compliqués. Les mots les plus simples suffisent à illustrer la grande facilité avec laquelle l'anglais «produit du verbe». Un peu comme une vache «produit du lait». Sans effort ni névrose. Qu'on en juge à partir de cette petite liste infiniment partielle, composée des premiers mots qui me sont venus à l'esprit:

LIGHT: TO LIGHT a candle
WATER: TO WATER the flowers
SHOW: TO SHOW a movie
TABLE: TO TABLE a report
LOVE: TO LOVE a good meal

HATE: TO HATE mathematics
SLEEP: TO SLEEP tight

Pas la peine de poursuivre: *do it yourself*! Vous constaterez sans doute, le moment venu de «lister»... les équivalents français de ces verbes anglais, qu'il est plus facile d'apprendre à parler en anglais qu'en français. Par exemple, rangeons ici dans le même ordre les traductions qui s'imposent:

LUMIÈRE: ALLUMER
EAU: ARROSER
SÉANCE: PROJETER
TABLE: DÉPOSER
AMOUR: APPRÉCIER
HAINE: DÉTESTER
SOMMEIL: DORMIR

Les Anglais n'ont-ils pas raison, quand ils nous disent que nous parlons une langue bien compliquée?

Enfin, voilà qui devrait vous permettre à l'avenir de feuilleter vos dictionnaires anglais en portant attention à toutes ces formes verbales qui sont données trop discrètement en annexe des articles consacrés aux noms communs. Elles sont légion.

Parler comme tout le monde!

Peut-être parce qu'il lui est tellement facile de fabriquer des expressions imagées, claires comme le jour, à l'aide des mots les plus éculés, l'anglais adore les signifiants concrets. Que fait donc le français pendant ce temps-là? Eh bien depuis que les philologues de la Renaissance ont tué le français populaire du moyen âge, le français s'amuse à fabriquer des obscurités en grec et en latin. Ce qui en fait bien sûr une langue de pédants. Ce n'est pas pour rien ni sans raison que l'anglais ne s'enseigne pas dans les écoles anglaises: la grammaire, les écoliers ne savent pas ce que c'est. L'anglais est une langue spontanée. Là-dessus, évidemment, on construira autant de jargons savants que l'on voudra: la base étant indestructible.

Commençons par des exemples simples, vraiment simples. Commençons par l'amour. En anglais, cela se dit LOVE. Tout le monde sait ça. Mais avec ce que tout le monde sait, l'anglais a fait des tas de petits, qui savent que bon sang ne saurait mentir. Ainsi, *love affair*: liaison (amoureuse); *lovebirds:* perruches (inséparables); *lovebite*: suçon; *love feast*: agape; *love-hate relationship*: rapport ambigu; *love-in:* ?; *love making*: amour physique, rapports sexuels; *love seat*: causeuse et *lovesick*... tenez-vous bien: amoureux, qui languit d'amour... Toutes mes traductions sont l'œuvre de messieurs Robert et Collins. Elles sont éloquentes!

Des squelettes, du minimalisme, le produit de cerveaux desséchés, un beau gâchis en vérité. Là où en anglais cela pète de vitalité!

L'anglais donne dans l'expressif: il regarde un livre et dit: ça c'est un *pocket book*, ou un *softback*, ou un *hardback*. Si le français enchaîne avec «livre de poche», c'est qu'il y traduit l'anglais mot à mot: de son propre cru, par contre, il tire des horreurs: un ouvrage «broché», ici; un ouvrage «relié», là. Du chinois! Là où l'anglais oppose le *soft* au *hard*, déjà... Clair comme le ciel de Rome!

Pour «tramway» le français n'a jamais rien trouvé: zéro de conduite. L'anglais s'est lui-même fabriqué une expression populaire. Admirez son évidence: *streetcar*. Qui dit mieux? Impossible. Prenez un chapeau: dedans vous trouverez une sorte de bande qui en fait le tour et finit par s'imbiber de sueur: normal. Alors l'anglais dit, normalement: *sweatband*. Une «bande à sueur». De quoi faire reculer, horrifiés, des légions de pédants constipés. Ils ont inventé quoi? Un «cuir intérieur». Zéro au carré. Continuons. En français on dit (c'est long!): «un atelier ou une usine où les ouvriers sont exploités.» À Hong Kong ça pullule. Que dit l'anglais? Ceci: *sweatshop*. Et tac. Qu'est-ce donc qu'un «phare»? Pour le savoir il faut l'avoir appris. L'anglais simplifie le processus: *lighthouse*, et tout «s'éclaire»...

Une méduse, vous avez déjà vu ça? À Old Orchard ça vient flotter mine de rien tout autour des baigneurs épouvantés. Ça a un drôle de corps, quelque chose comme de la morve en gélatine, et quand ça s'échoue sur la plage, en deux secs ça sèche et ça meurt. Un animal tout ce qu'il y a de plus bête. L'anglais dit tout ça en deux mots: *jellyfish*. Une belle injure en plus, en prime! Et puis, ah! j'oubliais cette perle, notre si stupide «hippocampe»! Hein? Ensorcelant, non, de la vraie viande de pédant. L'anglais lui n'y va pas par quatre chemins, *sea horse* lui suffisant. À quoi répond l'écho de l'allemand: *Seepferd*.

Je sais que vous avez compris, aussi vais-je abréger. L'anglais peut jouer aux poupées russes avec les mots. N'importe qui le peut: pas d'Académie pour jouer les casse-couilles linguistiques. Ayant déjà *aircraft*, tout de suite il a créé *spacecraft* et absolument rien ne s'oppose à la naissance de *seacraft* et de *landcraft*. Rien. Inventez-les! Tout le monde vous comprendra. Personne ne vous traduira en justice... Il y a d'autres exemples, des milliers, évidemment: que pensez-vous de: *a mom-and-pop grocery*? L'épicerie du coin dont s'occupent maman, papa, et les enfants, quoi... Comment traduirez-vous, pour l'afficher à la réception de l'hôtel: *wake-up call*?... Probablement à l'aide d'une sentence somnifère.

Enfin, non pour en finir avec cette question, car nous y sommes confrontés quotidiennement, mais pour mettre un terme à ce qu'il m'est possible de vous en raconter dans les bornes de cet ouvrage, secouons ensemble l'arbre du mot DAY et voyons par terre quels fruits en tomberont.

    1. day bed
    2. day boarder

3. day boy
4. day break
5. day care
6. day dream
7. day labourer
8. daylong, et enfin
9. day in, day out!

C'est consciemment que j'évite de vous fournir les «traductions» du *Robert-Collins*. Afin de vous prouver que vous pouvez vous en passer, tout ici étant clair, limpide. Un enfant très moyennement doué non seulement comprendrait tout mais serait très capable d'amplifier ma liste avec une série de créations spontanées absentes des dictionnaires. Ce à quoi sert une langue quand on lui retire sa camisole de force. C.Q.F.D.

Passons aux traductions. Sortez vos stylos. Dans le même ordre, naturellement...

1. banquette-lit
2. demi-pensionnaire
3. externe
4. point du jour, lever du jour, aube
5. garderie (children); (for the old) soins journaliers (en foyer)
6. rêverie, rêvasserie
7. journalier, ouvrier à la journée
8. continuel, qui dure toute la journée, et enfin...
9. tous les jours que (le bon) Dieu fait!

Là où l'anglais fait débuter chaque expression par le même mot, ce qui est une excellente façon d'apprendre vite et d'oublier lentement, le français nous impose des expressions sans rapport les unes avec les autres, et de un. Et de deux ces expressions manifestent le plus souvent que le français se trouve linguistiquement dans le pétrin: quand on ne sait pas comment *dire* une chose, que fait-on? On la *décrit*. Voyez comme c'est ici souvent le cas! Bref, je le répète, un beau gâchis... Bref bis, le français, ça n'est pas fait pour parler grec ou latin. Et puis il aurait fallu expédier tous les pédants, tous les cuistres de la Renaissance aux Îles Malouines. Et pourtant, je vous jure que je n'avais pas du tout l'intention de faire l'*apologie dithyrambique,* de me faire le *panégyriste* de l'anglais!

Non mais, c'est-i assez beau, le grec, hein?

THE END

De l'ortograf...

Du français

Il y a sûrement dans mon titre quelque chose qui cloche, je me sens tout chose... Vous vous direz non mais, il fait l'âne pour avoir du son, non? Eh bien oui. Forcément! Après un demi-siècle de dressage intensif on en arrive bel et bien là: la normalité la plus élémentaire provoquant chez les francophones qui écrivent leur langue un malaise profond. Vous allez rire mais je ne vais pas me priver d'exprimer ma petite idée pour autant, il me semble qu'il y a là un rapport à établir avec notre antique religion janséniste québécoise. Selon laquelle les pulsions les plus normales se trouvaient ipso facto référées au diable, ne pouvaient être que l'œuvre de Satan. À partir de quoi on en vint à bâtir toute son existence sur l'évitement compulsif des pulsions, ce qui nous donna collectivement l'allure d'une bande de sans-dessein atteints d'aliénation malade terminale.

C'est en ces termes mêmes d'aliénation, de folie furieuse, de perversion que je présenterais en effet les joliesses de l'écriture française. Surtout si l'on me demandait de la présenter à des Italiens ou à des Espagnols. Car bien sûr le plus bref recours à un dictionnaire bilingue vous apprendra que le mot «orthographe» devient ORTOGRAFÍA en espagnol et ORTOGRAFIA en italien. Il y a donc dans ces graphies si rapprochées de la nôtre, empruntées à deux langues sœurs, issues comme le français du latin, deux traits en moins, de ceux qui causent toutes sortes de difficultés aux enfants qui apprennent à écrire leur langue maternelle. Difficultés gratuites nées de l'adjonction, à la graphie (*sic*) élémentaire d'un mot, de traits purement décoratifs, et donc parasitaires, leur abolition ne modifiant en rien le sens du mot en soi, réduit, ouf! à sa plus simple expression.

Tout cela me rappelle, orthographe et religion s'y trouvant soudées, assimilées, les Sœurs de la Providence de Montréal qui m'apprirent à écrire il y a très longtemps... Il y avait du pulsionnel dans la joie intense que j'y éprouvai tout de suite! Ce plaisir que je prenais, et que j'éprouve depuis sans défaillance, à tracer d'une belle plume qui crisse sur le papier des caractères qui vont composer de vrais mots et tout de suite me raconter de belles histoires... J'adorais les dictées quotidiennes, un vrai cadeau à raison de cinq par semaine, une sorte de culte rendu à l'écriture par une classe aussi silencieuse tout à coup qu'elle l'était à l'église en d'autres occasions! Un plaisir qu'on a gâché comme à plaisir.

On me rendait en effet ma copie avec dessus de petits cercles tracés à l'encre rouge, qui faisaient ressortir ce que sœur Yvonne appelait mes FAUTES. Écrire devenait une variante honteuse de l'aveu à confesse de mes peccadilles d'enfant sage! On faisait tout pour que naisse en nous la honte de les avoir commises, de même que le ferme propos, parallèle à notre repentir, de ne plus y retomber à l'avenir. Nos «fautes» d'orthographe devaient certainement «faire de la peine au petit Jésus»... Je remarquai très tôt qu'on n'encerclait jamais mes plus belles réussites! Que mes échecs... On les comptabilisait scrupuleusement, on parvenait à un total qu'on inscrivait en haut à gauche. Le plus petit total nous méritait un angelot doré, un total moins maigrelet une étoile dorée, ou rouge, ou bleue, selon l'humeur de sœur Yvonne.

Souvent elle nous appelait (nous étions trente) en commençant par celui (il n'y avait pas de filles parmi nous, ni de garçons parmi elles) qui s'était rendu le moins souvent coupable. Bien sûr le ZÉRO FAUTE demeurait l'idéal, mais personne n'aurait même rêvé d'arriver à en faire une bonne habitude. Parfois on en décrochait un. Quoique bien sûr en règle générale tout le monde indistinctement fût COUPABLE. Plus ici, moins là. La perfection n'était pas de ce monde. Les plus grands saints péchaient bien sept fois par jour!

Tout ça sous les dehors d'une saine normalité, il va sans dire. Nul n'aurait songé à contester alors l'orthographe du mot «orthographe»: c'était incontestable parce que sacré! Toucher à ça, alors comme maintenant, aurait équivalu à profaner le temple de la foi en la langue française. L'«orthographe» devenait le signe sensible, l'essentiel sacrement du peuple élu que nous constituions. Or donc le sacrilège n'est pas forcément à la portée de toutes les bourses...

Je n'ai compris que tardivement, la «faute» en revenant à l'anglais qu'on nous fit apprendre en quatrième année. Celui-ci manifestant les mêmes symptômes, souffrant du même syndrome que le français. Juste de quoi par conséquent renforcer cette idée que plus une orthographe est aberrante, plus logiquement elle doit être normale. À ce régime nous sombrions dans la démence linguistique. C'est l'espagnol qui m'a tiré de ce cauchemar, mais combien tardivement! Mon sommeil avait duré des lustres, j'étais devenu un habitué des pires cauchemars, ils glissaient en silence sur mon épiderme de petit canard apprivoisé. Ce qu'on appelle un lettré. De quoi faire peur.

C'est qu'on finit par croire dur comme fer, parce qu'on se rapproche souvent du ZÉRO FAUTE, qu'on est conséquemment (c'est ici que se produit le dérapage logique) *quelqu'un*, et même quelqu'un de bien! D'où que les autres, n'est-ce pas, la valetaille des illettrés, ceux-là dont les dictées se couvrent invariablement de petits cercles rouges, à l'évidence aient raté le coche et pataugent dans la... gadoue! Tout ce bel édifice construit dans une bouteille, l'espagnol en riant me l'a fichu par terre, d'une chiquenaude. Tant mieux pour moi! Mais le choc a été d'une intensité! Vous allez voir.

Je trouvais cela admirable, moi, que le français ait découvert et se soit donné douze façons différentes d'écrire le son O! Douze! Comme les tribus d'Israël, les apôtres et les chevaliers de la Table ronde... Un chiffre porte-bonheur vraiment. J'avais mis un temps fou à m'assurer vaille que vaille de leur maîtrise. Je vous en offre le bouquet. Le voici:

MAUVE
ARCEAU
MOT
COCO
HAUT
RÔLE
OH!
HO!
OS
SIGNAUX
TAUREAUX et AULX...

Que m'apprit l'espagnol, qui allait mettre le feu dans cette savane que je prenais, pauvre innocent, pour une Amazonie? Qu'il lui suffisait, à lui, pas si illettré que ça... d'une seule et unique façon, au lieu de douze: la simple lettre O lui paraissant bien amplement convenir... Et pourtant, la poésie espagnole... quelle splendeur!

Qu'allaient devenir mes richesses? Prenons un autre son, choisissons-le courant, choisissons AN, comme dans JEAN. À son propos on n'accusera pas le français d'avoir fait l'école buissonnière! Il a même fait des heures supplémentaires! Le résultat me paraissait exemplaire, admirable! Contemplez-le... On peut l'écrire comme ceci:

AMP, un champ
AN, un an, pan!
ANC, un banc
AND, mon grand
ANG, du sang
ANS, dedans
AON, à Laon, parfois un taon

On peut même ajouter un E très décoratif:

    EAN, c'est moi, Jean!
    EM, emmène-moi maman...
    EMPS, j'ai tout mon temps
    EN, encore
    ENDS, rends-moi ma balle!
    END, il attend, elle attend
    ENG, un hareng
    ENS, les gens
    ENT, j'ai une dent qui branle, Armand!

Ce E se substitue au A, le chasse. Ce n'est pas tout! Il y a l'arrière-garde. Elle donne:

    HAN! parfois HANNETON ou HANTISE, et
    HEN, comme dans Henri

Et puis vous me direz que j'ai oublié de rendre hommage à telle ou telle autre graphie aberrante... je rends les armes sans vous opposer la moindre résistance! Ce qui précède n'a pas fait l'objet d'une recherche subventionnée: je n'ai fait qu'interroger tout sommairement ma pauvre mémoire surchargée d'absurdités. Je n'aspire d'ailleurs nulle part dans cet ouvrage à l'exhaustivité, qu'on se le dise.

N'empêche que je me trouvais imbattable! Je ne songeais jamais à voir dans les batailles d'orthographe, qui opposaient en espalier de chaque côté de la salle les deux moitiés de la classe, une ineptie sans bornes, consacrée à la plus abominable des pertes de temps que l'on m'ait imposées dans ma vie. Tout cela me paraissait manifester l'importance de rendre l'école obligatoire partout dans la francophonie. Il y avait tant à apprendre!

Il en faut du temps, par exemple, pour dominer à vol d'oiseau le terrain miné par le son IN! Comme dans *serin*, non comme dans *serein*, prenez garde, hein?

Allons-y, pour une dernière fois.

    EIN, faire le plein
    IN, un gant de crin
    AIN, du pain
    EING, sous seing privé
    EN, un tien vaut mieux...
    AINT, un saint grammairien
    INQ, cinq saints grammairiens
    HIN, naviguaient sur le Rhin...

À quoi nous devrons ajouter, en guise de codicille, que les lettre IN, à leur tour, ou AIN, ou EIN, etc., ne doivent jamais être prises au pied de la lettre! Qu'on doit sans cesse y lire un possible traquenard, et y voir un ennemi mortel: l'occasion prochaine de pécher!

Car enfin EINSTEIN n'a rien à voir avec INSTINCT! Et puis on ne se méfiera jamais assez ni trop d'INACCEPTABLE, d'AÎNÉ, de BOEING et de BEN GOURION!

Mais il est temps de nous tourner du côté de l'espagnol. On y aura vraiment ce qui s'appelle une révélation. Quelque chose comme la transfiguration du français! Accordons-nous ce répit. Nous l'avons bien mérité.

De l'espagnol

Il n'était pas exactement facile d'obtenir un résultat parfait, à la dictée quotidienne. La gentille sœur avait beau choisir les mots les plus simples, pour nous comme pour vous ils n'en étaient pas moins hérissés de difficultés. Prenons cette phrase où rien pourtant n'est vraiment compliqué:

«Vos veaux, là-haut sur les coteaux, à côté des taureaux,
ont bien mauvaise mine, monsieur Duclos!»

Que de pièges pour un enfant qui apprend à écrire... Quel meilleur moyen de l'amener tout doucement à détester le «français»... À l'éloigner de l'écriture. À faire des francophones des illettrés par légitime défense: et nos lettrés des êtres ridicules, amateurs impuissants de dictées fourmillant de fausses subtilités. À quoi sert l'écriture? À représenter les sons que l'on prononce quand on parle. À rien d'autre. Tout le reste relève de la décoration, bien pis, de la masturbation. Ce qu'il y a de grave, tout de même, c'est qu'on se masturbe avec les mots sur le dos de nos enfants. L'orthographe française est sadique. Un merveilleux instrument de torture entre les mains de pédants dont la vocation véritable était de transformer les écoles en pénitenciers pour des enfants tout pleins d'enthousiasme et de bonne volonté...

Pour une fois je ne ferai pas l'éloge de l'anglais, qui souffre de la même perversion. L'espagnol, par contre, peut et doit nous donner une forte leçon en ce domaine. Je pense au plaisir sans pareil que l'école espagnole m'aurait prodigué. Au contact immédiat qu'elle aurait assuré avec les mots, dans un climat de bienveillance dépourvu de culpabilité comme de pénitence. Alors les mots m'auraient introduit gentiment et en riant dans l'univers merveilleux de la littérature, de l'histoire, des Autres qui sans les mots sont condamnés à demeurer menaçants. Car je vais vous apprendre ou vous rappeler, c'est selon, une chose stupéfiante: qu'un petit hispanophone possède son orthographe, toute son orthographe, sur le bout de ses doigts, dès sa première année de scolarisation! Après, qu'est-ce qu'il fait? Il lit, ou il écrit, si ça lui chante. Il n'existe en effet pas de grammaire espagnole, au sens où il existe des grammaires françaises. Mais commençons par la graphie des mots.

Comment représente-t-on les sons de la langue, en espagnol? *Simplement...* et surtout, sans exceptions. La même règle s'appliquant à *tous* les mots.

1. *Aucune lettre n'est muette*

Dans *pensamiento*, tout se prononce. Pas dans pensée... Vous me direz que le E muet représente ici le genre féminin: je vous rétorquerai que nous n'avons nul besoin qu'on nous le rappelle! L'article LA est fait pour ça! Ou l'accord de l'adjectif. Mais au fait, *hypogée*, quoiqu'il s'écrive avec un E muet, n'est-il pas du genre masculin?

2. *Toute lettre se prononce toujours*
    et toujours de la même manière

Dans: «Eh vous, là-bas!», que de paradoxes, combien d'embûches!

Un *Eh!* dont on s'explique mal qu'il ait remplacé le *hé!* traditionnel, plus logique sans atteindre cependant le gros bon sens.

Un *vous* dont le S final est muet.

Un *là*, un *bas*, un trait d'union... là et bas n'en transcrivant pas moins exactement le même son! Pourquoi le font-ils de deux façons, et si radicalement différentes qui plus est? À qui cherche-t-on ici à plaire? Et pour quelle raison?

Pourquoi un *S* muet à *bas*?

De même la lettre O nous oblige-t-elle à beaucoup de gymnastique. Ce dont témoigne le mot MOT et le mot *homme*: les sons ici n'étant pas du tout les mêmes! À quoi rime dès lors d'avoir recours à la même lettre pour les transcrire? Manquerions-nous de voyelles dans notre alphabet? Peut-être que oui, après tout. On peut être sûr, par contre, en espagnol ou en italien, qu'à la lettre *O* correspond toujours le son *O*. Par exemple dans UOMO, ou encore dans TORO.

Pourquoi un accent circonflexe à *drôle*, mais non à *drolatique*? À *rôle*, mais non à *roder*? Ni à *robot* ou à *rose*! *Âme*, que je dois bien écrire avec son accent circonflexe, reproduit un son qui se retrouve certainement dans Nigéria. Où je n'irai pas mettre d'accent! Pourquoi? Où ai-je raison? Quand ai-je tort? Comment expliquer ça à nos enfants? Vous me direz que le mal provient de ma prononciation à la québécoise. Je veux bien. Mais quand on me fait prononcer les mêmes mots à la française, l'accent circonflexe n'étant plus utile en français de France actuel, je me retrouve encore une fois avec exactement le même son... et deux graphies, dont l'une doit bien être illogique!

Si *déjeuner* signifie «rompre le jeûne», et surtout là où règne la prononciation à la parisienne, où est passé son accent circonflexe? Pourquoi écrire ici *huître*, et là *huile*? Pourquoi *canoë* avec ce très curieux tréma, et non *canoé*, puisqu'on prononce canoé tout comme on dit père Noé! Pourquoi dois-je écrire d'une chose qu'elle est *assurément sûre...*

Pourquoi? Essentiellement pour deux raisons. La première est simple: nous avons perdu la tête. Beaucoup de nos particularités sont carrément injustifiables, n'ont rien à voir avec l'histoire des mots. Émile Littré déjà notait avec mauvaise humeur les aberrations de l'orthographe telles que les jugements de l'Académie lui imposaient, croyait-il, de les reproduire dans son dictionnaire. À peu près rien n'a changé dans ce domaine depuis un siècle et plus.

La seconde est infiniment plus importante. Je vais vous dire pourquoi, c'est simple. Il existe des spécialistes de l'évolution des langues. On les appelle philologues: «les amants de la langue». Au XVIe siècle, dit de la Renaissance parce qu'on y a ressuscité l'étude et donc l'enseignement des langues grecque et latine, ces philologues ont bousculé l'orthographe française telle qu'elle était née vers le XIe siècle. Pourquoi? Parce que celle-ci ne tenait pas compte de la graphie du grec et du latin. Les philologues ont imposé des graphies qui dorénavant en tiendraient compte. À des gens qui, faute de connaître le grec et le latin, ne pourraient jamais s'en rendre compte! C'est, ici même, le cas de GRAPHIE, en espagnol GRAFÍA; et de COMPTE, en espagnol CUENTE. Celui-ci provenant du latin *computare*, celui-là du grec *graphein*. Aux enfants de l'école primaire on impose par conséquent des graphies qui ne correspondent pas à leur prononciation, mais rappellent les caprices du grec et du latin. Absurde et sadique.

3. *Tous les pluriels sont prononcés*

Casas, pueblos, rincones, toros. Ces *toros* sont exemplaires: mais nos *taureaux* aussi! Deux *O* différents, un *X* muet plutôt qu'un *S*... Un mot difficile! Tandis que *toros*... désarmant de simplicité, n'est-ce pas?

Et puis au XIXe siècle les grammairiens espagnols ont décidé de faire le ménage dans un certain nombre de graphies aberrantes, de celles justement auxquelles leurs homologues se cramponnent avec l'énergie du désespoir.

1. *On décide de supprimer les RH*

Le *Rhin*, en anglais *Rhine*, est devenu le *Rin*. La *rhapsodie* est devenue une *rapsodia*. La *rhubarbe, ruibarbo*.

2. *On décide de supprimer les TH*

Cela a donné, quel cauchemar du côté de la France... *teología, teorema, teatro* et *tórax*!

Le TH ne sert manifestement à rien du tout. Il ne fait que rappeler (à ceux qui l'on appris!) l'existence dans l'alphabet grec d'une lettre qui n'existait pas dans l'alphabet latin. On a tenté de le rendre avec deux lettres latines! Mais à quoi bon?

3. *On décide de supprimer les PH*

Ce PH existe pour la même raison qu'existe le TH. Dans l'écriture française, avant le XVIe siècle, et donc durant quatre cents ans, ces TH et PH étaient absolument inconnus.

Tout comme en espagnol aujourd'hui on aurait écrit filosofie, fotografie, fénomène, Fila-delfie, frase, etc. *Tous* les PH ont disparu de l'espagnol. Bon débarras!

4. *On décide de supprimer les doubles consonnes*

quand le son ainsi transcrit ne justifiait pas explicitement la seconde consonne en question.

C'est ainsi qu'on écrit *apelar* et non *appeler*, *atrapar* et non *attraper*... *alemán* et non *allemand*!

N. B. Soit dit en passant, l'accent aigu espagnol n'est pas le nôtre. Il ne modifie nul-lement la prononciation d'une voyelle! Il indique l'accent tonique, là où il est atypique, celui-ci tombant normalement sur l'avant-dernière syllabe. Quant au *tilde*, le drôle de petit tortillon que l'espagnol dépose sur quelques-uns de ses *n*, il indique la prononciation que le français transcrit à l'aide de *gn*: comme dans dignité. Tous les GN espagnols devant être prononcés séparément. Comme dans le français *magnat*... Mais pourquoi donc le français demande-t-il à ses GN à lui de transcrire deux sons si totalement différents?... Et puis un tilde, ça compte! AÑO, *avec*, c'est l'année: *sans*, c'est l'ANUS... Alors n'est-ce pas, à PROSPERO AÑO... il faut faire gaffe!

Pourquoi, pour revenir à nos moutons, écrit-on amener ici, ammonium là? Patente, mais patte? Île, mais illusion? Adieu, mais addition? Pourquoi faut-il écrire diffusion? Je vous l'ai déjà dit: il faut souvent parler latin pour en comprendre le pourquoi. Je trouve que c'est beaucoup demander à des enfants de sept ans. Ou alors sinon: pourquoi ne le demande-t-on pas aux petits Espagnols?...

Et puis on hésite: «Je suis québécois» prend-il un Q majuscule ou un q minuscule?... On hésite durant dix, vingt ou quarante ans... Pas en espagnol! Il n'en prendrait jamais! *Los ítalianos... soy ítaliano.*

Ce n'est pas tout! J'ai gardé le meilleur pour la fin... vous allez voir jusqu'où peut aller le gros bon sens quand on ne lui fait pas obstacle... Je vais vous parler du PARTICIPE PASSÉ en espagnol... l'horreur, la bête puante, le dragon, la méduse... Le participe passé en français, pouah!... Les délices (masculin au singulier, féminin au pluriel...) des sadiques! L'occasion en or de faire haïr le français, et ça ne rate jamais, à des générations d'écoliers... Le célèbre participe passé! Notre cauchemar chéri!

En espagnol:

1. TOUS les participes passés se conjuguent avec l'auxiliaire AVOIR. On dit: J'*ai* sorti. J'*ai* allé voir. J'*ai* parvenu à comprendre. Et tout le monde vous comprend! Le procédé est sans douleur, ne craignez rien.

2. TOUS les participes passés sont... INVARIABLES!

Alors là, si vous ne défaillez pas, vous avez la couenne épaisse! Ils ne s'accordent jamais, ni en *genre* ni en *nombre*, et qu'importe où se trouve leur complément, qui peut bien aller se faire... voir!

Bref, on ne dit pas: *nous sommes sortis*, ni *nous sommes sorties*, mais HEMOS SA-LIDO: *nous avons sorti!*

Vous croyez que c'est absurde de ne pas indiquer le sexe de ceux ou de celles qui sont sortis ou sorties? Mais quand vous parlez au lieu d'écrire, vous n'épelez tout de même pas vos participes passés?

Cela donne: *los* libros que he *leído*, ou

la paella que he *comido*,

et ma foi partout dans le monde, s'ils y perdent leur latin, les hispanophones comprennent tout de même très bien qu'ici il s'agit d'un masculin pluriel et là d'un féminin singulier!

Et puis, que pensez-vous de cette jolie perle?

ME HE ABURRIDO... ou:

JE M'AI ENNUYÉ!

Et cela vaut là-bas un sans-faute, tout comme ici le bonnet d'âne... à l'écolier qui s'en souviendra toute sa vie...

Du côté de l'anglais

Que disent à la fois l'espagnol, l'allemand et l'anglais? Ils disent ceci:

JE M'AI VU DANS LE MIROIR

Quand c'est une fille qui se regarde, cela ne change rien, il n'y a pas d'accord, ni en genre ni en nombre.

ME HE VISTO EN EL ESPEJO

ICH HABE MICH IM SPIEGEL GESEHEN

I'VE SEEN MYSELF IN THE MIRROR

Il ne faudrait quand même pas pour autant aller s'imaginer que l'anglais, la langue du gros bon sens et du sens pratique, comme on dit, ait purgé de son écriture toutes les aberrations dont les Espagnols se sont débarrassés.

L'écriture anglaise ne va pas de soi! Beaucoup de graphies transcrivent le même son, comme en français. De ce point de vue l'allemand serait tout proche de l'espagnol. Quant à l'italien, il a fait maison nette de toute nostalgie philosophique, absolument comme l'espagnol. Allons-nous donc nous étonner de constater que précisément encore cette fois, ce qui ressemble le plus au français n'est ni l'espagnol ni l'italien, mais... l'anglais?

Pensez, ou repensez au nombre impressionnant de mots français qui ont élu domicile de l'autre côté de la Manche... et imaginez maintenant que l'anglais décide tout à coup de procéder à leur propos à une épuration à l'espagnole... Est-ce que le résultat ne serait pas stupéfiant? Allons même plus loin: est-ce que cela ne suffirait pas à déterminer la refonte complète de l'orthographe française... Car enfin, devant les avantages indéniables qui en résulteraient pour les petits anglophones du monde entier, de même que pour tous ceux qui se donnent l'anglais pour langue seconde (ça fait du monde, ça, mes amis!), comment ferait-on pour continuer à faire avaler une potion aussi absolument amère aux petits francophones, devenus les dindons de la farce... Qui sait, peut-être cela se produira-t-il un jour... les Anglais ayant le sens de l'humour que l'on sait!

Mais sans doute cela ne se produira-t-il pas demain... Et en attendant c'est un formidable obstacle qui se dresse sur le chemin des écoliers de langue anglaise. Pensez donc! Non seulement doivent-ils digérer les absurdités de la moitié de leur vocabulaire, la française, mais en plus se taper les absurdités de leur autre moitié de vocabulaire, l'anglaise! Tout le monde n'y parvient pas... N'est-ce pas là, en somme, un merveilleux instrument de sélection sociale? Les «forts en thème» ne proviennent-ils pas toujours de familles où papa et maman il n'y a pas si longtemps étaient déjà des «forts en thème»?...

Pas facile en effet de découvrir comment il faut écrire le son É en anglais... Jetons un coup d'œil à la panoplie de ses transcriptions.

HEY! pour Hé!
LAY pour laïc
WAVE pour vague
WAIVER pour renonciation
LOVELY pour joli
FIANCÉE ... et
TOUCHÉ

Certains mots mariant ces variantes: comme WAVERLEY, dont Walter Scott a coiffé son premier roman historique. Ou dans LADY'S MAID. À quoi l'expression française LAISSEZ FAIRE, partout intégrée au lexique anglais, ajoute une graphie très atypique en soi. Ce qui fait bel et bien un bloc de trois graphies d'origine française, et demeurées intactes.

Le son AÏ présente autant d'obstacles à franchir. Il est extrêmement fréquent: impossible de le contourner, encore moins de le négliger. Regardons-le se métamorphoser sous nos yeux:

BYE!
That's a LIE!
MY! MY!
HI!
Are you HIGH?
WHY?
Can I BUY you a drink?

Il est évident pour tout le monde, d'autre part, que l'expression BY THE BYE, avec le E muet, ajoutera quelque chose de non négligeable, dans un curriculum vitæ...

On peut trouver beaucoup plus aberrant: la transcription du son OU.

    YOU
    BOO!
    TRUE!
    BREW
    DO IT!
    LUNATIC!
    THROUGH...
    SUIT...
    BEAUTY...

à quoi on doit raccrocher les mots d'origine française SIOUX et SAULT, comme dans SAULT-SAINTE-MARIE, qui est aussi une ville américaine, ces deux termes se prononçant exactement comme le mot français SOU. Ou SAOUL... Ou SOÛL... Quel bel outil de sélection sociale que le français... Quelle tenue! Zut, j'allait oublier SOUS!

Je récidive avec de menus gravillons, mais rien de plus douloureux qu'une attaque de gravelle, me dit-on... La lettre A par exemple peut rendre *quatre* sons différents.

    le é comme dans DAVE, BRAVE, SAFE
    le è comme dans MAN, LAND, YOU CAN
    le a comme dans DAM, SAM, A CAN OF BEANS
    le â comme dans WHAT, WALL ou FAR

De telle sorte que la lecture à haute voix d'un texte bien ordinaire n'est pas à la portée de tout le monde, et suffit à déceler tout quidam pour qui l'anglais serait une langue seconde, même bien maîtrisée.

La lettre E lui jouerait le même tour. Comment prononceriez vous HEROIN? Ou ELEGY?...

Reste le son Â, qui donne lieu à une graphie particulièrement aberrante:

    you OUGHT to...
    you NAUGHTY boy...
    please do NOT, ou encore
    at 20 KNOTS per hour, et
    a solid WALL

Sans compter SEA et TO SEE, SIEGE et SENIOR et SI, SIGNORA!
Dites-moi, ne préféreriez-vous pas être espagnol?
Bon. Il me paraît qu'il est l'heure de conclure.

Conclusion

J'ai devant moi deux ouvrages qui m'ont, chacun à sa manière, fait plaisir, et même beaucoup. L'un, de Michele Morris, en anglais d'Amérique, s'intitule *The Cowboy Life*. Son auteur, née dans le Montana, fille de rancheros, est journaliste à New York. Son livre, abondamment illustré de photos et de schémas, compte 256 pages. Il fait le tour de la question. Vêtements, montures, troupeaux, vie, climat, rodéos, etc. Tout y est. En tant qu'écrivain québécois ayant quotidiennement à me battre avec le taureau sauvage de la langue française, parlée autant qu'écrite, *I tip my hat*. Une langue éblouissante, imagée, précise, tant côté technique que côté jargon cow-boy. Évidemment elle n'en a pas conscience et serait étonnée de mon étonnement admiratif. Elle me dirait qu'elle a tout bonnement nommé les choses, toutes les choses, comme on lui a appris à les nommer. Cela va de soi. En anglais. Je lui répondrai qu'en québécois ça n'est pas si simple. Et ce, pour nos choses les moins exotiques. *She would not understand.*

L'autre, publié à Paris, abondamment illustré de photos, d'illustrations et de schémas, est l'œuvre d'un autodidacte de l'équitation qui a fini par mettre sur pied un élevage de chevaux dans les Pyrénées-Orientales. Son ouvrage compte 319 pages, il fait vraiment le tour de la question des équidés, de leur origine, de leur histoire, de leur utilisation, des soins qu'on doit leur accorder, des fins auxquelles on les destine, des harnais, des selles, etc. Il s'intitule *Le nouveau manuel du cavalier*, Pierre Enoff en est l'auteur. J'en lisais hier soir de courts passages à Maryse, ma femme. Rien de technique, Enoff n'est pas professeur. J'ajoutai: «Tu vois, aucun spécialiste de l'équitation, au Québec, n'aurait pu écrire ça.» Les mots lui auraient fait défaut: les tournures aussi, les images traditionnelles. Tout le vocabulaire du monde du cheval... le sien! Par contre, je sais, pour avoir bien fréquenté le Canada anglais, que la langue de Michele Morris n'y offrirait rien d'étrange, ni d'exotique. Dans l'Ouest canadien, on possède exactement le même vocabulaire, la même langue. Aucune différence.

L'anglais du Canada, au fond, n'est que de l'américain, teinté de britannicismes à cause de nos institutions politiques. Conclusion. Si les anglophones du Canada n'ont rien à envier aux Anglais et aux Américains, en matière de langue, il tombe sous le sens qu'il a dû nous arriver une catastrophe de première grandeur, à nous les Québécois, parce que, à l'évidence, nous avons tout à envier aux Français, dans ce même domaine.

Les chevaux n'y sont évidemment pour rien... Les vélos feraient tout aussi bien l'affaire. Je le sais pour avoir causé souvent avec le spécialiste local de la vente et de l'entretien des vélos de qualité. Sa clientèle est composée de mordus. Je lui parlais en français, lui me répondait en québécois. Un jour il s'est exclamé: «Les Français qui viennent icitte, i sont pas comprenables! Au fond, j'cré ben qu'i est pas mal plus facile de parler de bicycles avec un Anglais!» Et comment! Combien plus naturel! Spontané! Combien moins humiliant!

Il n'y a pas à en douter, tous les Québécois, quel que soit leur métier, seraient pleinement d'accord. Le français, c'est pas comprenable. Je le sais pour avoir beaucoup circulé en France, à vélo, en voiture, à pied... Pour y avoir beaucoup ouvert les oreilles et les yeux. Un mécanicien qui débarquerait ici et discuterait tout de suite métier avec un collègue québécois, cela ferait tout un spectacle... et pas juste pour rire: pour de vrai! Qu'on pense un peu à la façon dont un joueur de football cause métier, là-bas, et ici un joueur de hockey... Qu'on imagine un soldat français causant d'armes à feu portatives... Je sais ça aussi pour avoir pratiqué durant des années le tir de précision à la carabine et au pistolet, et donc pour être passé entre les mains d'instructeurs tous anciens militaires... Un cauchemar! «Watch out si tu cock ton gun pis qu't'es pas su'l range!...» Textuel. Personne ne sourcillait, personne ne riait: tous comprenaient et *n'auraient pu s'exprimer autrement*! Je sais pour avoir fait construire deux maisons comment les charpentiers et menuisiers y parlent un langage totalement incompréhensible en France: littéralement de A à Z! Du chinois!

Mes amis linguistes insistent tous: les enquêtes prouvent que les anglicismes ne constituent qu'un pourcentage dérisoire du français québécois... Ah oui? Et pourtant mon collègue Pierre Martel, dans un corpus justement, nous apprenait qu'il avait fait procéder au repérage des anglicismes, qu'il s'attendait à en récolter de deux à trois mille. Or aux dernières nouvelles il en était à... neuf mille, et ça continuait, on repérait toujours! C'est qu'un dictionnaire, un lexique ou un index qui ne donne pas les fréquences d'utilisation des mots est un outil inutile. Le mot FUCK représente une unité lexicale, tout comme ZUT: mais sa valeur est infiniment plus élevée, du simple fait que pour un ZUT on entend mille FUCK! Or vous voyez, voilà le hic, ZUT est français, FUCK est anglais...

Et puis, s'il n'y avait que les anglicismes! On voit ceux-ci comme autant de parasites. Mais non! Un parasite s'ajoute à un organisme: il ne s'y substitue pas! Les anglicismes, au Québec, *remplacent* les mots français. C'est autrement plus destructeur! En France si le plus souvent ils apportent du nouveau, ici ils tuent de l'actuel. COCKER SON GUN et RANGE supposent une longue réflexion, de la part d'un tireur aguerri, avant d'avoir une mince chance d'aboutir à du français. Certainement le recours à un dictionnaire bilingue. Faites-en l'expérience. Rendez-vous dans un tir et posez la question aux six ou sept amateurs de longue date que vous y rencontrerez. Demandez-leur de traduire ça: TO COCK ONE'S GUN. Vous verrez!

Naturellement il y en a qui *savent*! Quelques rares têtus, qui auront pris leurs connaissances Dieu sait où. Mais les Français qui, eux, savent *vraiment*, savent aussi, quand ils s'intègrent à une équipe de tireurs Québécois, qu'ils ne doivent pas avoir recours à ce qu'ils savent: qu'ils doivent d'abord savoir le cacher, et faire comme s'ils ne savaient pas... Ils savent tout ça! Sinon, on les traitera de maudits Français, cela ne ratera surtout pas. Il n'est pas indiqué, même à un Québécois «pure laine», de prononcer le mot «tronçonneuse» devant ceux qui disent «chain saw». C'est très mal vu...

Je sais tout ça aussi bien que vous. J'ai fait de la moto de sentier, du quatre-roues, de la motoneige. J'ai travaillé avec des copains à l'entretien des sentiers: «une gang de chums su'es trails avec leux chain saw...». J'étais un zombi, avec mon drôle de français. La plupart comprennent vite et gardent leur «français» pour eux. Sinon c'est l'exclusion agressive rapide. «Parle comme tout le monde!...» Normal! Eh oui... normal! C'est comme ça.

C'est aussi qu'une langue n'est pas un ensemble homogène. Elle est plutôt bâtie comme un immeuble. Au rez-de-chaussée le langage de la vie quotidienne, de la rue, de la cuisine. Aux étages les métiers, les loisirs, les préoccupations engendrées par notre civilisation technicienne. Peut-être y eut-il une époque où l'on pouvait mine de rien exclure du «québécois parlé» les jargons des étages, y voir une réalité toute différente, susceptible d'un traitement séparé. Les résultats des enquêtes linguistiques ne seront pas les mêmes, selon que oui ou non on les intègre au parler quotidien. Il me semble qu'en l'an 2000 on ne peut plus y voir des corps étrangers. La mécanique, l'informatique, les loisirs, tout ça c'est le parler quotidien, c'est le français des Québécois. Et alors ce dont il faut tenir compte et qu'une enquête ne révèle pas de prime abord dépasse infiniment la somme des anglicismes qu'on y peut repérer.

Car ce qu'on n'y pourra forcément pas comptabiliser, et qui pourtant représente la moitié des torts que nous causent les anglicismes, c'est l'ensemble des mots français qui y brillent par leur absence, eux que les mots anglais ont remplacés, chassés, exterminés pour de bon. C'est l'absence de ces mots qui fait pour nous du français des Français une langue étrange; c'est la présence des anglicismes qui fait de l'anglais une langue étrangement familière. Or si parfois l'on entend quelqu'un s'indigner de la présence des mots anglais, rarement entend-on qu'on s'irrite de l'absence des mots français... qui pourtant existent bel et bien! Or rien ne nous empêche de les utiliser, puisque, ma foi, ils sont à nous!

Mais voilà... si l'on se refuse à le faire, ce doit bien être parce qu'on ne veut pas renoncer à nos anglicismes! Les maudits Français, incontestablement, nous causent de menus problèmes. On a une crotte contre eux. Ils nous font chier. Comme si, au fond, en 1759, ceux qui ne sont pas venus à notre secours, c'était paradoxalement les Français d'aujourd'hui! D'où que nous soyons pris en étau, pris en sandwich par deux tranches d'agressivité. Parler anglais, il ne faut pas y songer. Mais non plus de parler français... On en a même inventé la fiction de la langue québécoise! À ce compte, évidemment, l'anglais serait parlé dans la seule Angleterre, le reste se partageant en américain, australien, indien, nigérian, etc. Absurde! Ce qu'on appelle le québécois est un *niveau de langue* tout déglingué: mais avec ça on ne peut même pas lire *Le Journal de Montréal*, parce que malgré tout on l'écrit en français et non en «québécois». Alors évidemment, vivre dans cet étau, ça n'est pas forcément du gâteau.

Que pourrait-on y faire? Enseigner le vocabulaire, en situation, naturellement, au lieu de perdre notre temps à imposer une orthographe et une grammaire ahurissantes de bêtise... Si seulement on accordait aux *mots* la moitié du temps que l'on consacre à l'orthographe et à la règle du participe passé conjugué avec l'auxiliaire avoir... Comment faire? Dans notre univers, depuis cent ans, tout a changé, tout! Rien n'est demeuré intact. Une ville de 1820 ressemblait beaucoup à une ville de 1720. Mais que pourrait donc reconnaître dans sa ville, en 1990, un homme qui l'aurait habitée en 1890?... Tout a changé, tout a suivi... sauf sur ses murs cette stupide orthographe, sauf cette grammaire de pervers sadiques. Comment faire pour en libérer nos enfants?

Si seulement, de même que les Américains sont plus nombreux que les Britanniques, nous étions plus nombreux que les Français! Alors tout nous serait permis! Il nous serait possible, très possible d'écrire *apsurd* et non absurde, *pogné* de porte et non poignée, *ognon* et non oignon... Nous supprimerions tous les CH qui font K, tous les S qui font Z, tous les trémas, toutes les cédilles! Nous abolirions toutes les doubles consonnes, les TH, les PH, les RH, à l'exemple de l'espagnol et de l'italien! Fini l'accord du participe passé! Finies les majuscules là, les minuscules ici! Finies les mille façons de transcrire les sons: à chaque son sa représentation. Et nos enfants ne soupçonneraient même pas à quelles angoissantes tortures leurs parents, aïeux et ancêtres ont pu avoir été soumis durant quatre cents ans... pour rien! Sans profit! Pour faire jouir une bande de malades, de féroces pédants inadaptés à leur propre vie.

Quand donc serons-nous libérés?

Qu'il est donc malcommode de n'être qu'une toute petite minorité sans pouvoir... Comme il est évident que si la chose avait dépendu de nous, cette réforme radicale nous l'aurions accomplie depuis déjà un bon moment! Mais comment faire?

Comment faire pour entrer en possession de la joie d'écrire, de parler, de commenter avec précision ses gestes, son métier, ses joies, ses peines, ses espoirs? Tout ce qui constitue l'âme même de la langue et lui donne sa si reconnaissable *musique*? Il suffit quand on est bilingue, même passivement, d'écouter une quelconque station de radio américaine ou canadienne anglophone, pour être saisi de ravissement devant l'aisance extraordinaire avec laquelle les gens qui y participent aux TALK SHOWS manipulent leur langue! Le monde ordinaire, pas du tout les gens instruits. Nous en sommes incapables. C'est cette même musique sans interruptions, sans saccades, que parlent avec volubilité nos cousins de France: sans ces infinies entraves qui hachent *toujours* notre débit. Comment faire pour parler, écrire avec bonheur, sans pour y arriver se sentir obligé de n'abonder qu'en impressions, qu'en périphrases, qu'en approximations d'illettrés de notre culture?

De toute urgence, pour arracher notre langue aux pédants qui nous l'ont confisquée, ne faut-il pas au plus coupant faire en sorte que *Le Bon Usage* devienne caduc, qu'on le dépose au musée des moyens de torture inventés en Occident pour martyriser nos enfants? Ce *bon* usage qui n'est rien d'autre que *Le Mauvais Usage* de lettrés dégénérés? Quel paradoxe que celui d'une langue *maternelle* qui torture ses enfants à plaisir...

Car enfin je le répète, je m'y attarde, mais non sans de *bonnes* raisons: la grammaire espagnole, cela n'existe, en quelques pages brèves, que pour les étrangers qui apprennent l'espagnol. Les enfants en Espagne n'y sont pas soumis, la grammaire espagnole, c'est ce qu'ils parlent tous couramment! Inscrivez-vous à un cours d'espagnol de grâce, quitte à l'abandonner après la deuxième leçon: en quelques heures, de l'orthographe et de la grammaire, vous aurez *tout* appris... *Le Bon Usage* nous a même privés, sans un détour par l'italien ou l'espagnol, de la possibilité d'imaginer à quoi ressemble une langue dans son état normal... Une horreur!

Les petits anglophones non plus n'apprennent pas de grammaire! La grammaire anglaise n'est nulle part enseignée aux écoliers. Pourquoi faire? L'anglais, ils le parlent déjà parfaitement quand ils entrent à l'école primaire. Ils n'ont plus qu'à l'enrichir. Ils peuvent s'y mettre tout de suite. Nous sommes les seuls! Et vraiment, pour vous parler en toute honnêteté, je ne vois pas comment nous allons pouvoir nous en sortir. Cela me dépasse. Cela même est-il possible, après quatre cents ans d'un dirigisme qui a fait du français qui s'écrit une langue entièrement artificielle: une langue de bois? Il m'arrive d'en douter, c'est vrai. Comme si j'assistais à la revanche du latin, comme si j'écrivais une langue morte. Après toute une vie d'efforts pour *dérégler* le mécanisme de ma langue maternelle... Quelle tristesse.

Voilà. J'ai voulu être franc. Vous présenter dans cet ouvrage les choses comme je les voyais. Et les vois. Vous parler concrètement de notre déchirement, de notre partage, de notre langue, comme d'un casse-tête dont nous n'aurions même pas les moyens de souder les morceaux. Une langue comme un pantin tout désarticulé.

Et vous? Qu'en pensez-vous?

Table des matières

TROISIÈME PARTIE: CONTRE LES PÉDANTS

Pour VÉRO

pour sa patience sans limites

merci! merci! merci!